Landesarbeitskampfgesetze?

Schriften zum Arbeitsrecht und Wirtschaftsrecht

Herausgegeben von Abbo Junker

Band 88

PL ACADEMIC RESEARCH

Ines Kranz

Landesarbeitskampfgesetze?

PL ACADEMIC RESEARCH

Bibliografische Information der Deutschen Nationalbibliothek
Die Deutsche Nationalbibliothek verzeichnet diese Publikation in der DeutschenNationalbibliografie; detaillierte bibliografische Daten sind im Internet über http://dnb.d-nb.de abrufbar.

Zugl.: München, Univ., Diss., 2014

D 19
ISSN 1433-4666
ISBN 978-3-631-65887-1 (Print)
E-ISBN 978-3-653-05246-6 (E-Book)
DOI 10.3726/ 978-3-653-05246-6

PL Academic Research ist ein Imprint der Peter Lang GmbH.

Peter Lang – Frankfurt am Main · Bern · Bruxelles · New York · Oxford · Warszawa · Wien

Diese Publikation wurde begutachtet.

www.peterlang.com

Inhaltsübersicht

Inhaltsverzeichnis

Tabellen- und Abbildungsverzeichnis

Abkürzungsverzeichnis

a.A.	andere Ansicht
a.a.O.	am angegebenen Ort
Aufl.	Auflage
AN	Arbeitnehmer
Anm.	Anmerkung
BAG	Bundesarbeitsgericht
BesatzRBerG	Gesetz zur Bereinigung des Besatzungsrechts in der Fassung vom 23.11.2007
BGB	Bürgerliches Gesetzbuch in der Fassung vom 1.10.2013
BVerfG	Bundesverfassungsgericht
BVerfGG	Bundesverfassungsgerichtsgesetz in der Fassung vom 29.8.2013
bzw.	beziehungsweise
ebd.	ebenda
EGMR	Europäischer Gerichtshof für Menschenrechte
EMRK	Europäische Menschenrechtskonvention in der Fassung vom 22.10.2010
ESC	Europäische Sozialcharta vom 18.10.1961
f./ff.	und folgende(r)
HessVerf	Hessische Verfassung in der Fassung vom 24.4.2011
i.V.m.	in Verbindung mit
ILO	International Labour Organisation
KRG Nr. 35	Gesetz Nr. 35 des Alliierten Kontrollrats über Ausgleichs- und Schiedsverfahren in Arbeitsstreitigkeiten in der Fassung vom 20.8.1946
m.w.N.	mit weiteren Nachweisen
OVG	Oberverwaltungsgericht
OWiG	Ordnungswidrigkeitengesetz in der Fassung vom 10.10.2013
Rn.	Randnummer
S.	Seite
SGB III	Sozialgesetzbuch Drittes Buch in der Fassung vom 19.10.2013
s.o., s.u.	siehe oben, siehe unten
TVG	Tarifverfassungsgesetz in der Fassung vom 8.12.2010
u.a.	unter anderem

UWG	Gesetz gegen den unlauteren Wettbewerb in der Fassung vom 1.10.2013
v.	vom
vgl.	vergleiche
VVG	Gesetz über den Versicherungsvertrag in der Fassung vom 23.11.2007
WVK	Wiener Übereinkommen über das Recht der Verträge in der Fassung vom 23.5.1969, in Kraft ab 1.1.2000
z.B.	zum Bespiel
Ziff.	Ziffer
zit.	zitiert
ZPO	Zivilprozessordnung in der Fassung vom 10.10.2013

Im Übrigen wird verwiesen auf *Kirchner/Butz*, Abkürzungsverzeichnis der Rechtssprache, 7. Auflage, 2013

§ 1: Tarifkonflikte als Gegenstand

A. Arbeitskampf

I. Grundlegendes

Bereits im Jahr 1155 vor Christus soll in Ägypten der erste Arbeitskampf stattgefunden haben.[1] Damals setzten sich ägyptische Arbeiter gemeinsam zur Wehr, weil sie das ihnen zustehende Getreide für die erbrachten Dienste nicht rechtzeitig erhielten.[2] Dieses Beispiel und die weitere Erfahrung belegen, dass abhängige Arbeit häufig zum Konflikt zwischen den beteiligten Parteien führt.[3] Aus dem bestehenden Verteilungskampf resultiert kraft Natur der Sache eine Interessendivergenz zwischen den Arbeitsvertragsparteien. Oftmals stehen sich die Positionen der Beteiligten diametral entgegen, sei es bezüglich Arbeitsbedingungen, -entgelt oder -zeiten.

Der Begründer der klassischen Nationalökonomie *Adam Smith* hat dieses Dilemma schon vor rund 250 Jahren prägnant auf den Punkt gebracht: „*The workmen desire to get as much, the masters to give as little as possible.*"[4] Dieses Konfliktpotential kann zu Arbeitskämpfen führen. Sie sind in ihrer Funktion als Mechanismus zur Entgeltfindung und Festlegung anderer Arbeitsbedingungen am Arbeitsmarkt anerkannt.[5]

1. Definition

Auch wenn Arbeitskämpfe die Menschheit seit Jahrtausenden begleiten, gerät man bei der Frage nach einer exakten Definition indes leicht in Verlegenheit.[6] Obgleich das deutsche Rechtssystem in einer Vielzahl von Vorschriften von der Existenz des Arbeitskampfs ausgeht[7], fehlt es an einer allgemein anerkannten und erst recht an einer abschließenden Festlegung durch die Rechtordnung. Die

---

1 *Trinkner*, BB 1990, 2417 (2418).

2 Ebd.

3 *Boisen*, Arbeitskampf und Tarifautonomie in Zeiten der Fachgewerkschaften, S. 34.

4 *Smith*, The Wealth of Nations, S. 70.

5 BVerfG Beschluss v. 26. 6. 1991 – 1 BvR 779/85 = AP Nr. 117 zu Art. 9 GG Arbeitskampf = NZA 1991, 809.

6 *Kittner*, Arbeitskampf, S. 2.

7 Siehe u.a. beispielsweise § 2 Abs. 1 Nr. 2 ArbGG, § 74 Abs. 2 BetrVG oder auch § 25 KschG.

einfachgesetzlichen Regelungen sowie die Erwähnung in einigen Landesverfassungen[8] lassen jedenfalls auf den Willen der deutschen Gesetzgeber schließen, dass Arbeitskämpfe unter bestimmten Voraussetzungen zulässig sein sollen. Nach einer Aufzählung dieser Voraussetzungen sucht man jedoch vergeblich. Aber auch die Rechtsprechung setzt den Arbeitskampf als feste Institution für die Tarifautonomie voraus, *„weil sonst weder das Zustandekommen noch die inhaltliche Sachgerechtigkeit tariflicher Regelungen gewährleistet wären. Der Arbeitskampf muß in unserem freiheitlichen Tarifvertragssystem als ultima ratio zum Ausgleich sonst nicht lösbarer tariflicher Interessenkonflikte möglich sein.“*[9]

Das Schrifttum bietet unzählige Definitionsversuche. *Kaskel* befand Anfang des letzten Jahrhunderts: *„Ein Arbeitskampf bildet einen Kampfzustand wie ein Krieg“*.[10] Ganz so weit wollte *Nipperdey* nicht gehen und verstand unter dem Begriff *„die von den Parteien des Arbeitslebens vorgenommene Störung des Arbeitsfriedens, um durch Druck ein bestimmtes Ziel oder Fernziel zu erreichen.“*[11] Da von Teilen der Literatur diese Voraussetzung der Störung der Arbeitsbeziehungen als zu eng angesehen wird[12], legt diese Arbeit einen weiten Arbeitskampfbegriff zugrunde und stellt den Zweck des Arbeitskampfs in den Vordergrund.

Arbeitskampf ist folglich die zielgerichtete Ausübung kollektiven Drucks durch die Arbeitnehmer- oder Arbeitgeberseite mittels Zufügung von Nachteilen oder deren Abwehr.

2. *Rechtsfolge*

Einig ist man sich heute hingegen über die Rechtsfolge eines Arbeitskampfs: Der rechtmäßige Arbeitskampf führt zu einer Suspendierung der arbeitsvertraglichen Hauptpflichten. Der Arbeitnehmer[13] ist von seiner Arbeitspflicht, der Arbeitgeber von seiner Beschäftigungs- und Vergütungspflicht befreit.[14] In der ersten Grundsatzentscheidung, die der *Große Senat* des Bundesarbeitsgerichts[15]

8 Siehe dazu § 2 A. III., Seite 58.

9 BAG GS Beschluss v. 21.04.1971 – GS 1/68 = BAGE 23, 292 (306).

10 *Kaskel*, Arbeitsrecht, S. 373.

11 *Hueck/Nipperdey*, Lehrbuch des Arbeitsrechts, S. 604.

12 *Treber*, in: Schaub, ArbR-Handbuch, § 192 Rn. 6.

13 Im Folgenden wird aus Gründen der besseren Lesbarkeit nur die männliche Form verwendet. Die weibliche Form ist selbstverständlich immer mit eingeschlossen.

14 *Hromadka/Maschmann*, Arbeitsrecht, S. 180.

15 Im Folgenden *Großer Senat*.

zum Arbeitskampf zu treffen hatte, musste er sich noch unter anderem mit der Frage befassen, ob der ohne fristgemäße Kündigung der Arbeitsverhältnisse durch die Arbeitnehmer durchgeführte sozialadäquate Streik für den Arbeitgeber einen Grund zur außerordentlichen fristlosen Kündigung der streikenden Arbeitnehmer darstellt. Unter sozialadäquatem Streik sollte dabei nur der Arbeitskampf verstanden werden, der weder tarifwidrig, noch nach den Mitteln, Zielen oder der Unverhältnismäßigkeit von Mittel und Ziel sozialinadäquat, noch sittenwidrig ist.[16] Zum damaligen Zeitpunkt war vorherrschende Meinung, dass die Streikteilnahme eine rechtswidrige und schuldhafte Hauptpflichtverletzung aus dem Arbeitsvertrag darstelle, wenn der streikende Arbeitnehmer nicht vorher gekündigt hatte. Gestützt wurde diese Ansicht auf den Grundsatz, dass die Ausübung der Arbeitskampffreiheit auch durch die bestehenden vertraglichen Bindungen eingeschränkt werde.[17] Der Arbeitgeber war nach dieser Ansicht zur fristlosen Kündigung des streikenden Arbeitnehmers berechtigt.

In der Entscheidung vom 28.1.1955 hat sich der *Große Senat* dieser Meinung entgegengesetzt und das kollektivrechtliche Moment des Streiks in den Vordergrund gestellt. Das Bundesarbeitsgericht machte deutlich, dass beim rechtmäßigen Streik diese Legitimität der Gesamtaktion ihr entscheidendes rechtliches Gepräge gibt, so dass sowohl die Gewerkschaft, als auch die ohne Kündigung streikenden Arbeitnehmer nicht vertragswidrig und nicht rechtswidrig handeln. Durch diese Entscheidung wurde dem Arbeitgeber folglich das automatisch entstehende fristlose Kündigungsrecht gegenüber streikenden Arbeitnehmern entzogen. Der Arbeitsvertrag blieb demnach unberührt bestehen.

II. Entwicklung eines Arbeitskampfrichterrechts

Wie aus dem vorangegangenen Abschnitt ersichtlich, ist das Arbeitskampfrecht gesetzlich weitestgehend ungeregelt, so dass die obersten Gerichte schon früh die Rolle als eine Art „Ersatzgesetzgeber" übernahmen.[18]

Nach der oben genannten Grundsatzentscheidung des *Großen Senats* vom Jahr 1955 folgten noch viele weitere, mit teilweise widersprüchlichen Inhalten.

Einen Überblick über den Stand des Arbeitskampfrechts sowie die entscheidenden Meilensteine der Rechtsprechung dazu geben die nachstehenden Ausführungen,

16 BAG GS Beschluss v. 28.01.1955 – GS 1/54 = NJW 1955, 882.

17 Ebd.

18 *Löwisch/Rieble*, TVG, Grundlagen Rn. 333.

wobei *Rüthers* zutreffend ausführt, dass allein über die „methodischen Slalomfahrten" zur Entwicklung des Arbeitskampfrechts ein ganzes Buch zu schreiben wäre.[19]

1. Kampfmittel

Der Arbeitskampf kann durch verschiedene Maßnahmen geführt werden, derer sich die jeweilige Kampfpartei bedient, um die andere Partei unter Druck zu setzen.[20] Dabei sind Streik und Aussperrung zwar die klassischen Arbeitskampfmittel,[21] es gibt aber keinen numerus clausus zulässiger Kampfmittel.[22]

a. Streik

Das nach wie vor wichtigste Arbeitskampfmittel der Arbeitnehmerseite ist der Streik. Darunter ist die von einer Mehrzahl von Arbeitnehmern planmäßig und gemeinschaftlich durchgeführte Einstellung einer vertraglich zur erbringenden Arbeitsleistung zu verstehen.[23] In der Grundsatzentscheidung des Bundesarbeitsgerichts aus dem Jahr 1955[24] wurde noch deutlich klargestellt, dass Arbeitskämpfe im Allgemeinen als unerwünscht angesehen werden. Die *„Streikfreiheit"* – der *Große Senat* sprach gerade nicht vom Streikrecht[25] – musste aber aus grundlegenden Staatszielerwägungen in bestimmten Grenzen *„zugelassen"* werden, da sie die Tarifautonomie sichere.

Mit Urteil vom 10. Juni 1980 hat sich das Bundesarbeitsgericht dann aber zum verfassungsrechtlich garantierten Streikrecht bekannt[26] und seitdem die folgende Auffassung vertreten: *„Tarifverhandlungen ohne das Recht zum Streik wären nicht mehr als kollektives Betteln."*[27] Das Streikrecht stelle einen notwendigen

---

19 *Rüthers*, NZA-Beil. 2011, 100 (106).

20 *Hromadka*, Arbeitsrecht, S. 153.

21 ErfK/*Dieterich/Linsenmaier*, GG Art. 9 Rn. 271.

22 BVerfG Beschluss v. 26.06.1991 – 1 BvR 779/85 = BVerfGE, 84, 212 (230) = NZA 1991, 809.

23 BAG GS Beschluss v. 28. 1. 1955 – GS 1/54 = AP Nr. 1 zu Art. 9 GG Arbeitskampf.

24 Ebd.

25 Der *Große Senat* sah in dieser Entscheidung keine Veranlassung zur Frage nach einem Streikrecht Stellung zu beziehen, äußerte sich aber folgendermaßen: *„Da Art. 9 Abs. 3 GG ebenso wie Art. 159 Weim. Verf. weder nach dem Wortlaut noch nach der klaren Entstehungsgeschichte ein Streikrecht verfassungsrechtlich garantieren, vielmehr nur die Koalitionsabrede, nicht aber die Koalitionsmittel grundgesetzlich schützen, wird ein solches Recht von der durchaus h.M. abgelehnt."*

26 BAG Urteil v. 10.06.1980 – 1 AZR 822/79 = AP GG Art. 9 Arbeitskampf Nr. 64.

27 BAG Urteil v. 12.03.1985 – 1 AZR 636/82 = AP GG Art. 9 Arbeitskampf Nr. 84.

Bestandteil der freiheitlichen Kampf- und Ausgleichsordnung dar, die durch Art. 9 GG gewährleistet wird.[28]

Charakteristisch für das Arbeitskampfmittel Streik sind zum einen die kollektive Wahrnehmung, zum anderen die vollständige Zurückhaltung der geschuldeten Arbeitsleistung in der Absicht, Druck auszuüben, wobei in der Regel die Wiederaufnahme der Leistung nach Beendigung des Streiks geplant ist.[29]

Im internationalen Vergleich ist die Anzahl der durch Arbeitskämpfe ausgefallenen Streiktage in Deutschland eher gering, wie nachfolgende Abbildung zeigt.

Abbildung 1: Anzahl der ausgefallenen Arbeitstage pro 1.000 Arbeitnehmer (Jahresdurchschnitt 2004–2010).[30]

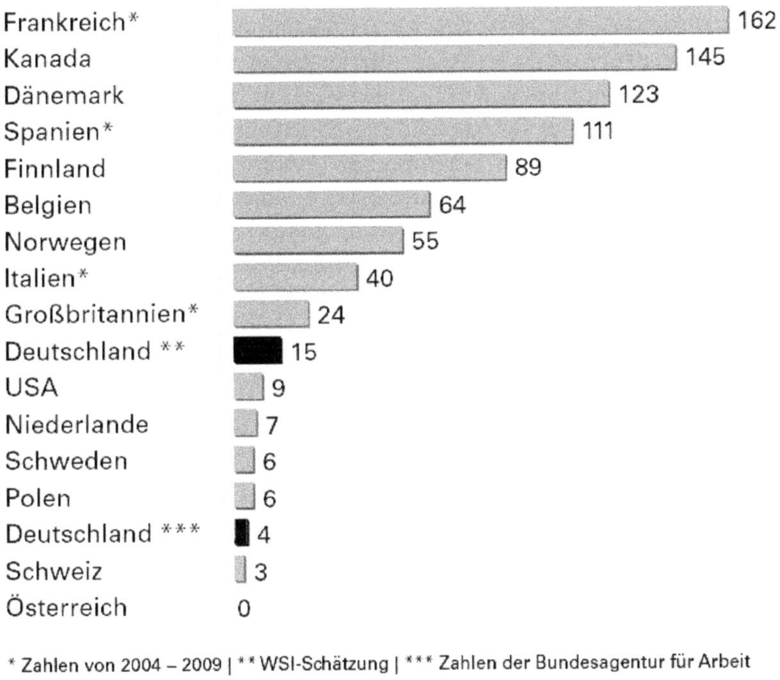

28 Ebd.

29 MünchArbR/*Ricken*, § 193, Rn. 6.

30 Böcklerimpuls, Deutlicher Anstieg, 4/2013, S. 2.
Böckler Impuls, 13/2005, abrufbar unter http://www.boeckler.de/impuls_2013_04_gesamt.pdf.

Die Bundesagentur für Arbeit verzeichnet für die Jahre 2004 bis 2010 im Jahresmittel vier Ausfalltage auf 1.000 Arbeitnehmer.[31] Dem stehen in Frankreich 162 Arbeitskampftage im Mittel gegenüber, ein Vierzigfaches des deutschen Nachbarn. Zwar beteiligten sich im Jahr 2012 sechsmal so viele Arbeitnehmer an Streiks und Warnstreiks in Deutschland wie 2011.[32] Aber auch wenn 2012 deutlich mehr Beschäftigte gestreikt haben, ist Deutschland im internationalen Vergleich nach wie vor ein streikarmes Land.[33]

b. Aussperrung

Unter Aussperrung versteht man die durch einen Arbeitgeber oder einen Arbeitgeberverband planmäßige vorgenommene Ausschließung einer Gruppe von Arbeitnehmern von der Arbeit unter Verweigerung der weiteren Lohnzahlung, um ein arbeitspolitisches Ziel zu erreichen.[34] Zu unterscheiden sind die Angriffs- und Abwehraussperrung, je nachdem, ob die Aussperrung als Reaktion auf einen zuvor begonnenen Streik durchgeführt wird (Abwehraussperrung) oder, ob die Arbeitgeber in einem Tarifgebiet den Arbeitskampf eröffnen und dabei ein eigenes kollektivvertragliches Regelungsziel verfolgen (Angriffsaussperrung).[35] Daneben kann nach den rechtsfolgenbezogenen Möglichkeiten der Aussperrung unterschieden werden. Während die lösende Aussperrung das Arbeitsverhältnis beendet, lässt die suspendierende Aussperrung das Arbeitsverhältnis in seinem Bestand unangetastet und führt nur zu einem Ruhen der Hauptleistungspflichten, vergleichbar der Regelung beim Streik.

Auch wenn die Definition der Aussperrung zunächst kaum eine Frage offen lässt, ist *Dieterich* Recht zu geben, wenn er meint, dass die Aussperrung *„das wohl am meisten umstrittene Institut des gesamten Arbeitskampfrechts“* sei.[36]

Zwar verabschiedete sich der *Große Senat*, wie oben dargelegt, im Jahr 1955 von der Auffassung, die Arbeitnehmer müssten das Arbeitsverhältnis kündigen, um in rechtmäßigen Streik zu treten.[37] Dennoch wurde den Arbeitgebern

---

31 *Dribbusch/Jung*, Deutliche Zunahme der Arbeitskämpfe im Jahr 2012, online abrufbar unter http://www.boeckler.de/pdf/pm_wsi_2013_02_27.pdf.

32 http://www.handelsblatt.com/politik/deutschland/tarifrunde-deutsche-streikfreudig-wie-lange-nicht/7849432.html.

33 Böcklerimpuls 4/2013, 2, online abrufbar unter http://www.boeckler.de/impuls_2013_04_gesamt.pdf.

34 BAG GS Beschluss v. 28.1.1955 – GS 1/54 = AP GG Art. 9 Arbeitskampf Nr. 1.

35 BAG Urteil v. 10. 6. 1980 – 1 AZR 168/79 = AP GG Art. 9 Arbeitskampf Nr. 65.

36 ErfKomm/*Dieterich/Linsenmaier*, GG Art.9 Rn. 237.

37 *Kittner*, Arbeitskampf, S. 610.

weiterhin die sofortige Beendigung der Arbeitsverhältnisse im Rahmen der Abwehraussperrung zugestanden. Nur durch die lösende Aussperrung könne den Arbeitgebern ein entsprechendes Kampfmittel an die Hand gegeben werden. „*Es wäre jedoch ein Irrtum (...) der Lehre, wenn sie meinen sollte, daß beim Streik mit der Ablehnung des Rechts zur fristlosen Einzelentlassung wegen schuldhafter Vertragsverletzung nach § 123 Ziff. 3 GewO usw. den bestreikten Arbeitgebern auch das Recht der fristlosen Lösung der Arbeitsverhältnisse der Streikenden im Wege der Abwehrkampfmaßnahme versagt sei.*“[38]

Von dieser grundsätzlichen Möglichkeit, das Arbeitsverhältnis zu beenden, haben sich weder das Bundesarbeitsgericht noch das Bundesverfassungsgericht bis heute ausdrücklich distanziert.

Im Jahr 1971 stellte der *Große Senat* zwar fest, die Aussperrung habe regelmäßig und grundsätzlich zunächst suspendierende und keine lösende Wirkung. Sie könne u.a. dann ausnahmsweise die Arbeitsverhältnisse lösen, wenn der Streik rechtswidrig ist oder zwar rechtmäßig, der Arbeitskampf sich aber zu besonderer Intensität entwickelt. Die lösende Aussperrung könne dann nach dem Grundsatz der Verhältnismäßigkeit im Einzelfall zulässig sein. Arbeitskampf dürfe immer nur „*ultima ratio*“ sein.

Als Ergebnis dieses stufenweisen Rückzugs bleibt festzuhalten, dass jedenfalls die suspendierende Abwehraussperrung zulässig ist, soweit sie sich im Rahmen der Verhältnismäßigkeit bewegt.[39]

Im Jahr 1980 hat das Bundesarbeitsgericht entschieden, dass die Aussperrung als Arbeitskampfmittel der Arbeitgeberseite erforderlich ist, um möglichst gleiche Verhandlungschancen zu gewährleisten. Denn: „*Könnte die eine Seite, nämlich die Arbeitnehmerschaft, vertreten durch die Gewerkschaft, allein das Kampfgeschehen bestimmen und wäre der Arbeitgeber auf ein Dulden und Durchstehen des Arbeitskampfes beschränkt, so bestünde die Gefahr, daß die Regelung der Arbeitsbedingungen nicht mehr auf einem System freier Vereinbarungen beruht, das Voraussetzung für ein Funktionieren und innerer Grund des Tarifvertragssystems ist.*“[40] Die Begründung für die grundsätzliche Zulässigkeit der Aussperrung ist zugleich auch Maßstab für deren Umfang.[41]

Das Bundesarbeitsgericht stellte aber trotz der Anerkennung der Aussperrung wiederholt ausdrücklich klar, dass die Grundsätze, die in Bezug auf das

---

38 BAG GS Beschluss v. 28. 1. 1955 – GS 1/54 = AP GG Art. 9 Arbeitskampf Nr. 1.

39 *Kittner*, Arbeitskampf, S. 610.

40 BAG Urteil v. 10.6.1980 – 1 AZR 168/79 = AP GG Art. 9 Arbeitskampf Nr. 65 = NJW 80, 1642.

41 *Treber*, in: Schaub, ArbR-Handbuch, § 194 Rn. 2ff.

Streikrecht aufgestellt wurden, nicht ohne weiteres auf das Arbeitskampfmittel der Aussperrung übertragen werden könnten.[42] Aus machtökonomischen Gründen seien die Interessen der Arbeitnehmer schutzwürdiger als die der Arbeitgeber, die häufig gar kein Arbeitskampfmittel bräuchten, denn *„die Zeit arbeitet(e) vielfach für die Arbeitgeberseite"*. Streiks könnten aber zu einer *„so starken Unterlegenheit der angegriffenen Arbeitgeber führen, daß diese ihrerseits um der Verhandlungsparität willen ein Abwehrkampfmittel benötigen. Das ist der Grund für die Anerkennung der Befugnis zur Abwehraussperrung."*[43] Aussagen zur Angriffsaussperrung vermied der 1. Senat allerdings. Dafür stellte er Leitlinien auf, die den Grundsatz der Verhältnismäßigkeit konkretisieren und als Orientierung für künftige Arbeitskämpfe gelten sollten.[44] Diese bestanden hauptsächlich in der viel kritisierten „Aussperrungsarithmetik", die die Rechtmäßigkeit einer Aussperrung an einem Quotenschema bemisst.[45] Entsprechend dieser Rechtsprechung ist eine Aussperrung zulässig, die bei einem Streik, an dem weniger als 25 % der Arbeitnehmer zur Arbeitsniederlegung aufgerufen wurden, weitere 25 % umfasst. Sind mehr als 25 % der Arbeitnehmer beteiligt, so darf die Aussperrung auf 50 % der Arbeitnehmer aufgestockt werden. Werden mehr als 50 % der Arbeitnehmer in einem Tarifgebiet zum Streik aufgerufen, so soll eine Aussperrung nicht zulässig sein. In den folgenden Jahren entschärfte das Bundesarbeitsgericht seine Aussage zur Quotierung und wollte dieser nur mehr Indizwirkung zuschreiben.[46]

Das Bundesarbeitsgericht hat sodann im Jahr 1988 seine bisherige Rechtsprechung zum Arbeitskampf gründlich revidiert.[47] Ausschlaggebend für diese Abkehr vom bisher eingeschlagenen Weg mag der Vorwurf gewesen sein, das Bundesarbeitsgericht habe seine Rolle als Ersatzgesetzgeber etwas zu ernst genommen und den Bogen diesbezüglich überspannt. Die acht Jahre vorher erfolgte ausdrückliche Herleitung des Streikrechts aus Art. 9 Abs. 3 GG wurde im Rahmen dieser Entscheidung wieder aufgeweicht und die Kernbereichslehre für das Arbeitskampfrecht herangezogen.

In seiner Entscheidung vom 12. Januar 1988 nämlich, in der sich der 1. Senat vorrangig mit Ausführungen zum Sympathie- und Solidaritätsstreik befasste,

---

42 BAG Urteil v. 10.6.1980 – 1 AZR 822/79 = AP GG Art. 9 Arbeitskampf Nr. 64 = NJW 1980, 1642.

43 BAG Urteil v. 10.6.1980 – 1 AZR 168/79 = AP GG Art. 9 Arbeitskampf Nr. 65.

44 ErfK/*Dieterich/Linsenmaier*, GG Art. 9 Rn. 241.

45 Ebd.

46 BAG Urteil v. 12.03.1985 – 1 AZR 636/82 = NZA 1985, 537.

47 *Blanke*, NZA 1990, 209.

führte er auch Grundlegendes zum Arbeitskampf aus. Durch die rein verfassungsrechtliche Grundlage des Arbeitskampfrechts sei dessen Anerkennung durch die Gerichte nur im unverzichtbaren Kernbereich von Art. 9 Abs. 3 GG und in dem damit verbundenen Recht auf koalitionsmäßige Betätigung zulässig. Eine weitergehende Befugnis habe lediglich der Gesetzgeber.[48]

Schließlich befasste sich das Bundesarbeitsgericht am 21. Juni 1988 im Rahmen der Warnstreik-Entscheidung erneut mit dem ultima ratio Prinzip, das seit 1971 eigentlich uneingeschränkte Geltung verlangte. Die Warnstreikpraxis seit Ende der 70er Jahre hatte indes dazu geführt, dass dieser Grundsatz immer häufiger unterlaufen wurde und faktisch an Gültigkeit verlor. Dem trat der 1. Senat des Bundesarbeitsgerichts sodann entschieden entgegen. Der *Große Senat* hatte sich im Jahr 1971 noch darauf beschränkt, den Arbeitskampf erst *„nach Ausschöpfung aller Verständigungsmöglichkeiten“*[49] zuzulassen. Wann diese Ausschöpfung allerdings angenommen werden könne und wie dieser Zeitpunkt festzustellen sei, wurde aber nicht näher bestimmt.[50]

Der *1. Senat* forderte, diesen Zeitpunkt formell zu bestimmen. Er sei jedenfalls dann eingetreten, wenn eine Tarifvertragspartei zu Arbeitskampfmaßnahmen greift. Denn dadurch würde unmissverständlich zu verstehen gegeben, dass nach ihrer Auffassung alle Verhandlungsmöglichkeiten ausgeschöpft und anders keine Einigung zu erzielen sei.

Mit der Entscheidung des Bundesverfassungsgerichts vom 26. Juni 1991 wurde die suspendierende Aussperrung in Reaktion auf einen begrenzten Teilstreik als verfassungsrechtlich geschützt angesehen. Unter welchen Voraussetzungen und in welchem Umfang diese zulässig sei, sei keine Frage des Schutzbereichs. Diese Fragen seien im Rahmen der Ausgestaltung auf einfachrechtlicher Ebene zu klären.[51] Ausführungen zur Kernbereichslehre sucht man hier, wider Erwarten, vergeblich. Dafür stellte das Bundesverfassungsgericht klar, dass die Wesentlichkeitstheorie im Arbeitskampfrecht keine Anwendung fände, da es sich nicht um das Verhältnis zwischen Staat und Bürger handle.[52]

In seinem Beschluss vom 14. November 1995 hat sich das Bundesverfassungsgericht dann endgültig – nach Ansicht vieler mit einiger Verspätung[53] – von der

---

48 *Kissel*, NZA 1989, 81.

49 BAG GS Beschluss v. 21. 4. 1971 – GS 1/68 = NJW 1971, 1668 (1669).

50 BAG Urteil v. 21.06.1988 – 1 AZR 651/86 = NZA 1988, 848.

51 *Otto*, RdA 2010, 135 (136).

52 BVerfG Beschluss v. 26.06.1991 – 1 BvR 779/85 = AP GG Art. 9 Arbeitskampf Nr. 117.

53 So z.B. *Zechlin*, NJW 1985, 585.

Kernbereichslehre verabschiedet.[54] Das Bundesverfassungsgericht gab zu, *„die Formulierungen können in der Tat den Eindruck erwecken, als schütze Art. 9 Abs. 3 GG jedenfalls die koalitionsmäßige Betätigung von vornherein nur in einem inhaltlich eng begrenzten Umfang"*.[55] Die dahinterstehende Theorie würde damit aber nicht vollständig widergegeben, denn: *„Ausgangspunkt der Kernbereichsformel ist die Überzeugung, daß das Grundgesetz die Betätigungsfreiheit der Koalitionen nicht schrankenlos gewährleistet, sondern eine Ausgestaltung durch den Gesetzgeber zuläßt."*[56]

Der Senat machte jedoch deutlich, dass es sich bei der Entscheidung nicht um eine Abkehr von vorangegangener Rechtsprechung handele, sondern lediglich um eine Klarstellung. Immerhin räumte er ein, dass es sich dabei um *„nicht fernliegende Missverständnisse"* gehandelt habe.[57] Durch die Aufgabe der Kernbereichslehre verabschiedete sich die Rechtsprechung damit auch vom damit verbundenen *„Unerlässlichkeitskriterium"*[58] und erweiterte somit den Schutzbereich der Koalitionsfreiheit aus alle *„koalitionsspezifischen Betätigungen"*.[59]

Die Berg- und Talfahrten, die die Rechtsprechung mit der Aussperrung unternommen hat, führten dazu, dass das Arbeitskampfmittel der Arbeitgeberseite beinahe völlig an Bedeutung verloren hat und in der momentanen Gestaltung kein taugliches Arbeitskampfmittel für die Arbeitgeberseite darstellt. Die unklare Quotenregelung des Bundesarbeitsgerichts sowie die Unsicherheit ihrer Anwendung führen seit Jahren dazu, dass der Arbeitgeberseite das Risiko einer Aussperrung zu groß ist. Entsprechend entwickelt sich die Zahl der Aussperrungen stark rückläufig. Ob und wie das geändert werden kann, wird in Kapitel § 3 C. IV. diskutiert.

---

54 BVerfG Beschluss v. 14.11.1995 – 1 BvR 601/92 = NZA 1995, 381 (383).
55 BVerfG Beschluss v. 14.11.1995 – 1 BvR 601/92 = NZA 1996, 381 (382).
56 Ebd.
57 Ebd.
58 *Franzen*, JbArbR, 119 (125).
59 BVerfG Beschluss v. 14.11.1995 – 1 BvR 601/92 = AP GG Art. 9 Nr. 80.

Tabelle 1: Streiks und Aussperrungen in West- und Ostdeutschland[60]

Jahr	**Streiks**[1]		**Aussperrungen**		**Streiks und Aussperrungen**
	Beteiligte AN	**Ausgefallene Arbeitstage**	**Betroffene AN**[2]	**Ausgefallene Arbeitstage**[3]	**Ausgefallene Arbeitstage**
1971	334	2599	305	1884	4484
1972	23	66	–	–	66
1973	185	563	–	–	563
1974	250	1051	0	–	1051
1975	36	69	–	–	69
1976	117	412	58	122	534
1977	34	24	0	–	24
1978	299	2548	274	1733	4281
1979	63	405	41	78	483
1980	45	128	–	–	128
1981	253	58	–	–	58
1982	40	15	–	–	15
1983	94	41	–	–	41
1984	399	2921	172	2696	5618
1985	78	35	–	–	35
1986	116	28	–	–	28
1987	155	33	–	–	33
1988	34	42	0	–	42
1989	44	100	0	–	100
1990	257	364	–	–	364
1991	208	154	–	–	154
1992	598	1545	–	–	1545
1993[4]	133	593	0	0	593
1994	401	229	–	–	229

60 WSI Tarifarchiv, Statistik der Arbeitskämpfe, Streiks und Aussperrungen in West- und Ostdeutschland, abrufbar unter http://www.boeckler.de/wsi-tarifarchiv_11020.htm.

Jahr	Streiks[1]		Aussperrungen		Streiks und Aussperrungen
	Beteiligte AN	Ausgefallene Arbeitstage	Betroffene AN[2]	Ausgefallene Arbeitstage[3]	Ausgefallene Arbeitstage
1995	183	247	–	–	247
1996	166	98	0	0	98
1997	14	53	–	–	53
1998	4	16	0	–	16
1999	188	79	0	0	79
2000	7	11	–	–	11
2001	61	27	0	0	27
2002	428	310	–	–	310
2003	57	163	0	–	163
2004	101	51	–	–	51
2005	17	19	–	–	19
2006	169	429	–	–	429
2007	106	286	–	–	286
2008	154	132	–	–	132
2009	28	64	–	3	67

Alle Angaben in 1000. [1] Einschließlich gleichzeitiger Aussperrung. [2] Einschließlich der Aussperrung zuvor Streikender. [3] Ohne gleichzeitige Ausfälle durch Streiks. [4] Ab 1993 Deutschland, bis einschl. 1992 früheres Bundesgebiet.

c. Weitere Arbeitskampfmittel

Wie bereits oben dargelegt, gibt es keinen abschließenden numerus clausus der Kampfmittel: Art. 9 Abs. 3 GG überlässt den Koalitionen die Wahl, welche Mittel sie zur Erreichung des angestrebten Ziels für geeignet erachten. Dabei ist zu berücksichtigten, dass sich die Arbeitskampfmittel verändern und weiterentwickeln können. Es gehört zur verfassungsrechtlich geschützten Freiheit der Koalitionen, ihre Kampfmittel an die sich wandelnden Umstände anzupassen, um dem Gegner weiterhin gewachsen zu bleiben und ausgewogene Tarifabschlüsse zu erzielen.[61] Insbesondere im letzten Jahrzehnt konnte eine deutliche Veränderung in Verteilung und Verlauf von Arbeitskämpfen beobachtet werden.

61 BVerfG Urteil v. 4.7.1995 – 1 BvF 2/86 = BVerfGE 92, 365 = NJW 1996, 185 (186).

Im Folgenden wird ein kurzer Überblick über andere Arbeitskampfmittel gegeben, die in den vergangenen Jahren an Verbreitung gewonnen haben und zum Teil Gegenstand gerichtlicher Entscheidung waren.

(1) Warnstreik

Den echten Warnstreik kann man sich vorstellen *„als spontane Tat einer Belegschaft, deren Geduld durch allzu langes Tauziehen der Tarifpartner erschöpft ist und die für kurze Zeit, etwa für eine Stunde, die Arbeit niederlegt"*.[62] Oder wie es das Bundesarbeitsgericht fasst: *„Ein Unterfall der üblichen Arbeitsniederlegung von Arbeitnehmern in Form eines kurzen Streiks in einem Betrieb in sachlichem und zeitlichem Zusammenhang mit laufenden Tarifverhandlungen"*.[63]

Beim Warnstreik macht die Partei deutlich, dass sie zum Dauerstreik bereit ist. Es sollen demnach Kampfbereitschaft und -stärke demonstriert werden.[64] War er früher als milderes Mittel zum Dauerstreik zulässig[65] (der Warnstreik als aliud), gab die Rechtsprechung diese Auffassung auf und machte deutlich, dass sich Warnstreiks in ihrem äußeren Erscheinungsbild nicht von Erzwingungsstreiks unterscheiden.[66] Die klassische Kampfform „Warnstreik" gibt es seitdem nicht mehr.[67] Die Besonderheit besteht schließlich ausschließlich darin, dass befristete Arbeitsniederlegungen nach einem einheitlichen Plan kurzfristig in verschiedenen, immer wieder wechselnden Betrieben stattfinden, es handelt sich aber nicht um eine privilegierte Form, an die andere Zulässigkeitsvoraussetzungen gestellt werden.[68] Insbesondere muss das ultima ratio Prinzip eingehalten werden, da dies nicht nur der Schadensverhinderung, sondern insbesondere dem Erhalt der Verhandlungsfreiheit in der Tarifautonomie dient.[69] Wird ein Arbeitskampfmittel eingesetzt, erklärt die kämpfende Partei damit implizit, dass aus ihrer Sicht alle Verhandlungen gescheitert sind. Würde das Arbeitskampfmittel als reine Warnung angewandt werden, um den Verhandlungsdruck zu steigern, würde die strikte Trennung von Verhandlungs- und Kampfphase vermischt.[70]

---

62 *Adomeit*, NJW 1985, 2515.

63 BAG Urteil v. 17. 12. 1976 – 1 AZR 605/75= NJW 1977, 1079 (1078).

64 Ebd.

65 Ebd.

66 BAG Urteil v. 21.06.1988 – 1 AZR 651/86 = NJW 1989, 57.

67 *Schuh*, Streik und Aussperrung. Vergleichende Bestandsaufnahme und Kritik, S. 95.

68 *Richardi/Fischinger*, in: Staudinger, Vorbem. zu § 611 ff. Rn. 917 ff.

69 Ebd.

70 Ebd.

(2) Boykott

Um die Gegenseite zu schwächen, können sowohl Arbeitnehmer als auch Arbeitgeber einen Boykott durchführen. Dabei handelt es sich um eines der ältesten Kampfmittel bei tarifbezogenen wie allgemeinen Konflikten.[71] Ein Boykott besteht in der planmäßigen Absperrung eines Gegners vom geschäftlichen Verkehr durch Ablehnung von Vertragsabschlüssen oder Anordnung zu einer solchen Ablehnung, um ein bestimmtes Kampfziel zu erreichen.[72]

Ob es sich dabei um ein zulässiges Arbeitskampfmittel handelt, ist umstritten. Nach Auffassung des Bundesarbeitsgerichts handelt es sich beim Boykott um eine *„geschichtlich überkommene Kampfmaßnahme"*[73], die grundsätzlich zulässig ist. In der sozialen Marktwirtschaft ist der Boykott hingegen teilweise sogar gesetzlich verboten.[74]

Die Frage, ob es sich beim Boykott um ein zulässiges Arbeitskampfmittel handelt, muss im Einzelfall anhand des Grundsatzes der Verhältnismäßigkeit beurteilt werden. Er ist jedenfalls dann unzulässig, wenn er einen laufenden Tarifvertrag in Frage stellt[75] oder wirtschaftlichen oder physischen Druck ausübt. Der Appell an den Verstand der Aufgerufenen muss genügen.[76]

(3) Flash-Mob und „atypische Arbeitskampfmittel"?

Der Begriff „Flash-Mob" bezeichnet einen *„kurzen, scheinbar spontanen Menschenauflauf* auf öffentlichen oder halböffentlichen Plätzen, bei denen sich die Teilnehmer persönlich nicht kennen und ungewöhnliche Dinge tun".[77] Im Vordergrund steht dabei das Überraschungsmoment. Wurde der Flash-Mob anfangs nur zu künstlerischen Zwecken eingesetzt, häufen sich in letzter Zeit auch politisch oder weltanschaulich motivierte Zusammenkünfte. Berühmtheit erlangte dabei vor allem der Flash-Mob gegen die Bahnprivatisierung im Jahr 2007, bei dem an über 50 Bahnhöfen insgesamt mehr als 2000 Menschen gegen die geplante Privatisierung der Bahn durch synchrones Lärmen Alarm

---

71 ErfK/*Dieterich/Linsenmaier*, Art. 9 GG Rn. 278.

72 *Richardi/Fischinger*, in: Staudinger, Vorbem. zu §§ 611 ff. Rn. 808.

73 BAG Urteil v. 17.12.1976 – 1 AZR 605/75 =AP GG Art. 9 Arbeitskampf Nr. 51.

74 Vgl. bspw. § 21 GWB oder §§ 1, 3 UWG.

75 *Löwisch/Rieble*, TVG, § 1 Rn. 1067.

76 *Säcker*, NJW 2010, 1115.

77 Definition bei Wikipedia, http://de.wikipedia.org/wiki/Flashmob.

schlugen.[78] Auch die Gewerkschaften haben dieses Phänomen für sich entdeckt[79] und erfinden immer neue Ausprägungen: „*Viele Menschen kaufen zur gleichen Zeit einen Pfennigartikel und blockieren damit für längere Zeit den Kassenbereich.*“ oder „*Viele Menschen packen zur gleichen Zeit ihre Einkaufswagen voll (bitte keine Frischware!!!) und lassen sie dann stehen.*“[80]

Das Bundesarbeitsgericht hat sich im Jahr 2009 dazu hinreißen lassen, den Flash-Mob als Arbeitskampfmittel zuzulassen: „*Ein mit einer Flashmob-Aktion verbundener Eingriff in den Gewerbebetrieb des Arbeitgebers kann aus Gründen des Arbeitskampfes gerechtfertigt sein.*“[81] Das Bundesarbeitsgericht geht folglich zwar davon aus, dass es sich um einen Eingriff in den eingerichteten und ausgeübten Gewerbetrieb handelt. Dieser Eingriff sei aber von der Arbeitskampffreiheit gedeckt, da es sich jedenfalls dann um ein zulässiges Arbeitskampfmittel handle, wenn der Flash-Mob begleitend zu einem aufgerufenen Streik durchgeführt werde.[82] Wenn es auch weiterhin keine umfassende Kampfmittelfreiheit gibt, so geht die Ansicht des Bundesarbeitsgerichts doch in Richtung einer umfassenden Koalitionsbetätigungsfreiheit.[83]

Die Einordnung des Flash-Mobs als Arbeitskampfmittel stößt auf erhebliche Bedenken.

Problematisch erscheint zum einen, dass sich der Arbeitskampf bisher grundsätzlich in der Zurückbehaltung der vertraglich geschuldeten Hauptleistungspflicht erschöpft. Sowohl Streik als auch Aussperrung suspendieren das Arbeitsverhältnis.

Anders gestaltet sich die Lage aber bei Flash-Mobs. Durch sie wird die kapitalistische Eigentumsordnung berührt.[84] Ziel des Flash-Mobs ist nicht mehr nur die Suspendierung der Leistungspflichten, sondern eine Schädigung der Betriebsabläufe, sowie die Zufügung eines Schadens, sei es durch Produktions- oder Absatzausfälle. Mit der Entscheidung vom 22.9.2009 hat das Bundesarbeitsgericht nach Ansicht Vieler den Schutzbereich des Art. 9 Abs. 3 GG

78 Aufruf zum Flash-Mob: http://www.journal-frankfurt.de/journal_news/Panorama-2/Flash-Mob-gegen-Bahnprivatisierung-6554.html.

79 *Maaß*, ArbRAktuell 2009, 151.

80 Flash-Mob Aufruf der Gewerkschaft ver.di im Jahre 2007 im Rahmen eines Arbeitskampfs im Einzelhandel.

81 BAG Urteil v. 22.9.2009 – 1 AZR 972/08 = NZA 2009, 1347.

82 Ebd.

83 *Rieble*, NZA 2008, 796 (797).

84 Ebd.

überdehnt.[85] Denn das Arbeitskampfrecht dürfe nicht als Rechtfertigung für jedwede Rechtsgutsverletzung der anderen Tarifvertragspartei herangezogen bzw. missbraucht werden.[86] Zwar unterfielen diesem grundsätzlich alle Verhaltensweisen, die koalitionsspezifisch sind. In einem zweiten Schritt müsse aber festgestellt werden, ob es sich dabei um eine schützenswerte Betätigung der Koalitionsfreiheit handle oder ob die Art des Kampfmittels gegen eine Einbeziehung in den Schutzbereich spreche.[87] Welche Kampfmittel konkret zugelassen sind, entscheide sich nach der Ausgestaltung des Grundrechts durch die Rechtsordnung.[88] Diese zweistufige Prüfung führt auch dazu, dass beispielsweise EDV-Sabotage und Betriebsbesetzungen oder -blockaden keine von der Koalitionsfreiheit gedeckten Arbeitskampfmittel sein können.[89] Zwar will ein Teil der Literatur auch solche Maßnahmen als rechtmäßige Handlungen im Arbeitskampf sehen, da der Streik allein nicht mehr geeignet sei, das Kräftegleichgewicht herzustellen, da dem Arbeitgeber häufig eine Aufrechterhaltung der Produktion durch Arbeitswillige möglich sei.[90] Richtigerweise handelt es sich aber bei diesen Maßnahmen nicht um rechtmäßige Arbeitskampfmittel. Der Unterschied zum Streik besteht, genauso wie beim Flash-Mob, auch bei Betriebsblockaden oder der EDV-Sabotage darin, dass über die Nichterfüllung der vertraglichen Leistungsverpflichtung hinaus, Rechtsgüter des Arbeitgebers beschädigt werden.[91] Der Zweck heiligt aber auch hier nicht alle Mittel, so dass das Ziel, einen Tarifvertrag herbeizuführen, kein Rechtfertigungsgrund für ein sonst unzulässiges Verhalten darstellen kann.[92]

Aus diesem Grund kommt es auch nicht auf die Dauer der Maßnahme an, so dass selbst kurzfristige Blockaden oder Besetzungen unzulässig sind. Es handelt sich nämlich nicht um eine Frage der Verhältnismäßigkeit des

---

85 Z.B. *Otto*, RdA 2010, 135 (137), *Willemsen*, Anm. zu BAG Urteil v. 22.9.2009 – 1 AZR 972/08, AP GG Art. 9 Arbeitskampf Nr. 174, unter B. II. b.

86 Ebd.

87 *Willemsen*, Anm. zu BAG Urteil v. 22.9.2009 – 1 AZR 972/08 = AP GG Art. 9 Arbeitskampf Nr. 174, unter B. II. b., *Wank*, Anm. zu BAG 19.6.2007 – 1 AZR 396/06 = AP Nr. 173 zu Art. 9 GG Arbeitskampf, *Greiner*, NJW 2010, 2977 (2978).

88 BVerfG Beschluss v. 26.06.1991 – 1 BvR 779/85 = NZA 1991, 809 (810).

89 *Rieble*, NZA 2008, 796 (797), *Otto*, RdA 2010, 135 (137).

90 MünchArbR/*Ricken*, § 193 Rn. 8., BeckOK/*Waas*, GG, Art. 9 Rn. 168.

91 *Richardi/Philipp*, in: Staudinger, BGB, Vorbem. Zu §§ 611 ff. Rn. 949.

92 Ebd., *Gamillscheg*, KollArbR I, S. 1058.

Arbeitskampfmittels, sondern es liegt dabei schon gar keine vom Schutzbereich des Art. 9 Abs. 3 GG umfasste Kampfmaßnahme vor.[93]

Zudem verändert sich durch die Zulassung des Flash-Mobs als Arbeitskampfmittel die den bisherigen Kampfmaßnahmen eigentümliche Parteienkonstellation: War früher eindeutig geklärt, auf welche Tarifvertragspartei die Maßnahme wirken soll, ist beim Flash-Mob eine Vermischung der Adressaten gegeben. Sowohl Arbeitnehmer als auch Arbeitgeber (sowie Kunden!) können Leidtragende des „Arbeitskampfes“ sein.

Darüber hinaus wird durch die Entscheidung des Bundesarbeitsgerichts den Arbeitskampfparteien eine Einschätzungsprärogative hinsichtlich Geeignetheit und Erforderlichkeit des Kampfmittels übertragen.[94] Die angreifende Gewerkschaft kann unter mehreren in Betracht kommenden Mitteln frei wählen und braucht sich nicht auf das objektiv mildeste zu beschränken.[95] Das Bundesarbeitsgericht hält dabei ausdrücklich auch ein aktiv betriebsbehinderndes Kampfmittel für rechtmäßig und entzieht somit dem Arbeitgeber die präventive Abwehrmöglichkeit im Rahmen einer Unterlassungsverfügung.[96] Das Bundesarbeitsgericht sieht es nämlich als ausreichende Verteidigungsmöglichkeit des Arbeitgebers an, dass der Arbeitgeber in solchen Fällen von seinem Hausrecht Gebrauch machen kann.[97] Ein Arbeitgeber muss einen in seinem Betrieb stattfindenden Flash-Mob freilich nicht tatenlos mitansehen. Schon eine bloße Demonstration ohne Störung der Betriebsabläufe, die von Art. 8 GG geschützt ist, ist in fremden Räumen ohne ausdrückliche Genehmigung des Hausrechtsinhabers unzulässig. Für spontane Versammlungen, die unter dem Mantel der Koalitionsfreiheit erfolgen, kann und muss nichts anderes gelten.[98] Erst durch die Ausübung des Hausrechts würde die Kampfmaßnahme folglich rechtswidrig. Das Bundesarbeitsgericht hat demnach ein *„schwebend rechtswidriges“* Arbeitskampfmittel zugelassen.[99] Das Argument, der Arbeitgeber wüsste bereits im Vorfeld vom Stattfinden eines Flashmobs und könne somit geeignete Maßnahmen einleiten, um diesen zu verhindern,[100] kann jedoch nicht überzeugen. Zum einen ist es nicht zwingende Voraussetzung für einen rechtmäßigen Flashmob,

---

93 *Rieble*, NZA 2008, 796 (797).
94 *Fischer*, RdA 2011, 50 (56).
95 *Greiner*, NJW 2010, 2977.
96 *Greiner*, NJW 2010, 2977 (2978).
97 Ebd.
98 *Rieble*, NZA 2008, 796 (797).
99 *Greiner*, NJW 2010, 2977 (2978).
100 *Fischer*, RdA 2011, 50 (57).

dass er öffentlich einsehbar im Internet um Teilnehmer wirbt. Zum anderen ist es nicht Aufgabe des Arbeitgebers, sich ständig über möglicherweise anstehende Aktionen zu informieren. Allein diese Anforderung stellt im Ergebnis schon eine Beeinträchtigung eines reibungslosen Betriebsablaufs dar.

Mit der Entscheidung aus dem Jahr 2007 hat sich das Bundesarbeitsgericht weit von den bisher geltenden Arbeitskampfgrundsätzen entfernt, sowohl durch die Erweiterung des Personenkreises, der am Kampfgeschehen teilnehmen kann, als auch dadurch, dass der Arbeitskampf sich nicht mehr ausschließlich in der Zurückbehaltung der geschuldeten Leistung erschöpfen muss.[101] Wie auch immer man das Urteil des Bundesarbeitsgerichts bewerten mag, so kommt man jedenfalls nicht umhin, es als Umgestaltung des Kräftegleichgewichts zu Lasten der Arbeitgeber einzuordnen.[102]

2. *Kampfziel*

Kampfziel ist in der Regel der Abschluss eines Tarifvertrags zu veränderten Bedingungen, also Kampf zur Durchsetzung von Tarifforderungen. Arbeitskämpfe zur Erreichung anderer Ziele sind grundsätzlich unzulässig, da die Legitimation des Arbeitskampfs aus der Tarifautonomie zugleich seine Grenzen aufzeigt.

In Abkehr von seiner bisherigen Rechtsprechung befindet das Bundesarbeitsgericht jedoch seit 2007 auch Streiks ohne Tarifbezogenheit für grundsätzlich zulässig. Waren vor 2007 diese Unterstützungsstreiks nach Ansicht des Bundesarbeitsgerichts noch grundsätzlich unzulässig mit wenigen Ausnahmen, wurde durch diese Entscheidung die Ausnahme zur Regel. Das Bundesarbeitsgericht definiert den Unterstützungsstreik als Streik außerhalb des Tarifgebiets.[103] Ein Unterstützungsstreik genießt danach grundsätzlich den Schutz von Art. 9 Abs. 3 GG, es sei denn, er ist zur Unterstützung des Hauptstreiks offensichtlich ungeeignet. Es können dabei drei Erscheinungsformen unterschieden werden: Streik derselben Gewerkschaft gegen die am Konflikt beteiligte Arbeitgeberpartei außerhalb des Tarifgebiets des Hauptarbeitskampfs, Streik einer Drittgewerkschaft gegen die Arbeitgeberseite des Hauptarbeitskampfs und Streik der Gewerkschaft gegen einen tariffremde Partei auf der Arbeitgeberseite.[104] Die Zulässigkeit wird – genau wie bei anderen Arbeitskampfmaßnahmen – nach dem Grundsatz der Verhältnismäßigkeit beurteilt.

---

101 *Franzen*, JbArbR 2010, 119 (121).
102 *Maaß*, ArbRAktuell 2009, 151.
103 *Von Steinau-Steinrück/Brugger*, NZA Beil. 2010, 127 (128).
104 *Rieble*, BB 28.2008, 1506 (1507).

3. *Veränderung im Arbeitskampfrecht durch die Abkehr vom Grundsatz der Tarifeinheit?*

Bereits im Jahr 1957 positionierte sich das Bundesarbeitsgericht erstmals zur Frage der Tarifeinheit im Betrieb. Der Grundsatz der Tarifeinheit besagt, *„dass in jedem Betrieb grundsätzlich für alle in diesem Betrieb begründeten Arbeitsverhältnisse nur ein Tarifvertrag anzuwenden ist“*[105]. Durch den betriebseinheitlichen Vorrang des spezielleren Tarifvertrags sollten einheitliche und klare Lösungen möglich sein.

„Der Senat gibt seine bisherige Rechtsprechung zur Auflösung einer Tarifpluralität nach dem Grundsatz der Tarifeinheit zu Gunsten des spezielleren Tarifvertrages im Falle einer unmittelbaren Tarifgebundenheit des Arbeitgebers nach § 3 Abs. 1 TVG auf.“[106] Mit diesem Satz warf das Bundesarbeitsgericht im Jahr 2010 seine jahrzehntelang praktizierte Rechtsauffassung über Bord und fügte zur Erklärung hinzu, dass weder eine ausdrückliche noch eine gewohnheitsrechtlich anerkannte Rechtsgrundlage dafür bestünde.

Die unmittelbare Folge aus der nun geltenden Tarifpluralität ist, dass für jeden Arbeitnehmer der kraft Organisationszugehörigkeit maßgebliche Tarifvertrag gilt.[107] Weitaus schwieriger ist die Frage zu beantworten, was diese Änderung der Rechtsprechung für das Arbeitskampfrecht bedeutet. Die bisher entwickelten Grundsätze fußen alle auf der Annahme der Tarifeinheit. Das Bundesarbeitsgericht hat in seiner Entscheidung ausdrücklich offen gelassen, wie die arbeitskampfrechtlichen Konsequenzen zu handhaben sind.[108] Mögliche Ansatzpunkte dafür werden im Folgenden unter § 3 C. geprüft und bewertet.

4. *Rechtmäßigkeitsanforderungen*

Der *Große Senat* nutzte in einer Entscheidung im Jahr 1971 die Gelegenheit, grundlegende Formeln zum Arbeitskampf zu entwickeln. Er war der Ansicht, *„daß er befugt ist, im Interesse der Fortbildung des Rechts und der Sicherung einer einheitl. Rechtsprechung eine differenziertere Antwort zu geben. Die Entscheidungsformel des Großen Senats muß nur im Ergebnis auch eine Beantwortung der gestellten Rechtsfrage enthalten.“*[109] Damit nahm er maßgeblichen Einfluss auf die Entwicklung des Arbeitskampfrechts, denn Entscheidungen des *Großen Senats*

105 so erstmals BAG Urteil v. 29.3.1957 – 1 AZR 208/55 = NJW 1957, 1006.

106 BAG Urteil v. 7.7.2010 – 4 AZR 549/08 = AP GG Art. 9 Nr. 140.

107 *Willemsen/Mehrens*, NZA 2010, 1313.

108 BAG Urteil v. 7. 7. 2010 – 4 AZR 549/08 = NZA 2010, 1068.

109 BAG GS Beschluss v. 21.04.1971 - GS 1/68 = AP GG Art. 9 Arbeitskampf Nr. 43.

des Bundesarbeitsgerichts entfalten eine Bindungswirkung für die übrigen Senate, so dass diese von den Grundsatzentscheidungen nicht abweichen dürfen.[110] Ob und gegebenenfalls welche Wirkung sich für die Legislative und in concreto für den Landesgesetzgeber ergibt, wird in dieser Arbeit noch unter § 3 C. II. zu diskutieren sein.

Mit dem Beschluss von 1971 erweiterte das Bundesarbeitsgericht sein Argumentationsrepertoire um verfassungsrechtliche Ansätze und zog Art. 9 Abs. 3 GG verstärkt zur Begründung heran.[111] Ausgehend von dieser Entscheidung ist heute herrschende Meinung, dass die Koalitionsfreiheit zwar dem Gesetz nach schrankenlos gewährleistet ist. Dies bedeutet indes nicht, dass sie unbegrenzt und unbegrenzbar ist.[112] Jedenfalls unterliegt die Freiheit aus Art. 9 Abs. 3 GG verfassungsimmanenten Schranken, soweit sie in Rechtsgüter eingreift, die gleichfalls mit Verfassungsrang ausgestattet sind. Typischerweise sind dies Kollisionen mit Grundrechten Dritter, die dann im Rahmen praktischer Konkordanz gelöst werden müssen.[113]

Wie im gesamten Arbeitskampfrecht mangelt es auch hier an Klarheit und Rechtssicherheit. Dieses Regelungsversagen führt *Rieble* unter anderem zurück auf *„die Feigheit des Gesetzgebers, der allein legitimiert ist, Streikrecht und Drittschutz zu einem Ausgleich zu bringen“*.[114] Die Zulässigkeit von Arbeitskampfmaßnahmen muss vorranging danach entschieden werden, ob sie die Konfliktlösung vorantreiben und ob sich die resultierenden Eingriffe im Rahmen der durch den Grundsatz der Verhältnismäßigkeit gezogenen Grenzen bewegen.[115]

a. Grundsatz der Verhältnismäßigkeit

Zentraler Beurteilungsmaßstab für Arbeitskampfmaßnahmen ist der Grundsatz der Verhältnismäßigkeit, der aus Art. 20 Abs. 3 GG folgt.[116] Maßnahmen, die zur Kampfzielerreichung nicht geeignet oder nicht erforderlich sind oder deren

110 *Löwisch*, ZAAR-Schriftenreihe Band 2, 36 (37).

111 *Kittner*, Arbeitskampfrecht, S. 610.

112 BVerfG Beschluss v. 20.10.1981 – 1 BvR 404/78 = BVerfGE 58, 233, 247 = AP TVG § 2 Nr. 31.

113 *Scholz*, in: Maunz/Dürig, GG, Art. 9 Rn. 352.

114 *Rieble*, DIE ZEIT vom 22.11.2007, S. 30, abrufbar unter http://www.zeit.de/2007/48/Braucht_das_Streikrecht_Grenzen.

115 *Löwisch/Rieble*, AR-Blattei SD 170.1, Rn. 20.

116 *Jansen*, Die betriebliche Mitbestimmung im Arbeitskampf, S. 117.

Wirkungen außer Verhältnis zum erstrebten Ziel stehen,[117] verletzen die Vertragspflichten und sind unzulässig.[118]

Folglich kann das heutige Verständnis der Arbeitskampffreiheit so zusammengefasst werden: Das Recht, zur Wahrung und Förderung der Arbeits- und Wirtschaftsbedingungen Vereinigungen zu bilden, ist für jedermann und für alle Berufe gewährleistet; gewährleistet sind darüber hinaus alle koalitionsspezifischen Betätigungen einschließlich der Wahl der Kampfmittel, die nach dem Grundsatz der Verhältnismäßigkeit rechtmäßig sind. Nicht rechtmäßig sind nur solche Maßnahmen, die offensichtlich ungeeignet, offensichtlich nicht erforderlich oder deshalb unverhältnismäßig sind, weil sie eine unangemessene Beeinträchtigung gegenläufiger, ebenfalls verfassungsrechtlich geschützter Rechtspositionen darstellen.[119]

b. Ultima ratio Prinzip

Aus dem Grundsatz der Verhältnismäßigkeit resultiert das arbeitskampfrechtliche ultima ratio Prinzip, das Teil der die Tarifvertragsparteien berechtigenden und verpflichtenden Ordnung des Arbeitskampfes ist.[120] Das Bundesarbeitsgericht stellte daher bereits im Jahr 1971 klar, dass Arbeitskämpfe erst in Betracht kommen, wenn alle anderen Verständigungsmöglichkeiten zwischen den Tarifparteien ausgeschöpft sind.[121] Durch die ultima ratio Regel wird die freie Verhandlung in der Tarifauseinandersetzung gewährleistet. Zwar wird der Arbeitskampf zugelassen, um ein Kräftegleichgewicht zwischen den Parteien herzustellen. Ihm ist aber nicht angedacht, das System von Verhandlung und Einigung durch Drohung und Machtdemonstration zu ersetzen.[122]

c. Arbeitskampfparität

Der Grundsatz der Parität (auch Waffengleichheit) entspringt aus Art. 9 Abs. 3 GG[123] und wurde bereits in der Entscheidung im Jahr 1955 herangezogen. Er beherrscht das gesamte Arbeitskampfrecht. Die Kampfparität ist auch eine

---

117 BAG Urteil v. 10.6.1980 – 1 AZR 168/79 = AP GG Art. 9 Nr. 65.

118 *Hromadka*, Arbeitsrecht, § 14 Rn. 59.

119 BAG Urteil v. 22.9.2009 – 1 AZR 972/08 = NJW 2010, 631 unter Berufung auf BAG v. 19.6. 2007 – 1 AZR 396/06.

120 BAG GS Beschluss v. 28. 1. 1955 – 1/54 = BAGE 1, 291 = AP GG Art 9 Arbeitskampf Nr. 1.

121 Vgl. dazu ausführlich oben.

122 *Richardi/Fischinger*, in: Staudinger, Vorbem. zu §§ 611 ff. Rn. 917ff.

123 *Jansen*, Die betriebliche Mitbestimmung im Arbeitskampf, S. 117.

Konkretisierung des Grundsatzes der Verhältnismäßigkeit und bezieht sich auf die Merkmale der Erforderlichkeit und der Proportionalität.[124] Zwischen den Tarifvertragsparteien soll ein hinreichendes Verhandlungs- und Kampfgleichgewicht bestehen, denn die Tarifautonomie verwirklicht den Gedanken der Vertragsgerechtigkeit auf kollektiver Ebene.[125] Ziel ist immer ein Tarif-„Vertrag". Diesem zivilrechtlichen Instrument ist eigentümlich, dass durch gegenseitiges Verhandeln, Überzeugen und Nachgeben trotz widerstreitender Interessen ein sachgerechter Kompromiss gefunden wird.[126] Deshalb ist für eine funktionierende Tarifautonomie ein gewisses Kräftegleichgewicht unumgänglich. Dieses verhindert, dass eine Partei von vornherein auf verlorenem Posten steht. Bei der Entscheidung, wie diese Parität erreicht werden kann, sind dem Staat in großem Umfang die Hände gebunden, da die staatliche Neutralitätspflicht die Einflussnahme auf die Tarifparteien und deren Verhandlungen grundsätzlich verbietet. Der Staat darf nicht Partei ergreifen und mit staatlichen Mitteln weder die eine noch die andere Seite unterstützen.[127] Diese Neutralitätspflicht des Staates bedeutet allerdings weder Indifferenz noch absolutes Regelungsverbot,[128] denn zugleich ist ihm die Aufgabe übertragen, die Waffengleichheit zu wahren. Diese konfliktären Anforderungen – zum einen passive Neutralität, zum anderen fördernde Neutralität – birgt eine erhebliche Unschärfe und Unsicherheit in sich.

Nach wie vor ist ungeklärt und umstritten, wonach sich die Parität bestimmt. Zustimmung verlangt daher die Aussage, dass das Problem darin liegt, *„dass niemand genau sagen kann, was Parität eigentlich ist und wie man sie misst."*[129]

Ohne einen Schwerpunkt auf dieses Thema zu legen, soll Folgendes zur Abgrenzung gesagt werden: Neben einigen Unterformen[130] wird im Wesentlichen zwischen formeller und materieller Parität unterschieden. Dem formellen Paritätsbegriff ist bereits Genüge getan, wenn beiden Kampfparteien rechtlich identische Kampfmittel zur Seite stehen, die in ihrer rechtlichen Behandlung und in ihrer Wertigkeit gleich sind.[131]

---

124 *Kreßel*, NZA 1995, 1121 (1123).
125 Ebd., vgl. BVerfG Beschluss v. 26.6.1991 = BVerfGE 84, 212.
126 *Schuh*, Streik und Aussperrung. Vergleichende Bestandsaufnahme und Kritik, S. 5.
127 *Löwisch/Rieble*, TVG, Grundlagen Rn. 469.
128 *Scholz*, in: Maunz/Dürig, GG, 2013, Art. 9 Rn. 283.
129 *Löwisch/Rieble*, TVG, Grundlagen Rn. 475.
130 z.B. Normative Parität oder Gesamtparität.
131 BAG GS Beschluss v. 28.1.1955 – GS 1/54 = AP GG Art. 9 Nr. 1.

Von dieser formellen Betrachtung hat sich das Bundesarbeitsgericht aber bereits im Jahre 1971 wieder distanziert[132] und ist zu einem materiellen Paritätsbegriff übergegangen. Nach diesem Verständnis muss die Rechtsordnung sicherstellen, dass beide Tarifparteien über gleiche Kräfte bzw. gleichgewichtige Verhandlungschancen verfügen.[133] Eine rein formelle Gleichstellung der Kampfmittel ist danach nicht ausreichend. Vielmehr müssen die unterschiedlichen Ausgangspositionen sowie Kampfmittelwirkungen dabei berücksichtigt werden. Um Chancengleichheit herzustellen, werden sogar staatliche Eingriffe befürwortet. Eine Beschränkung von Arbeitskampfmaßnahmen, die das Ziel der Herstellung eines Verhandlungsgleichgewichts verfolgt, ist mit Art. 9 Abs. 3 GG vereinbar,[134] denn das Paritätsgebot wird als Regelungsauftrag verstanden.[135] Erneut stellt sich aber das Problem, dass es zur Bestimmung eines tatsächlichen Gleichgewichts weder System noch Formel gibt.[136]

Wenngleich die Überlegungen nachvollziehbar sind, dass ein Kräftegleichgewicht zwingende Voraussetzung für ein ausgewogenes Ergebnis sei,[137] so wird das Paritätsprinzip von vielen[138] und seit 2007 auch vom Bundesarbeitsgericht selbst in Zweifel gezogen.[139] Die Verknüpfung von Verhältnismäßigkeit und Parität sei nicht haltbar, da es sich um reine Mutmaßungen auf einem hohen Abstraktionsprinzip handle,[140] welcher Druck von welcher Kampfpartei erzeugt wurde und ob gegebenenfalls ein „Überdruck" zu verzeichnen sei.[141] Das Paritätsprinzip führe im Ergebnis dazu, dass gegen grundlegende Prinzipien der Koalitionsfreiheit verstoßen werden könnte.

Das Grundgesetz hat sich im Rahmen von Art. 9 Abs. 3 GG der Selbsthilfe anstelle der der Staatshilfe verschrieben. Staatliche Intervention darf danach erst erfolgen, wenn die Koalitionen alles in ihrer Kraft Stehende getan haben, um der eigenen Schwäche mit eigener Anstrengung zu begegnen.[142] Genau dies würde

---

132 BAG GS Beschluss v. 21. 4. 1971 – GS 1/68 = BAGE 23, 292 = NJW 1971, 1668.

133 BVerfG Beschluss v. 26.6.1991 – 1 BvR 779/85 = AP Nr. 117 zu Art. 9 GG Arbeitskampf.

134 Ebd.

135 *Richardi/Fischinger*, in: Staudinger, Vorbem. zu §§ 611 ff. Rn. 928.

136 *Rüfner*, RdA 1997, 130 (134).

137 *Gamillscheg*, KollArbR I, S. 968.

138 *Rieble*, Arbeitsmarkt und Wettbewerb, S. 414, *Seiter*, Streikrecht und Aussperrungsrecht, S. 156 ff.

139 BAG Urteil v. 19.6.2007 – 1 AZR 396/06 = NZA 2007, 1055 (1058).

140 *Treber*, SR 2013, 143.

141 *Rieble*, Arbeitsmarkt und Wettbewerb, S. 414.

142 *Scholz*, in: Maunz/Dürig, GG, 2013, Art. 9 Rn. 158.

bei konsequenter Anwendung des Paritätsprinzips ins Gegenteil verkehrt: Jeder Arbeitskampfteilnehmer könnte verlangen, dass die staatliche Rechtsordnung den Gegner solange schwächt, bis ein angemessenes Gleichgewicht erreicht ist.[143] Diese Folge aus rein hypothetischen Erwägungen abzuleiten und ohne verlässliche Feststellung herbeizuführen, sei willkürlich und würde im Ergebnis zumeist zu Lasten der Aussperrung, nicht aber auf den Streik bezogen werden.[144] Dies hat auch das Bundesarbeitsgericht festgestellt und meint nun: „*Die Vorgabe, möglichst für Parität zwischen den Tarifvertragsparteien zu sorgen, genügt daher als Handlungsanweisung für die konkrete gerichtliche Ausgestaltung des Arbeitskampfrechts allein in der Regel nicht.*“[145] Zentraler Maßstab für die Beurteilung der Rechtmäßigkeit von Arbeitskämpfen ist und bleibt also der Grundsatz der Verhältnismäßigkeit.[146]

III. Zwischenfazit

Die Ausführungen belegen die wechselhafte Geschichte und mühsame Entwicklung des Arbeitskampfrechts in den vergangenen Jahrzehnten.

Das ökonomische, gesellschaftliche und politische Umfeld, in dem Arbeitskämpfe stattfinden, hat sich in den vergangenen Jahren bedeutend verändert.[147] Unsere heutige Erwerbsrealität hat sich von der Massenindustrieproduktion zunehmend entfernt und ist mittlerweile verstärkt auf eine enge Verzahnung von Dienstleistungen und Produktion und auf wissensbasierte Tätigkeiten ausgerichtet.[148]

Die umfassende verfassungsrechtliche Gewährleistung der Arbeitskampffreiheit ist für das Funktionieren des Systems der Tarifautonomie unabdingbar, denn das Arbeitsleben nimmt seit jeher eine Sonderstellung im Privatrecht ein.[149] Die Rechtsbeziehungen zwischen Arbeitnehmer und Arbeitgeber sind eben gerade keine gewöhnlichen privatrechtlichen Austauschverhältnisse, die ohne gesonderte Regelungen auskommen. Von der Ordnung des Arbeitslebens, der Art und Weise seines ökonomischen Funktionierens und seiner rechtlich-institutionellen Ausgestaltung, hängt nicht mehr und nicht weniger als die wirtschaftliche

---

143 *Rieble*, Arbeitskampf und Wettbewerb, S. 415.

144 *Franzen/Thüsing/Waldhoff*, Arbeitskampf in der Daseinsvorsorge, S. 1055 m.w.N.

145 BAG Urteil v. 19.6.2007 – 1 AZR 396/06 = NZA 2007, 1055.

146 Ebd.

147 *Rüthers*, NZA 2010, 6 (7).

148 *Schmidt/Bachmann*, Wirtschaftsdienst 2012 Heft 5, 291.

149 *Blanke*, NZA 1990, 209 (210).

und moralische Qualität des Lebens der Bevölkerung und daraus folgend die politisch-soziale Stabilität einer Staates ab.[150] Historische Belege gibt es für diese Aussage zu Genüge, sei es im 18. Jahrhundert in Frankreich[151], im 19. Jahrhundert in Preußen sowie während des Nationalsozialismus in Deutschland.[152]

Arbeitskämpfe sind daher ein notwendiges Hilfsinstrument der staatsfreien Tarifautonomie,[153] die des Schutzes der Verfassung bedürfen und diesen genießen. Denn gerade weil die Staatsintervention weitgehend ausgeschlossen ist und es keine Konkurrenz unter den Tarifparteien gibt, müssen Tarifkonflikte als Resultat des faktischen Einigungszwangs überwunden werden können. Eine Möglichkeit des Ausweichens auf alternative Vertragspartner besteht nicht[154]; der frühere Klassenfeind wird zum „*Tarifpartner auf Dauer*“[155]. Gab es jahrelang kaum wegweisende neue Entscheidungen zum Arbeitskampfrecht in der deutschen Rechtsprechung, so ist die Umgestaltung nun in vollem Gange.[156] Das richterrechtliche Arbeitskampfrecht hat eine neue Richtung hin zu einer „*Deregulierung*“[157] eingeschlagen, die von vielen Seiten mit Argwohn begutachtet wird.[158] Die Entscheidungen zum Unterstützungsstreik, zum Flashmob oder zur Aufgabe des Grundsatzes der Tarifeinheit zeigen eine deutliche Tendenz zur Erweiterung der Streikbefugnisse,[159] lassen aber viele Fragen offen und führen zu einer erheblichen Rechtsunsicherheit und Unschärfe, die das deutsche Tarifwesen erheblich beeinträchtigen.[160]

---

150 Ebd.

151 Im April 1791 legten die Zimmerleute von Paris ihre Arbeit nieder und forderten höhere Löhne. Diese Lohnforderung wurde von der Pariser Kommune als unvereinbar mit einer freien Wirtschaft bewertet. Daraufhin wurde ein Gesetz *(Loi le Chapelier)* erlassen, das Meistern, Gesellen und Arbeitern untersagte, sich in Bünden zu organisieren sowie in den Ausstand zu treten.

152 So stellte z.B. die Allgemeine Preußische Gewerbeordnung vom 17.1.1845 in § 183 „die Bildung von Verbindungen unter Fabrikarbeitern, Gesellen, Gehilfen oder Lehrlingen ohne polizeiliche Erlaubnis“ unter Strafe.

153 *Rüthers*, NZA 2010, 6 (7).

154 *Löwisch/Rieble*, TVG, Grundlagen Rn. 433.

155 *Rüthers*, NZA 2010, 6.

156 *Greiner*, NJW 2010, 2977.

157 *Greiner*, NJW 2010, 2977 (2982 f.).

158 *Fischer*, RdA 2011, 50.

159 *Franzen*, JbArbR 2010, 119.

160 Ebd.

B. Staatliches Schlichtungsverfahren

I. Definition und Formen der Schlichtung

1. Definition

Die Schlichtung stellt eine Alternative zum Arbeitskampf als Mittel zur Einigung dar.[161] Dabei stehen gerade nicht die Druckausübung, sondern vielmehr das Verhandeln und gegenseitige Nachgeben im Vordergrund.

Unter Schlichtung versteht man die Hilfestellung zur Beilegung von Gesamtregelungsstreitigkeiten, und zwar in der Regel durch Abschluss einer Gesamtvereinbarung.[162] Oder anders formuliert: Schlichtung ist ein besonderes Verfahren der friedlichen Beilegung kollektiver Streitigkeiten zum Abschluss einer Vereinbarung. Das deutsche Arbeitsrecht greift auf die Schlichtung nur bei Gesamtregelungsstreitigkeiten zurück, also in Fällen, in denen mindestens auf einer Seite eine Kollektivpartei beteiligt ist.[163]

Die vorliegende Arbeit befasst sich nur mit der staatlichen Schlichtung, die auf den Abschluss eines Tarifvertrags gerichtet ist. Tarifliche Schlichtungsabkommen, also die Pflicht der Tarifvertragspartner, sich ernsthaft um eine Einigung zu bemühen,[164] bleiben außer Betracht, obgleich diese Art der Schlichtung in der Praxis im Vordergrund steht und stets vorzugswürdig ist, da in der Regel tarifliche Schlichtungsregelungen vereinbart werden. Für Fälle, in denen eine solche Vereinbarung fehlt oder unwirksam ist, bleibt allerdings Raum für ein staatliches Schlichtungsverfahren.

2. Formen der Schlichtung

Es gibt verschiedene Arten der Schlichtung, die zum einen nach dem Grad der Verbindlichkeit und zum anderen nach der Intensität des Eingriffs abgegrenzt werden können.

a. Verbindlichkeit des Schlichtungsverfahrens

Steht es den Parteien frei, sich eines Schlichtungsverfahrens zu bedienen, spricht man von einer fakultativen Schlichtung, die die geringste Verbindlichkeit

---

161 MünchArbR/*Ricken*, § 208 Rn. 1.

162 *Hromadka*, Arbeitsrecht, § 20 Rn. 1.

163 Ebd., Rn. 3.

164 Ebd., Rn. 16.

entfaltet. Die Einleitung des Schlichtungsverfahrens liegt dabei vollständig in den Händen der Parteien.[165]

Es ist aber auch möglich, den Parteien die Durchführung einer Schlichtung aufzugeben, bevor weitere Schritte eingeleitet werden. Arbeitskampfmaßnahmen können in der Folge unzulässig sein, bevor ein Schlichtungsversuch unternommen wurde. Ist dies der Fall, spricht man von einem (zweiseitigen) Schlichtungszwang.

Einen noch stärkeren Verbindlichkeitsgrad gewährt das Recht nur einer Partei, auch gegen den Willen der anderen ein Schlichtungsverfahren einzuleiten (sogenannter einseitiger Schlichtungszwang).

b. Verbindlichkeit des Schlichtungsspruchs

Auch in der Verbindlichkeit des Schlichtungsspruchs können Unterschiede gemacht werden.

Die Aufgabe der Schlichtungsstelle kann sich in dem Versuch erschöpfen, eine gütliche Einigung zu erreichen, ohne jedoch einen Spruch zu fällen. Diese Art der Schlichtung versucht, verhärtete Positionen unter Anleitung eines Mediators aufzuweichen und so zu einem Kompromiss zu gelangen.

Einen Schritt weiter geht die Ermächtigung der Schiedsinstanz, einen unverbindlichen Spruch zu fällen, wenngleich bei dieser Konstellation die Parteien nicht verpflichtet sind, diesen anzunehmen.

Diese Wahl steht den Parteien nicht zu, wenn eine Zwangsschlichtung angeordnet ist, sei es durch Gesetz oder durch Vereinbarung. Der verbindliche Spruch der Schlichtungsstelle kann auch gegen den Willen der Parteien eine Entscheidung treffen, die die Einigung der Parteien ersetzt und die gescheiterten Tarifvertragsverhandlungen zu einem Ende führt.

3. *Bestehende Vorgaben für ein Schlichtungsrecht*

a. Art. 9 Abs. 3 GG

Bei der Frage, ob die Schlichtung ebenfalls in den Schutzbereich von Art. 9 Abs. 3 GG fällt, muss man dessen vorrangige Gewährleistungselemente in Betracht ziehen. Primäre Funktion der Tarifautonomie ist die Sicherung des Erreichens des Koalitionszwecks in Form der sinnvollen Ordnung und Befriedung des Arbeitslebens.[166] Legt man diese Zweckbestimmung zu Grunde, so muss auch

---

165 *Hromadka*, Arbeitsrecht, § 20 Rn. 5.

166 BVerfG Urteil v. 1. 3. 1979 – 1 BvR 532, 533/77, 419/78, 1 BvL 21/78 = BVerfGE 50, 229 (367).

die Schlichtung vom verfassungsrechtlichen Schutz umfasst sein. Sind Arbeitskämpfe als streitige Austragung von Tarifkonflikten vom Schutzbereich erfasst, so muss erst recht die friedliche Beilegung von Tarifstreitigkeiten den Schutz der Verfassung genießen. Die Garantie der eigenständigen Regelung der Tarifrealität durch die Tarifvertragsparteien bezieht sich nicht nur auf die inhaltliche Gestaltung, sondern auch auf prozedurale Lösungen, wie diese Inhalte gefunden werden.[167] Die Schlichtung unterfällt folglich der Koalitionsfreiheit des Art. 9 Abs. 3 GG.[168]

Die Parteien können frei entscheiden, ob sie die Schlichtung selbst betreiben oder ein staatliches Schlichtungsverfahren beanspruchen wollen.[169] Wenngleich die staatliche Schlichtung nach allgemeiner Meinung subsidiär gegenüber der Vereinbarten ist, kann ein Vorrangprinzip in dem Sinne, dass die staatliche Schlichtung erst dann eingeleitet werden darf, wenn autonome Schlichtungsvereinbarungen keinen Erfolg erzielt haben, nicht abgeleitet werden.[170]

b. Einfachgesetzliche Kodifizierung

Anders als das Arbeitskampfrecht ist die Schlichtung im deutschen Recht einfachgesetzlich kodifiziert – wenngleich auch nur sehr rudimentär.

(1) KRG Nr. 35

Vorschriften zur gütlichen Streitbeilegung zwischen den Tarifvertragsparteien im kollektiven Arbeitsrecht findet man im KRG Nr. 35 über Ausgleichs- und Schiedsverfahren in Arbeitsstreitigkeiten vom 20. August 1946, zuletzt geändert durch Gesetz vom 9. Februar 1950. Dieses beansprucht in den alten Bundesländern mit Ausnahme von Berlin, dem Saarland und dem Landesteil (Süd-) Baden als Besatzungsrecht nach wie vor Wirksamkeit.[171] Es ist Grundlage für die freiwillige staatliche Schlichtung von kollektiven Arbeitsrechtsstreitigkeiten[172] und gibt den Ländern eine Rechtsgrundlage für Schlichtungsstellen.[173] Das KRG Nr. 35 folgt dem Prinzip der Freiwilligkeit und setzt die Anrufung durch beide

---

167 *Leinenweber*, Landesschlichtungsgesetze?, S. 19.
168 *Gamillscheg*, KollArbR I, S. 625 f., *Leinenweber*, Landesschlichtungsgesetze?, S. 19 m.w.N.
169 *Leinenweber*, Landesschlichtungsgesetze?, S. 19.
170 *Lembke*, RdA 2000, 223 (229).
171 *Leinenweber*, Landesschlichtungsgesetze?, S. 102.
172 *Lembke*, RdA 2000, 223.
173 Moll/*Dendorfer/Ponschab*, § 82 Rn. 64.

Parteien voraus.[174] Das Verfahren folgt einem zweistufigen Aufbau. Zunächst ist ein sog. Ausgleichsverfahren vorgesehen, in dem der Landesschlichter versucht, eine Einigung herbeizuführen. Ist dieser Versuch erfolglos, schließt sich das förmliche Schlichtungsverfahren vor dem Landesschlichtungsausschuss an.[175] Eine etwaige vereinbarte Schlichtung ist der staatlichen Schlichtung vorrangig, wobei es den Parteien frei steht, auch in diesem Fall sogleich auf die staatliche Schlichtung zurückzugreifen, da es sich nicht um ein Vorrangverhältnis im Sinne einer Rechtsbedingung handelt.[176]

Nordrhein-Westfalen bietet als einziges Land auch heute noch die kostenlose Inanspruchnahme des Landesschlichters an.[177] Er stellt dort einen wichtigen Ansprechpartner bei Tarifstreitigkeiten auf Branchen- und Firmenebene dar und hilft auch bei Konflikten zwischen den Betriebsparteien.[178] Jährlich wird er bei 30 bis 40 Verfahren um Unterstützung gebeten.[179]

In den Jahren 1980 bis 1995 wurden auch in anderen Bundesländern (Berlin, Rheinland-Pfalz, Saarland und Sachsen-Anhalt) einzelne Verfahren mithilfe des jeweiligen Landesschlichters durchgeführt. Seitdem hat die Zahl von staatlichen Schlichtungen unter Beteiligung des Landesschlichters jedoch abgenommen.[180]

(2) Badisches Landesgesetz über das Schlichtungswesen bei Arbeitsstreitigkeiten

Das Badische Landesgesetz über das Schlichtungswesen bei Arbeitsstreitigkeiten (Landesschlichtungsordnung) ist eine Besonderheit in der deutschen Gesetzeslandschaft. In Kraft getreten im Jahr 1949 resultierte es vorrangig aus der Unzufriedenheit mit dem KRG Nr. 35. Die in diesem verankerte Freiwilligkeit eines Schlichtungsverfahrens sowie die fehlende Möglichkeit der Verbindlicherklärung von Schiedssprüchen führten zu Unmut.[181] Ziel des neuen Gesetzes war, Arbeitskämpfe so gut wie möglich zu vermeiden. Zudem wurde es als Aufgabe des Staates gesehen, sich dort einzuschalten, wo die beiden Vertragspartner keine

---

174 Vgl. Wortlaut des KRG Nr. 35: Art. I Abs. 2: „die beteiligten Parteien“, Art. III lit. c: „unter Zustimmung der streitigen Parteien“.

175 MünchArbR/*Ricken*, § 208 Rn. 2 ff.

176 Ausführlich dazu *Lembke*, RdA 2000, 223 (229f.).

177 *Pollmeyer*, Der Landesschlichter. Brücke zum sozialen Frieden, online abrufbar unter http://www.iwkoeln.de/de/infodienste/gewerkschaftsspiegel/beitrag/der-landesschlichter-bruecke-zum-sozialen-frieden-125201.

178 *Pollmeyer*, Landesschlichter im Einsatz, AuA 8/08, 464 (465).

179 Der Streik-Verhinderer, WDR.de v. 15.4.2013, online abrufbar unter http://www1.wdr.de/themen/wirtschaft/landesschlichter100.html.

180 *Arnold*, RdA 1996, 356 (365).

181 *Arnold*, RdA 1996, 356.

Einigung erzielen konnten.[182] Maßgebliche Eckpunkte des Gesetzes sind zum einen die Pflicht zur Einlassung sowie die Möglichkeit, von Amts wegen die Schlichtung einzuleiten, wobei die vereinbarte Schlichtung gegenüber der staatlichen vorrangig ist.[183] Zum anderen kann der Schlichtungsspruch verbindlich erklärt werden. Ob dies rechtlich zulässig ist oder einen nicht gerechtfertigten Eingriff in Art. 9 Abs. 3 GG darstellt, ist streitig, wurde aber praktisch seit Jahren nicht mehr relevant: Die letzte Verbindlicherklärung erfolgte im Jahr 1954.[184]

Die in der Landesschlichtungsordnung verankerte Einlassungspflicht ist somit einer der entscheidendsten Unterschiede zum KRG Nr. 35. In der Praxis ist es durch diese Pflicht schon oft zu angemessenen Tarifabschlüssen gekommen.[185]

(3) Mediationsgesetz

Unter Mediation versteht man ein freiwilliges Verfahren, in dem die Konfliktbeteiligten diesen Konflikt selbst und einvernehmlich lösen. Dies geschieht auf Basis gegenseitigen Verständnisses mit Hilfe eines allparteiischen Dritten, der das Gespräch steuert und strukturiert, aber selbst keine Entscheidung in der Sache trifft. So legt es das Mediationsgesetz vom 26.7.2012 fest. Das Mediationsgesetz ist vorrangig ein Berufsgesetz für Mediatoren.[186] Es findet aber auch im kollektiven Arbeitsrecht Anwendung und kann den Tarifvertragsparteien dazu dienen, einvernehmliche Lösungen zu finden, ohne auf die stärkeren Waffen des Arbeitskampfs zurückzugreifen. Die Mediation ist ein wichtiges Instrument, um bereits im Vorfeld eine Einigung auf betrieblicher Ebene zu erlangen, wohingegen sich die Schlichtung bei bereits verhärteten Fronten eignet.[187] Die der Mediation eigentümliche Neutralität wahrt in besonderem Maße die Tarifautonomie und führt häufig zu sachdienlichen Ergebnissen ohne Gesichtsverlust der Parteien. Die Mediation basiert aber ausschließlich auf Freiwilligkeit und kann nur dann zu einem Erfolg führen, wenn beiden Parteien an einer einvernehmlichen Lösung gelegen ist. Eine „Mediationsverpflichtung“ würde daher einen Widerspruch in sich darstellen.

---

182 Ebd.

183 § 4 LSO: Das Gesetz sieht vor, dass die vereinbarten Schlichtungsstellen dem Landesschlichtungsausschuss vorgehen.

184 *Arnold*, RdA 1996, 356 (361).

185 *Arnold*, RdA 1996, 356 (360).

186 MünchKomm/*Ulrici*, ZPO, Anh, § 278 a Rn. 1.

187 *Pollmeyer*, Brücke zum sozialen Frieden, http://www.iwkoeln.de/de/infodienste/gewerkschaftsspiegel/beitrag/der-landesschlichter-bruecke-zum-sozialen-frieden-125201.

Die Mediation ist im Gegensatz zur Schlichtung eher ein interessenorientiertes Verfahren, wohingegen Letztere entscheidungsorientiert durchgeführt wird.[188] Ein weiterer Unterschied besteht darin, dass bei der Schlichtung ein eigener Lösungsvorschlag vom Schlichter entworfen wird, bei der Mediation hingegen sorgt der Mediator nur für eine geordnete und zielgerichtete Diskussion, in der die Parteien das Ergebnis selbst erarbeiten.[189]

c. Rechtsprechung

In der Entscheidung des *Großen Senats* des Bundesarbeitsgerichts zum ultima ratio Grundsatz wurde ausdrücklich festgelegt, dass ein Schlichtungsverfahren erforderlich ist.[190] Trotz der eigentlich vorhandenen Bindungswirkung der Entscheidung für die anderen Senate, hält sich die Rechtsprechung bislang allerdings nicht daran.[191]

II. Konsequenzen für ein heutiges staatliches Schlichtungsverfahren

Aus der verfassungsrechtlich gewährleisteten Koalitionsfreiheit ergeben sich Grundsätze, denen eine neue Schlichtungsregelung entsprechen müsste. Da die Schlichtung untrennbar mit dem Arbeitskampfrecht verbunden ist, gelten die dafür entwickelten Leitlinien ebenso für ein staatliches Schlichtungsverfahren.

1. Neutralitätsgebot

Wie beim Arbeitskampf ist der Staat auch bei der Schlichtung dem Neutralitätsgebot verpflichtet. Die Verankerung der Koalitionsfreiheit in Art. 9 Abs. 3 GG führt dazu, dass dem Staat ein aktives Eingreifen in Tarifverhandlungen grundsätzlich untersagt ist.[192] Daraus folgt, dass der Staat nur solche Regelungen erlassen darf, die *„ein ausgewogenes Aushandeln der Arbeits- und Wirtschaftsbeziehungen (…)*

---

188 *Von Hoyningen-Huene*, Außergerichtliche Konfliktbehandlung in den Niederlanden und Deutschland, S. 4 f.

189 Vgl. German Maritime Arbitration Association, http://www.gmaa.de/de/faq/gmaa-wie.

190 BAG GS Beschluss v. 21.4.1971 – GS 1/68 = AP Nr. 43 zu Art. 9 GG = NJW 1971, 1668.

191 *Löwisch*, in: Rieble (Hrsg.), Zukunft des Arbeitskampfes, S. 40.

192 Vgl. dazu unter § 1 A. II. 4. c.

zulassen".[193] Mehr noch: Dabei „*ist der Gesetzgeber verpflichtet, Maßnahmen zum Schutz der Koalitionsfreiheit zu treffen*".[194]

2. Unzulässigkeit einer Zwangsschlichtung

Aus der verfassungsrechtlich garantierten Koalitionsfreiheit und dem daraus resultierenden Arbeitskampfrecht folgen, dass eine staatliche Zwangsschlichtung nicht zulässig ist. Den Tarifvertragsparteien wird durch die Tarifautonomie garantiert, dass sie eigenständig über Zustandekommen eines Tarifvertrags und die essentialia negotii entscheiden können. Grundsätzlich muss folgendes gelten: Wird den Tarifvertragsparteien durch das Grundgesetz das Recht zum Arbeitskampf eingeräumt, kann es nicht durch die Etablierung einer Zwangsschlichtung ausgehöhlt werden. Könnte der Schlichter mit verbindlichem Schlichtungsspruch einen jeden Tarifkonflikt beenden, wären Arbeitskämpfe dadurch quasi aufgehoben. Die durch Art. 9 Abs. 3 GG verbürgte Vereinbarungsbefugnis der Vertragsparteien würde ad absurdum geführt, wenn aus dem freiwilligen Verhandeln um einen Vertrag eine Verpflichtung zum Vertragsschluss gemäß dem Schlichtungsspruch entstünde.

C. Fazit zu § 1

Ein Blick auf die Entwicklung und auf die bestehende Rechtslage zeigt, dass es den Verantwortlichen, seien dies der Gesetzgeber oder die Rechtsprechung, nicht gelungen ist, eine für beide Tarifvertragsparteien zufriedenstellende Grundlage für das Arbeitskampfrecht zu schaffen. Der Gesetzgeber hat sich in all den Jahren vornehm (oder feige?[195]) zurückgehalten und das Arbeitskampfrecht in die Hände der Rechtsprechung, namentlich vor allem die des Bundesarbeitsgerichts und Bundesverfassungsgerichts gelegt. Rückblickend gilt aber, dass es auch den Gerichten nicht gelungen ist, in Deutschland einen rechtssicheren Boden für Arbeitskämpfe zu schaffen. Die Entscheidungen der obersten Gerichte sind durch eine große Dynamik und Veränderungsbereitschaft geprägt und entziehen den Tarifvertragsparteien die Planungssicherheit.

Die fehlende Stringenz und einige massive Kehrtwenden der Rechtsprechung in den vergangenen Jahren machen es insbesondere für Arbeitgeber schwierig,

---

193 BVerfG Urteil v. 4.7.1995 – 1 BvF 2/86, 1 BvF 1/87, 1 BvF 2/87, 1 BvF 3/87, 1 BvF 4/87 und 1 BvR 1421/86 = BVErfGE 92, 365 = NZA 1995, 754.

194 Ebd.

195 *Kloepfer*, NJW 1985, 2497 (2498).

das Tarifwesen in Deutschland attraktiv zu finden. Die Entwicklungen der letzten Jahrzehnte haben das Arbeitskampfrecht von seiner ursprünglichen Zielsetzung weit entfernt, nämlich als ein Instrument zu dienen, um klare und sachgerechte Tarifverträge in einem Kräftegleichgewicht der Parteien hervorzubringen.[196]

Der Bundesgesetzgeber hat es seit jeher vermieden, sich im Feld des Arbeitskampfrechts aktiv zu beteiligen und den Ball immer wieder an die Rechtsprechung weitergespielt. Da weiterhin fraglich ist, ob er sich in absehbarer Zeit ins Spiel bringen wird, könnten die Länder die Initiative ergreifen und ein eigenes Arbeitskampfrecht zu entwerfen.

Eine zufriedenstellende Lösung durch den Landesgesetzgeber könnte sich zu einem attraktiven Standortvorteil entwickeln, der gerade in Zeiten wirtschaftlicher Unsicherheit von Gewicht sein dürfte, denn Arbeitskämpfe sind *„wie kaum ein anderer Vorgang geeignet, die Wirtschaftskraft eines Volkes zu zerrütten“*[197].

Vorrangig muss im Interesse der deutschen Wirtschaft das Hauptaugenmerk darauf gelegt werden, unnötige Arbeitskämpfe so weit wie möglich zu verhindern. Sollte ein Tarifkonflikt dennoch nicht mit anderen Mitteln gelöst werden können, bedarf es gesetzlicher Rahmenbedingungen, die die ursprünglich geforderte Waffengleichheit auch tatsächlich in die Realität umsetzen und etwaige Schäden so gering wie möglich halten.[198]

---

196 *Rieble*, ZAF 2 und 3/2005, 218 (222).

197 So *Lippert*, Die Bedeutung des Schlichtungsverfahrens nach der Badischen Landesschlichtungsordnung von 1949/1951, S. 16.

198 *Rieble*, ZAF 2 und 3/2005, 218 (223).

§ 2: Gestaltungskompetenzen des Landesgesetzgebers für Tarifkonflikte

A. Analyse bestehender Kodifizierungen

Die Inanspruchnahme etwaiger Gestaltungskompetenzen durch den Landesgesetzgeber muss die (wenigen) bestehenden Kodifizierungen zu Tarifkonflikten berücksichtigen, die im Folgenden dargelegt werden.

I. Internationalrechtliche Vorgaben

Die Koalitionsfreiheit – einschließlich des Rechts zum Arbeitskampf – wird auch von internationalen Vorschriften gewährleistet.[199] Die Reichweite der verschiedenen Regelungen ist dabei unterschiedlich. Maßgeblich sind insbesondere die Europäische Menschenrechtskonvention (EMRK), die Europäische Sozialcharta (ESC) sowie Regelungen der Internationalen Arbeitsorganisation (International Labour Association, ILO). Gemeinsam ist diesen Vorgaben, dass sie dem Günstigkeitsprinzip folgend nur einen Mindestcharakter zum innerstaatlichen Recht aufweisen.[200]

Die Europäische Grundrechtecharta enthält zwar in Art. 28 das Recht auf Kollektivverhandlungen und Kollektivmaßnahmen. Der Grundrechtekatalog richtet sich in seinem Geltungsbereich aber an die Mitgliedstaaten, so dass das Grundrecht nur an Bedeutung gewinnt, wenn die Europäische Union als Arbeitgeber auftritt.[201]

1. EMRK

Von den genannten internationalen Vorgaben entfaltet Art. 11 Abs. 1 EMRK die wohl stärkste Wirkung.[202] Die EMRK gilt in Deutschland als einfaches Bundesrecht mit Gesetzesrang, zudem soll nach ständiger Rechtsprechung des Bundesverfassungsgerichts die Auslegung des Grundgesetzes möglichst im Einklang mit der EMRK erfolgen.[203] In Art. 11 EMRK werden sowohl die Koalitionsfreiheit als

---

199 *Franzen/Thüsing/Waldhoff*, Arbeitskampf in der Daseinsvorsorge, S. 67.
200 *Rehder/Deinert/Callsen*, S. 55.
201 *Löwisch/Rieble*, TVG, Grundlagen Rn. 251ff.
202 Ebd, S. 68.
203 So etwa BVerfG Beschluss v. 4.5.2011 – 2 BvR 2365/09 = NStZ 2011, 450.

auch das Streikrecht garantiert.[204] Der Europäische Gerichtshof für Menschenrechte konkretisiert den Schutzbereich des Art. 11 EMRK insbesondere auch durch einen Vergleich mit anderen völkerrechtlichen Instrumenten, so z.B. die ESC oder die ILO-Konventionen, so dass diese mittelbar auch in die EMRK hineinzulesen sind.[205]

2. *ESC*

Die ESC garantiert im Gegensatz zur EMRK in Art. 6 Nr. 4 ESC das Streikrecht explizit. Dabei wird der Streik aufgrund des weiten Wortlauts lediglich exemplarisch aufgeführt, ohne eine abschließende Beschränkung auf dieses Arbeitskampfmittel vorzunehmen. Ob der ESC indes überhaupt innerstaatliche Bedeutung zukommt, ist umstritten, da es zwar ein Ratifizierungs-, aber kein Transformationsgesetz gibt.[206] Das kann aber hier dahinstehen, da der Landesgesetzgeber sie als einfaches Bundesrecht jedenfalls beachten muss. Zudem orientiert sich der Europäische Gerichtshof für Menschenrechte (EGMR) an der ESC, so dass mittelbar Verbindlichkeit herbeigeführt wird.[207] Ein subjektives Recht kann der ESC wohl nicht entnommen werden, da es sich nach herrschender Meinung nur um eine völkerrechtliche Verpflichtung der Bundesrepublik Deutschland handelt.[208]

3. *ILO-Konventionen Nr. 87 und Nr. 98*

Die International Labour Association hat sich bereits 1919 für die Anerkennung der Vereinigungsfreiheit ausgesprochen und sie in den Konventionen Nr. 87 und 98 konkretisiert. Auch wenn das Streikrecht dort nicht unmittelbar angesprochen wird, wird es als geschützt angesehen.[209] Auch den ILO-Konventionen kommt nach Ansicht des Bundesverfassungsgerichts der Rang einfachen innerstaatlichen Rechts zu.[210]

---

204 EGMR Urteil v. 21.04.2009 – 68959/01 = NZA 2010, 1423 (1424) – Enerji Yapi-Yol Sen.

205 *Franzen/Thüsing/Waldhoff*, Arbeitskampf in der Daseinsvorsorge, S. 69.

206 Ebd., S. 68.

207 Im Einzelnen s. dazu § 2 B. II. 4.

208 *Rieble*, RdA 2005, 200 (203).

209 *Rehder/Deinert/Callsen*, S. 60.

210 BVerfG Beschluss v. 20.10.1981 – 1 BvR 404/78 = BVerfGE 58, 233 = NJW 1982, 815.

II. Bundesrecht

1. Art. 9 Abs. 3 GG

Art. 9 Abs. 3 GG schützt als besondere Form der Vereinigungsfreiheit das Recht zur Wahrung und Förderung der Arbeits- und Wirtschaftsbedingungen Vereinigungen zu bilden. Die Koalitionsfreiheit dient sowohl als individuelles, als auch kollektives Freiheitsgrundrecht der sinnvollen Ordnung des Arbeitslebens.[211] Wie in § 1 dargelegt, ist der Arbeitskampf als Zwangsmittel des Tarifstreits verfassungsrechtlich geschützt. Eine ausdrückliche Kodifizierung des Arbeitskampfs oder gar eine Arbeitskampfordnung sind der Verfassung indes nicht zu entnehmen.

2. TVG

Der Bundesgesetzgeber hat mit dem Tarifvertragsgesetz die Reichweite der Tarifmacht, also den Umfang der tariflichen Normsetzungsbefugnis, geregelt.[212] In erster Linie sind davon Bedingungen des Individualvertrages betroffen.[213] Spezielle Regelungen zum Arbeitskampf sind darin nicht enthalten. Mittelbar hat aber auch das Tarifvertragsgesetz Einfluss auf den Arbeitskampf. Denn in Deutschland sind Arbeitskämpfe in der Regel nur dann zulässig, wenn sie um eines Tarifvertrags willen geführt werden.[214] Einen Tarifvertrag wirksam abschließen kann aber nur, wer Partei eines solchen sein kann im Sinne des § 2 TVG, also tariffähig ist.[215] Weder das Grundgesetz noch das Tarifvertragsgesetz regeln aber konkret, welche Voraussetzungen an die Tariffähigkeit gestellt werden. Nach Ansicht des Bundesarbeitsgerichts[216] erfolgt eine Konkretisierung aber durch den Staatsvertrag über die Schaffung einer Währungs- Wirtschafts- und Sozialunion zwischen der Bundesrepublik Deutschland und der Deutschen Demokratischen Republik vom 25.6.1990.[217] Die Regelungen des Staatsvertrags hätten, wenngleich sie auch kein materielles Gesetz darstellen, Aufnahme in den Willen des

---

211 Ebd.

212 *Löwisch/Rieble*, TVG, TVG § 1 Rn. 135 ff.

213 Ebd.

214 Seit BAG Urteil v. 19.6.2007 – 1 AZR 396/06 = NZA 2007, 1055 werden auch Unterstützungsstreiks als zulässig angesehen.

215 MünchArbR/*Ricken*, § 200 Rn. 15.

216 BAG Beschluss v. 6.6.2000 – 1 ABR 21/99 = NZA 2001, 156 (159).

217 BGBl II, 518., A III 2 des Staatsvertrages lautet: „*Tariffähige Gewerkschaften und Arbeitgeberverbände müssen frei gebildet, gegnerfrei, auf überbetrieblicher Grundlage organisiert und unabhängig sein sowie das geltende Tarifrecht als für sich verbindlich*

Gesetzgebers gefunden, so dass das Kriterium der Durchsetzungsfähigkeit als gesetzlich festgelegt angesehen werden könne.[218] Ob der Staatsvertrag in Konsequenz als verbindliche gesetzliche Auslegungsregel oder als zu beachtende Interpretationshilfe verstanden werden solle, lässt das Gericht offen. Jedenfalls könne man nicht davon ausgehen, dass der Staatsvertrag ohne Bedeutung für die Rechtslage der Bundesrepublik sei.[219] Dieser Auffassung stehen erhebliche Bedenken gegenüber. Der Staatsvertrag zeigt keine Wirkung mehr, da er sowohl in räumlicher als auch zeitlicher Hinsicht beschränkt war und dieser im Sinne von Art. 40 Ans. 1 des Einigungsvertrags[220] mit dem Beitritt der Deutschen Demokratischen Republik zur Bundesrepublik gegenstandslos wurde.[221] Würde den Leitsätzen des Staatsvertrags über den Beitritt hinaus Wirkung zugeschrieben, so würde der Vertrag in Zweck und Wirkung überdehnt. Denn dieser sollte lediglich als Übergangsrecht dienen und die Rechtsordnung der DDR umformen, nicht aber die Rechtslage in der Bundesrepublik verändern.[222] Wäre ein anderes Ergebnis gewollt gewesen, wäre es den Parteien frei gestanden, dies im Rahmen einer Protollerklärung deutlich zu machen.[223] Die Konkretisierung des Merkmals der Tariffähigkeit basiert demnach ausschließlich auf Richterrecht. Solange keine gesetzlichen Mindestvoraussetzungen bestehen, übernehmen die Arbeitsgerichte diese Festlegung.[224]

3. KRG Nr. 35

Fraglich ist, ob das KRG Nr. 35 als Bundesrecht einzustufen ist. Wurde früher die Ansicht vertreten, dass das KRG Nr. 35 gemäß Art. 123 Abs. 1 GG fortgelte und dies gemäß Art. 125 i.V.m. Art. 74 Abs. 1 Nr. 12 GG nämlich

---

anerkennen; ferner müssen sie in der Lage sein, durch Ausüben von Druck auf den Tarifpartner zu einem Tarifabschluss zu kommen.".

218 Ebd.

219 BAG Beschluss v. 6.6.2000 – 1 ABR 21/99 = NZA 2001, 156 (159).

220 Vertrag zwischen der Bundesrepublik Deutschland und der Deutschen Demokratischen Republik über die Herstellung der Einheit Deutschlands vom 31.8.1990, BGBl 1990 II, 885.

221 *Rieble*, Arbeitsmarkt und Wettbewerb, S. 54.

222 Ebd.

223 *Löwisch/Rieble*, TVG, § 2 Rn. 14.

224 *Weigelt*, ZEIT ONLINE v. 5.10.2010, abrufbar unter http://www.zeit.de/karriere/beruf/2010-10/analyse-tariffaehigkeit/seite-2.

mit bundesrechtlichem Rang.[225] Dabei wurde übersehen, dass diese Gesetzmäßigkeit nur für vorkonstitutionelle Rechtsnormen gilt, die von deutschen Organen erlassen wurden, keine Konsequenzen aber für Besatzungsrecht nach sich zieht.[226] Besatzungsrecht kann nicht als Bundesrecht im Sinne des Grundgesetzes angesehen werden.[227] Es handelt sich weder um Bundes- noch um Landesrecht,[228] sondern um Besatzungsrecht[229], das vom Bundesgesetzgeber nach Art. 74 Abs. 1 Nr. 12 GG geändert werden könnte.[230] Dies folgt auch aus dem Vertrag über die abschließenden Regelungen in Bezug auf Deutschland[231] aus dem Jahr 1990, der der Bundesrepublik die vollständige Souveränität und Dispositionsbefugnis zurückgibt, Besatzungsrecht aber nicht automatisch aufhebt.[232] Daran hat sich auch nichts durch das Gesetz zur Bereinigung des Besatzungsrechts geändert. Zwar hat der Gesetzgeber durch § 1 Abs. 2 BesatzRBerG das KRG Nr. 35 von der Bereinigung ausgenommen. Darin ist aber keine positive Bestätigung des Willens des Gesetzgebers zu sehen, das Besatzungsrecht zu Bundesrecht zu machen. Vielmehr hat er das KRG Nr. 35 von seinem Bereinigungswillen ausgenommen und das Gesetz unangetastet als Besatzungsrecht fortbestehen lassen.[233]

III. Landesrecht

1. Übersicht

In einigen Landesverfassungen werden Tarifautonomie und zum Teil auch speziell der Arbeitskampf erwähnt. Zu beachten ist dabei zunächst Art. 142 GG: Handelt es sich bei den landesrechtlichen Bestimmungen um Grundrechte, so bleiben diese Bestimmungen insoweit in Kraft, wie sie in Übereinstimmung mit den Art. 1 bis Art. 18 GG stehen. Art. 142 GG garantiert folglich die Existenz der Landesgrundrechte neben dem Grundgesetz. Handelt es sich bei der jeweiligen Vorschrift hingegen nicht um ein Grundrecht, so bestimmt sich

---

225 So noch *Löwisch/Rieble*, Arbeitskampf und Schlichtungsrecht, AR-Blattei 170.1 Rn 8, unter Aufgabe dieser Ansicht: *Löwisch/Rieble*, TVG, Grundlagen Rn. 328 f.

226 *Lembke*, RdA 2000, 223 (227).

227 BVerfG Beschluss v. 28.4.1954 – 1 BvL 85/53 = NJW 1954, 873.

228 Ebd.

229 *Löwisch/Rieble*, TVG, Grundlagen Rn. 332.

230 *Lembke*, RdA 2000, 223 (228).

231 *„Zwei-Plus-Vier-Vertrag“*

232 *Löwisch/Rieble*, TVG, Grundlagen Rn. 331.

233 Löwisch/*Rieble*, TVG, Grundlagen Rn. 331 f.

das Verhältnis von landesverfassungsrechtlicher Vorschrift und allen anderen bundesrechtlichen Normen nach Art. 31 GG. Dort wird bestimmt, dass Bundesrecht Landesrecht bricht.

Die inhaltliche Ausgestaltung in Bezug auf die Koalitionsfreiheit wurde in den einzelnen Landesverfassungen sehr unterschiedlich vorgenommen.[234]

Die Verfassungen von Schleswig-Holstein und Hamburg enthalten gar keine Regelungen zur Koalitionsfreiheit oder zum Arbeitskampf.

In Niedersachen, Nordrhein-Westfalen und Baden-Württemberg wird auf den Grundrechtsteil des Grundgesetzes Bezug genommen.

Berlin, Brandenburg und Bremen erkennen das Streikrecht in ihrer jeweiligen Verfassung explizit an.[235]

Das Saarland und Rheinland-Pfalz anerkennen das Streikrecht nur im Rahmen der Gesetze. Das Saarland versagt zudem seinen Beamten ausdrücklich das Streikrecht. Dies steht in Einklang mit Art. 33 Abs. 5 GG, aus dem vom Bundesverfassungsgericht derzeit noch ein umfassendes Streikverbot für Beamte abgeleitet wird.[236] Zudem sind im Saarland Streiks erst dann zulässig, wenn alle Schlichtungs- und Verhandlungsmöglichkeiten erschöpft sind.[237]

Die Landesverfassungen von Bayern, Sachsen und Sachsen-Anhalt enthalten zwar keine ausdrücklichen Regelungen zum Streikrecht. Sie bekennen sich aber zur Koalitionsfreiheit und konstatieren, dass Abreden, die dieses Recht einschränken oder zu behindern suchen, nichtig und hierauf gerichtete Maßnahmen rechtswidrig sind. Thüringen gewährleistet in seiner Verfassung Arbeitskämpfe und dabei insbesondere den Streik, so dass im Umkehrschluss davon auszugehen ist, dass auch die Aussperrung vom verfassungsrechtlichen Schutz umfasst ist.[238]

2. *Sonderfall Hessen*

Eine Sonderstellung in Bezug auf das Arbeitskampfrecht nimmt Hessen ein. Art. 29 Abs. 5 HessVerf enthält ein ausdrückliches Verbot der Aussperrung. Das Bundesarbeitsgericht hatte im Jahr 1988 die Frage zu klären, ob es sich dabei um geltendes Recht handele oder ob die Vorschrift mit Art. 9 Abs. 3 GG unvereinbar

---

234 MünchArbR/*Ricken*, § 199 Rn. 2.

235 Ebd.

236 BVerfG Beschluss v. 11.6.1958 – 1 BvR 1/52 u. 1 BvR 46/52 = BVerfGE 4, 96 (107) = NJW 1958, 1228 ff., vgl. dazu ausführlich § 2 B. II. 3.

237 MünchArbR/*Ricken*, § 199 Rn. 2.

238 MünchArbR/*Ricken*, § 199 Rn. 2.

sei.[239] Der Senat sah die Zulässigkeit der suspendierenden Abwehraussperrung als gegeben und sogar als notwendig an. Das sich aus Art. 9 Abs. 3 GG ergebende Erfordernis der Verhandlungsparität zwinge dazu, der Arbeitgeberseite ein taugliches Kampfmittel an die Hand zu geben, da sonst weder das Zustandekommen noch die sachliche Richtigkeit von Tarifverträgen gewährleistet seien.[240]

Das Bundesverfassungsgericht bestätigte in seiner Entscheidung aus dem Jahr 1991, dass die Aussperrung vom Schutzbereich des Art. 9 Abs. 3 GG umfasst ist.[241] Die Regelung in Art. 29 Abs. 5 HessVerf verstößt somit gegen die auch vom Bundesverfassungsgericht vertretene verfassungsrechtliche Gewährleistung der Koalitionsfreiheit und ist somit gemäß Art. 31 GG nichtig.[242]

3. *Zwischenfazit*

Die Zusammenstellung der verschiedenen Regelungen zeigt, dass in den Landesverfassungen keine einheitliche Linie verfolgt wird. Die Regelungsansätze zum Streikrecht reichen von der Nichterwähnung bis hin zur vorbehaltlosen Gewährung.[243] Geht ein Landesgrundrecht über den grundgesetzlichen Schutz des Art. 9 Abs. 3 GG hinaus, liegt eine Übereinstimmung gemäß Art. 142 GG vor.

Soweit Landesgrundrechte weniger weitreichenden Schutz gewähren als das Grundgesetz, entsteht allein dadurch noch kein Normwiderspruch.[244] Von den Ländern wird allerdings verlangt, dass sie das Homogenitätsprinzip zwischen Bundes- und Landesverfassung beachten.[245] Steht jedoch wie im Fall Hessen eine Vorschrift in diametralem Widerspruch zu einer verfassungsrechtlichen Freiheit, so ist die Regelung nichtig. Die Verfassung eines Bundeslandes hat somit für das Recht des jeweiligen Landes zwar höchste Bedeutung, dem bundessstaatlichen Recht muss sie sich jedoch unterwerfen.[246] Eine Arbeitskampfordnung der Länder müsste demnach mindestens die in Art. 9 Abs. 3 GG garantierten Freiheiten berücksichtigen und gegebenenfalls weitere, zulässige durch die jeweilige Landesverfassung aufgestellte Bedingungen erfüllen.

---

239 Ein Entscheidungsmonopol des Bundesverfassungsgerichts bestand insoweit nicht, da es sich nicht um nachkonstitutionelles Recht handelte.

240 *Kissel*, NZA 1989, 81 (84).

241 BVerfG Beschluss v. 26.6.1991 – 1 BvR779/85 = AP GG Art. 9 Arbeitskampf Nr. 177.

242 BAG Urteil v. 26. 4. 1988 – 1 AZR 399/86 = AP GG Art. 9 Arbeitskampf Nr. 101.

243 Ebd.

244 BVerfG Beschluss v. 15.10.1997 – 2 BvN 1/95 = BVerfGE 96, 345 = NVwZ 1998, 608.

245 BVerfG Beschluss v. 29.01.1974 – 2 BvN 1/69 = BVerfGE 36, 342 (361).

246 *Grawert*, NJW 1987, 2329 (2330 ff).

B. Formelle Rahmenbedingungen

I. Regelungsmöglichkeit des Landesgesetzgebers

Bevor Überlegungen zu möglichen Inhalten eines Landesarbeitskampfgesetzes angestellt werden, ist zunächst zu prüfen, ob der Landesgesetzgeber in diesem Bereich überhaupt tätig werden darf und ob Art. 9 Abs. 3 GG eine gesetzliche Regelung von Tarifkonflikten zulässt.

1. Gesetzgebungskompetenz nach dem GG

a. Konkurrierende Gesetzgebung nach Art. 74 Abs. 1 Nr. 12 GG

Die grundsätzliche Zuständigkeitsabgrenzung zwischen Bund und Ländern regelt das Kompetenzgefüge des Grundgesetzes, namentlich Artt. 70 ff. GG.

In Art. 74 Abs. 1 Nr. 12 GG wird die Befugnis zur konkurrierenden Gesetzgebung für das Arbeitsrecht dem Bund gem. Art. 72 Abs. 1 GG zugeschrieben. Die Ausgestaltung der Koalitionsfreiheit, also auch des Arbeitskampfrechts, unterfällt dieser allgemeinen Zuständigkeitszuweisung.[247] Die Länder können folglich in diesem Bereich eigene Regelungen erlassen, solange und soweit der Bund von dieser ihm übertragenen Gesetzgebungskompetenz keinen Gebrauch macht. Der Bund ist zur Rechtsetzung befugt, nicht aber kompetenzrechtlich verpflichtet.[248] Sobald und soweit er eine gesetzliche Regelung erlässt, erlischt die Länderkompetenz, vollständig wiederum nur dann, wenn die bundesgesetzliche Regelung den Themenkomplex abschließend regelt.

Es stellt sich also die Frage, ob der Bund bereits durch das Tarifvertragsgesetz von seiner Gesetzgebungskompetenz in der Art Gebrauch gemacht hat, dass für den Landesgesetzgeber kein Raum übrig ist. Der Bund hat im TVG die Voraussetzungen und die Reichweite der Tarifmacht festgelegt. Er hat das Tarifvertragsrecht relativ eingehend und umfassend geregelt, es fehlen aber (Bundes-) Regelungen zu Arbeitskampf- und Schlichtungsrecht. Dem Landesgesetzgeber bleibt für diesen Bereich folglich noch eine Regelungsmöglichkeit, denn hier ist das *„Schweigen des Gesetzgebers vollkommen“*[249].

---

247 *Löwisch/Rieble*, Arbeitskampf- und Schlichtungsrecht, 170.1 Rn. 117.

248 BeckOK/*Seiler*, GG, Art. 72 Rn. 5.

249 *Scholz*, DB 1972, 1771 (1772).

Das bis heute in bestimmten Teilen Deutschlands gültige KRG Nr. 35[250] ist Besatzungsrecht geblieben, das nicht den Status von Bundesrecht erlangt hat.[251] Das KRG kann folglich durch Landesgesetze aufgehoben werden.[252]

Es besteht folglich keine gesetzliche Regelung, die dem Landesgesetzgeber die konkurrierende Gesetzgebungskompetenz entzieht. Vorschriften, aus denen lediglich die Wertentscheidung des Bundesgesetzgebers zur grundsätzlichen Anerkennung von Arbeitskämpfen abgeleitet werden kann, lassen das Kompetenzgefüge unberührt.

b. Keine ausschließliche Gesetzgebungskompetenz des Bundes kraft Natur der Sache

Es besteht auch keine ungeschriebene Gesetzgebungszuständigkeit des Bundes. Denn: *„Schlussfolgerungen ‚aus der Natur der Sache' müssen begriffsnotwendig sein und eine bestimmte Lösung unter Ausschluss anderer Möglichkeiten sachgerechter Lösung zwingend fordern"*[253]. Eine Kompetenzzuweisung an den Bund kraft Natur der Sache kommt dann in Betracht, wenn eine landesgesetzliche Regelung schlechthin undenkbar ist und die Angelegenheit vom Bund geregelt werden muss.[254] Im Falle des Arbeitskampfs wäre eine einheitliche bundesrechtliche Regelung zwar zweckmäßig, aber nicht zwingend erforderlich. Eine Regelung durch den Landegesetzgeber erscheint genauso denkbar.[255] Überdies hat der Bundesgesetzgeber von seiner Möglichkeit, den Arbeitskampf als Annex zum Tarifvertragsrecht zu regeln, keinen Gebrauch gemacht.

2. Rechtsprechung des Bundesarbeitsgerichts als Bundesrecht?

Wenngleich es auch keine Kodifizierung des Arbeitskampfrechts gibt, könnten die vielzähligen Entscheidungen des Bundesarbeitsgerichts, die zum Arbeitskampf erlassen wurden, die Kompetenzzuweisung beeinflussen. *„Richterrecht*

250 Siehe dazu § 1 B. I. 3. b. (1), Seite 46: Das KRG Nr. 35 ist nach wie vor anwendbar in den alten Bundesländern mit Ausnahme von Berlin, dem Saarland und dem Landesteil (Süd-)Baden.

251 Eingehend dazu *Leinenweber*, Landesschlichtungsgesetze?, S. 102 ff.

252 *Löwisch/Rieble*, TVG, Grundlagen Rn. 332.

253 BVerfG Urteil v. 10.05.1960 – 2 BvO 6/56 = BVerfGE 11, 89.

254 BVerfGE 3, 407 (422).

255 *Löwisch/Rieble*, TVG, Grundlagen Rn. 78.

zum Bundesrecht ist Teil des Bundesrechts“ heißt es in einer maßgeblichen Entscheidung des Bundesarbeitsgerichts aus dem Jahr 1980.[256] Müsste man die höchstrichterlichen Entscheidungen tatsächlich als „echtes“ Bundesrecht qualifizieren, wäre der Landesgesetzgeber insoweit gemäß Artt. 72, 74 Abs. 1 Nr. 12, 31 GG gehindert, eigene Vorschriften zu erlassen.

Die Rechtsprechung des Bundesarbeitsgerichts hat in den vergangenen Jahrzehnten immer wieder die Frage aufgeworfen, inwieweit richterliche Rechtsfortbildung zulässig sein kann. Die Urteile zur Aussperrung dienten auch zur Klärung, ob Bundesrichterrecht geeignet sei, Landesrecht zu verdrängen, in concreto, ob die Rechtsprechung die hessische Landesverfassung brechen könne.

Würde es sich bei der Rechtsprechung des Bundesarbeitsgerichts um Richterrecht handeln, das die Qualität von Bundesrecht hat, könnte der Landesgesetzgeber keine eigenen Regeln mehr aufstellen, da ihm seine Kompetenz entzogen ist. Es werden folglich zwei Fragen aufgeworfen: Zum einen, ob es sich bei Richterrecht um eine Rechtsquelle handelt, die gleichwertig neben den anerkannten Rechtsquellen Gesetz und Gewohnheitsrecht steht.[257] Zum anderen muss die kompetenzielle Zuordnung des Richterrechts geklärt werden, also welchen Rang diese Rechtsquelle gegebenenfalls einnimmt und ob sie in der Lage ist, Landesrecht zu verdrängen.

a. Richterrecht als Rechtsquelle

Unter Richterrecht versteht man alle in Gerichtsentscheidungen ausdrücklich oder implizit enthaltenen Regeln und Rechtssätze, die nicht bloß in der Wiederholung von generell-abstrakten Vorschriften bestehen, die der Rechtsanwendung vorgegeben sind.[258] Das Bundesverfassungsgericht erkennt die Existenz von Richterrecht an und stellt es dem einfachen Recht gleich.[259] Das Richterrecht ist maßgeblich daran beteiligt, dass einige Kodifikationen trotz ihres hohen Alters nach wie vor Bestand haben und anwendbar sind. Zwar gilt nach wie vor die schon von Montesqieu geforderte Gewaltenteilung, die grundsätzlich der Legislative die Gesetzgebungsbefugnis zuweist. Dass der Gesetzgeber aber nicht in der Lage ist, eine vollständige und abschließende Regelung aller Lebensbereiche zu geben und daraus folgend keine gerade Richtschnur für den Richter erstellen kann, liegt auf der Hand. Bereiche, die der Gesetzgeber (gewollt oder ungewollt) ungeregelt gelassen hat, verlangen nach einer Entscheidung durch die

256 BAG Urteil v. 10.6.1980 – 1 AZR 168/79 = AP GG Art. 9 Arbeitskampf Nr. 64.

257 *Rüthers*, FS Molitor, 293 (302).

258 *Honsell*, in: Staudinger, Einl. zum BGB Rn. 72.

259 BVerfG Beschluss v. 10. 9. 2004 – 1 BvR 1191/03 = NZA 2004, 1338 (1339).

Judikative. Diese sogenannte verschränkte Gewaltenteilung wird hingenommen, führt aber gleichsam dazu, dass von der Annahme der Unverbrüchlichkeit des geschriebenen Gesetzes Abstand genommen werden muss.[260] Eine vollständige Regelung der Rechtsordnung durch Kodifizierungen erscheint mit der heutigen Lebenswirklichkeit und der modernen Schnelllebigkeit und Dynamik in allen Bereichen nicht mehr vereinbar.

Gerade im Arbeitsrecht führt dies aber immer häufiger dazu, dass die Legislative sich ihrer Rolle entzieht und die Judikative als Ersatzgesetzgeber tätig wird. Ausdrücklich hat das das Bundesarbeitsgericht in seiner Entscheidung im Jahr 1971 festgestellt, indem es darlegte, dass auf dem Gebiet des Arbeitskampfrechts seine *„Rechtsprechung an die Stelle des untätigen Gesetzgebers getreten"*[261] sei und diese Rechtsprechung nun *„gesetzesvertretendes Richterrecht"*[262] darstelle.[263] Das Bundesarbeitsgericht stellt damit Gesetzes- und Richterrecht qualitativ gleich.[264]

Auch das Bundesverfassungsgericht leitet die Befugnis der Judikative zur Schaffung von Richterrecht aus der normkonkretisierenden und normergänzenden Funktion ab.[265] Denn das Recht sei nicht zwingend mit der Gesamtheit der geschriebenen Gesetze identisch, sondern es könne ein Mehr an Recht gegenüber dem Gesetz bestehen. Dieses zu finden und zu verwirklichen, sei Aufgabe der Judikative.[266] Dieses „gefundene" Recht kann aber keine gesetzesgleiche Wirkung, sondern lediglich gesetzesähnliche Wirkung haben.[267] Denn die höchstrichterliche Entscheidung entfaltet nicht per se eine bindende Wirkung, die über die Streitentscheidung im Einzelfall hinausgehen soll. Der richterlichen Rechtsfindung fehlt die kompetentielle Befugnis zur abstrakt-generellen Normsetzung.[268] Dies wird auch nicht durch den phänomenologischen Befund, der Richterrecht als (Ersatz-)Gesetzgebung erscheinen lässt, überwunden. Etwas anderes gilt dann, wenn die Rechtsprechung zu Gewohnheitsrecht wird[269], also

260 *Leinenweber*, Landesschlichtungsgesetze?, S. 128.

261 BAG GS Beschluss v. 21.04.1971 – GS 1/68 = AP GG Art. 9 Arbeitskampf Nr. 43.

262 Ebd.

263 *Scholz*, DB 1972, 1771.

264 Ebd., 1772.

265 *Uhle*, in: Maunz/Dürig, GG, Art. 70 Rn. 48.

266 BVerfG Beschluss v. 14. 2. 1973 – 1 BvR 112/65 = NJW 1973, 1221.

267 *Uhle*, in: Maunz/Dürig, GG, Art. 70 Rn. 48.

268 *Scholz*, DB 1972, 1771 (1776).

269 Nach anderer Meinung soll das Richterrecht stets einen Unterfall des Gewohnheitsrechts darstellen und von dessen Voraussetzungen abhängen, so bspw. *Merten*, in: Staudinger, EGBGB Art. 2 Rn. 39 ff.

wenn sie in das allgemeine Rechtsbewusstsein übergeht und von der Rechtsgemeinschaft überwiegend als geltende Norm anerkannt wird.[270]

In Bezug auf das Arbeitskampfrecht ist die Annahme von Gewohnheitsrecht in Anbetracht der Vielzahl der umstrittenen Entscheidungen fernliegend.

Dennoch entfaltet das Richterrecht eine faktische Bindungswirkung. Zwar gilt die Entscheidung stets nur inter partes, die höchstrichterliche Rechtsprechung erfährt aber eine erhebliche Beachtung in der Rechtspraxis.[271] Das Richterrecht begründet seine Bindungswirkung aus der Stellung des Gerichts. Um dem Grundsatz der Rechtssicherheit Genüge zu tun, sind die Gerichte zu einer beschränkten Befolgungspflicht angehalten.[272] Eine Änderung der Rechtsprechung soll nur dann vorgenommen werden, wenn schwerwiegende Gründe für diese sprechen, nicht aber schon dann, wenn auch eine andere Lösung möglich erscheint.[273]

Es gilt somit festzuhalten, dass das Richterrecht keine Rechtsquelle im eigentlichen Sinn ist, dennoch aber faktische Bindungswirkung entfaltet.[274] Diese Aussage steht auch nicht im Widerspruch zur Rechtsprechung des Bundesverfassungsgerichts. Zwar hat es Richterrecht dem Recht im Sinne des Art. 20 Abs. 3 GG zugeordnet. Eine gleichartige Rechtsquellenqualität, wie sie dem Gesetz zukommt, hat es ihm aber gerade nicht zugesprochen.[275] Ein Schweigen des Gesetzgebers führt folglich noch nicht zu einer konkludenten Ermächtigung zur selbstständigen Ausübung der legislativen Rechtssetzungsbefugnisse durch die Judikative, es bedarf stets einer parlamentarisch-demokratischen Ermächtigung, wie sie beispielsweise in § 31 Abs. 1 und 2 BVerfGG erfolgt ist.[276]

b. Kompetenzrechtliche Bewertung des Richterrechts

Mit Verneinung der Einstufung von Richterrecht als eigenständige Rechtsquelle, ist auch der vom Bundesarbeitsgericht geprägte Satz, dass Richterrecht zum Bundesrecht gleich Bundesrecht sei, konsequenterweise in Zweifel zu ziehen. Denn: Von der Judikative gestaltetes Recht kann nie den Geltungsanspruch

---

270 BAG Urteil v. 10.06.1980 – 1 AZR 822/79 = BAGE 33, 140 (159) = NJW 1980, 1642.

271 *Merten*, in: Staudinger, EGBGB Art. 2 Rn. 39 ff.

272 *Honsell*, in: Staudinger, Einleitung zum BGB, Rn. 230.

273 BVerfGE 19, 38 (47).

274 ErfKomm/*Preis*, § 611 Rn. 234; a.A. *Leinenweber*, Landesschlichtungsgesetze?, der im Richterrecht eine selbstständige Rechtsquelle sieht.

275 BVerfG Beschluss v. 14.02.1973 – 1 BvR 112/65 = BVerfGE 34, 269 (286 ff.) = AP GG Art. 2 Nr. 21.

276 *Scholz*, DB 1972, 1771 (1776).

erheben, wie ihn ein vom parlamentarischen Gesetzgeber erlassenes Gesetz hat.[277] Wenngleich eine gewisse Verzahnung der Gewalten unvermeidbar und, wie oben gezeigt, sogar gewünscht und notwendig ist, muss dem Grundsatz der Gewaltenteilung insoweit Genüge getan werden, als dass sich das Gesetz gegenüber dem Richterrecht stets durchsetzen muss. Dies gilt nicht nur für bereits bestehende Gesetze, sondern bezieht sich auch auf die Kompetenzverteilung.[278] Selbst höchstrichterliches Richterrecht kann nicht dazu führen, dass den Ländern die Gesetzgebungskompetenz entzogen wird. Würde der Rechtsprechung des Bundesarbeitsgerichts gefolgt werden, käme der Judikative eine Befugnis als Sondergesetzgeber zu, der sich zugleich selbst kontrolliert.[279] Dieses Ergebnis ist weder sachgerecht noch entspricht es demokratischen Grundsätzen.

Das Richterrecht fügt sich zudem nicht in die föderale Struktur ein. Eine Unterscheidung zwischen Bundes- und Landesgerichten erfolgt nur im organisatorischen Sinn, nicht aber kompetenziell.[280] Denn Landes- und Bundesgerichte stehen organschaftlich und funktionell nicht nebeneinander, sondern sind kompetenziell so miteinander verbunden, dass sie in den Instanzen übereinander geschaltet sind.[281]

Etwas anderes kann auch nicht im Bereich des Arbeitskampfrechts gelten, selbst wenn sich hier der parlamentarische Gesetzgeber durch Untätigkeit hervortut.

3. *Zwischenfazit*

Die Entscheidungen zum Arbeitskampfrecht des Bundesarbeitsgerichts erzeugen als Richterrecht zwar eine faktische Bindungswirkung. Eine Sperrwirkung gegenüber der Landesgesetzgebung können sie jedoch nicht bewirken, so dass den Ländern die Gesetzgebungskompetenz im Bereich des Arbeitskampfrechts gemäß Artt. 74 Abs. 1 Nr. 12, 72 GG zusteht.

II. Regelungsauftrag an Landesgesetzgeber?

Über die bloße Möglichkeit einer Regelung hinaus könnte der Landesgesetzgeber sogar zu einem Tätigwerden verpflichtet sein.

---

277 *Löwisch/Rieble*, TVG, Grundlagen Rn. 75 ff.
278 Ebd.
279 Ebd.
280 *Löwisch/Rieble*, TVG, Grundlagen Rn. 76.
281 *Scholz*, DB 1982, 1771 (1773).

1. Schutzpflichtlehre und Wesentlichkeitstheorie des Bundesverfassungsgerichts

Eine Verpflichtung, gesetzgeberisch tätig zu werden, könnte sich aus der Wesentlichkeitstheorie dann ergeben, wenn nach der Schutzpflichtlehre ein subjektives öffentliches Recht auf staatliches Handeln bestünde. Es müsste folglich ein subjektiv öffentlich-rechtlicher Anspruch auf Normerlass bestehen, der gegen den parlamentarischen Gesetzgeber gerichtet ist.

Beinahe bis zum Ende des 20. Jahrhunderts gingen deutsche Rechtslehre und Rechtsprechung einhellig davon aus, dass ein subjektives Recht auf Normgebung nicht bestünde. Im Jahr 1951 konstatierte beispielsweise das Bundesverfassungsgericht, dass der einzelne Bürger *„grundsätzlich keinen gerichtlich verfolgbaren Anspruch auf ein Handeln des Gesetzgebers haben kann"*.[282] Auch das OVG Koblenz hielt 1988 noch an der Auffassung fest, dass dem Bürger *„in keinem Fall ein Anspruch auf Erlass einer Rechtsverordnung einzuräumen sei"* und bezog dies ausdrücklich auch auf förmliche Gesetze.[283] Von dieser Meinung distanzierte sich das Bundesverwaltungsgericht im selben Jahr und hält seitdem Individualansprüche auf Erlass von Rechtsnormen nicht mehr für *„schlechthin undenkbar"*.[284] Seitdem werden Rechtsetzungsansprüche mehrheitlich für prinzipiell möglich gehalten.[285] Solche können bestehen, wenn der Einzelne einen dem § 194 BGB entsprechenden Anspruch gegen den Staat auf legislatives Tätigwerden aus einem subjektiven öffentlichen Recht hat. Ein solches kann zum Beispiel aus der sogenannten „Schutznormtheorie" abgeleitet werden, wonach ein subjektives öffentliches Recht dann besteht, wenn der in Frage stehende Rechtssatz nicht nur den Interessen der Allgemeinheit dient, sondern auch den Individualinteressen des Klägers.[286] Dieses Dienen muss dabei so verstanden werden, dass der Träger der Individualinteressen die Einhaltung des Rechtssatzes beanspruchen kann. Die dogmatische Herleitung der Schutznormtheorie fußt auf dem objektiven Wertordnungscharakter[287] der Grundrechte. Neben ihrer Funktion als subjektive Abwehrrechte, die dem Einzelnen einen status negativus gewährleisten,

---

282 BVerfG Beschluss v. 19. 12. 1951 – 1 BvR 220/51 = NJW 1952, 297.

283 OVG Koblenz Urteil v. 10.03.1988 – 12 A 171/87 = NJW 1988, 1684.

284 BVerwG Urteil v. 3.11.1988 – 7 C 115/86 = NJW 1989, 1495.

285 *Sodan*, NVwZ 2000, 601 (602) m.w.N.

286 Grundlegend dazu *Bühler*, Die subjektiven öffentlichen Rechte und ihr Schutz in der deutschen Verwaltungsrechtsprechung, S. 21.; *Sodan*, NVwZ 2000, 601 (602), m.w.N.

287 BVerfG Urteil v. 15. 1. 1958 – 1 BvR 400/57 = NJW 1958, 257.

wird den Grundrechten eine objektivrechtliche Dimension im Sinne einer verfassungsrechtlichen Grundentscheidung für alle Rechtsbereiche[288] zugemessen, die aus der Schutzpflichten begründet werden.[289] Diese Auffassung steht auch in Einklang mit der allgemein anerkannten Ansicht, dass Art. 19 Abs. 4 GG auch Schutz gegenüber rechtswidrigem, normativem Unterlassen umfasst.[290] Denn die Notwendigkeit eines Rechtsschutzes indiziert auch die Existenz der auf den Erlass von Normen gerichteten subjektiven Ansprüche.[291]

Fraglich ist demnach, ob Art. 9 Abs. 3 GG nach der Schutzpflichttheorie ein subjektives öffentliches Recht gewährt, das den Gesetzgeber zur Regelung des Arbeitskampfrechts verpflichten könnte.

Spezifisch für die Koalitionsfreiheit wird vertreten, dass eine grundrechtliche Schutzpflicht den Staat zur Bereitstellung der zur Ausübung des Grundrechts erforderlichen einfachrechtlichen Instrumentarien, insbesondere durch Kodifizierung eines tauglichen Tarifvertragssystems, verpflichte.[292]

Gleiches könnte möglicherweise auch für das Arbeitskampfrecht gelten. Ist der Gesetzgeber verpflichtet, ein Arbeitskampfgesetz zu erlassen, um so der Schutzpflicht aus Art. 9 Abs. 3 GG nachzukommen? Um diese Frage beantworten zu können, muss auf die ursprünglich intendierte Funktion der grundrechtlichen Schutzpflicht abgestellt werden. Die Schutzpflichtlehre wurde entwickelt, um neben dem umfassenden subjektiven Abwehrrecht zusätzlich eine aus dem objektivrechtlichen Gehalt der Grundrechte resultierende Verpflichtung zur Abwehr von erheblichen Gefahren, die aus dem nichtstaatlichen Bereich resultieren, zu begründen.[293] Nach der Rechtsprechung des Bundesverfassungsgerichts ist beispielsweise aus Art. 2 Abs. 2 Satz 1 GG eine solche Schutzpflicht abzuleiten.[294] Eine etwaige Notwendigkeit eines Arbeitskampfgesetzes ergibt sich aber nicht aus einer drohenden Beeinträchtigung der Koalitionsfreiheit als Freiheitsrecht als solche, sondern aus der bestehenden Konturlosigkeit und resultierenden Rechtsunsicherheit des heutigen Arbeitskampfrichterrechts, die eine verantwortungsvolle Durchführung von Tarifkonflikten für die Tarifparteien

288 Ebd.
289 *Sodan*, NVwZ 2000, 601 (603).
290 *Schenke*, Rechtsschutz bei normativem Unrecht, S. 169.
291 *Schenke*, Rechtsschutz bei normativem Unrecht, S. 170.
292 *Gamillscheg*, KollArbR I, S. 303, *Döttger*, Der Schutz tariflicher Normsetzung, S. 123 f.
293 *Herdegen*, in: Maunz/Dürig, GG, Art. 1 Abs. 1 Rn. 78.
294 BVerfGE 39, 1 (41), 88, 203 zu § 218 StGB.

erschweren.[295] Eine annähernd vergleichbare Interessenlage wie bei den bislang vom Bundesverfassungsgericht anerkannten Fällen[296], in denen ein subjektives öffentliches Recht abgeleitet werden konnte, besteht nicht. Zudem darf die Billigung von Schutzpflichten nicht ausufern. Denn aus der Anerkennung eines Individualrechts heraus wird der Gesetzgeber zur kollektiven Gestaltungsentscheidung gezwungen, mit abstrakt-genereller Wirkung für die Allgemeinheit.[297]

Überdies spricht die Wesentlichkeitstheorie des Bundesverfassungsgerichts gegen die Annahme eines Regelungsauftrags des Gesetzgebers. Nach dieser ist der parlamentarische Gesetzgeber grundsätzlich zur Regelung der Angelegenheiten verpflichtet, die wesentliche Fragen des Gemeinwohls betreffen.[298] Die grundlegende Regelung der Arbeitsbeziehungen und insbesondere der Arbeitskämpfe haben wesentliche Bedeutung für die Rechtsordnung und das Gemeinwesen, so dass der Gesetzgeber grundsätzlich zum Handeln verpflichtet wäre.[299] Dem hat das Bundesverfassungsgericht mit seinem Beschluss vom 26. Juni 1991 aber widersprochen.[300] Das Gericht stellte fest, dass sich die Wesentlichkeitstheorie nur auf solche Bereiche beziehe, die unmittelbar das Verhältnis von Staat und Bürger betreffen.[301] Wenn es, wie im Fall des Arbeitskampfrechts, um das Verhältnis gleichgeordneter Grundrechtsträger gehe, sei die Wesentlichkeitstheorie nicht anwendbar und der parlamentarische Gesetzgeber somit nicht zur Regelung verpflichtet.

An dieser Ansicht des Bundesverfassungsgerichts wird seit Jahren von vielen Seiten Kritik geübt: Denn das Bundesverfassungsgericht lässt die Wesentlichkeitstheorie auch dann Anwendung finden, wenn das Verhältnis Bürger zu Bürger betroffen ist und ein ausreichender Grundrechtsbezug besteht.[302] Das Bundesverfassungsgericht hält jedoch bisher an seiner Auffassung fest und entlässt den Gesetzgeber aus der Pflicht, indem es die Rechtsprechung zu Hilfe nimmt. Denn die Rechtsprechung darf dem Rechtsuchenden keine Entscheidung

---

295 Vgl. *Döttger*, Der Schutz tariflicher Normsetzung, S. 124.

296 Vgl. die Verpflichtung zum Schutz des menschlichen Lebens in der Entscheidung zum Schwangerschaftsabbruch I, BVerfGE 39, 1 (42).

297 *Di Fabio*, in: Maunz/Dürig, GG, Art. 2 Abs. 2 Satz 1 Rn. 42.

298 BVerfGE 49, 89 (126 f.); 61, 260 (275).

299 *Kloepfer*, NJW 1985, 2497 (2504 f.)

300 BVerfG Beschluss v. 26.06.1991 – 1 BvR 779/85 = AP GG Art. 9 Arbeitskampf Nr. 117 = DB 1991, 1678 ff., siehe dazu § 1 A. II. 1. b., Seite 21.

301 Ebd.

302 *Scholz*, in: Maunz/Dürig, GG, Art. 9 Rn. 168.; *Seiter*, RdA 1986, 165 ff.

verwehren.[303] Grundsätzlich gibt der Rechtsschutzanspruch des Einzelnen aber nur ein Recht auf richterliche Entscheidung, nicht aber einen Anspruch auf Bereitstellung materiellen Rechts.[304] Durch die Rechtsprechung des Bundesverfassungsgerichts wird somit der Rechtschutzanspruch des Einzelnen mit einer Verpflichtung der Judikative zur Ersatzgesetzgebung vermischt, was das oberste Gericht aber offensichtlich billigend in Kauf nimmt.[305]

Etwas anderes könnte sich im Bereich der Daseinsvorsorge ergeben. Darunter sind Tätigkeiten zu verstehen, die der grundlegenden Versorgung der Bevölkerung mit wesentlichen Gütern und Dienstleistungen dienen[306], sozusagen „überlebenswichtig" sind. Die Wesentlichkeitstheorie muss auch im Arbeitskampfrecht den Gesetzgeber zum Handeln verpflichten, wenn sich die Folgen nicht mehr nur vorrangig im Innenverhältnis der Tarifparteien auswirken, sondern Dritte maßgeblich betroffen werden.[307] Denn beim Arbeitskampf in der Daseinsvorsorge werden unbeteiligte Dritte empfindlich in ihren geschützten Positionen getroffen, sei es das Recht auf Gesundheitsversorgung oder Wasserversorgung. Die Anforderungen an ein Arbeitskampfgesetz beschränken sich also nicht nur auf eine Regelung der widerstreitenden Interessen der Tarifvertragsparteien, sondern beinhalten auch einen Ausgleich von Tarifautonomie und Rechten Dritter.[308] Da es sich beim Arbeitskampfrecht um eine Angelegenheit der konkurrierenden Gesetzgebung handelt und der Bundesgesetzgeber keine Regelung getroffen hat, könnte der Landesgesetzgeber insoweit tätig werden (müssen). Im landeskompetenzrechtlichen Bereich der Daseinsvorsorge dürfte zumindest eine solche „Erwartung" an den Gesetzgeber bestehen.[309] Gleiches gilt für den Bundesgesetzgeber in bundeskompetenzrechtlichen Bereichen, zu denken ist dabei insbesondere an die Flugsicherung oder die innere Sicherheit. Eine konkrete Verpflichtung kann allerdings auch im Bereich der Daseinsvorsorge aus der Wesentlichkeitstheorie nicht entnommen werden, da das Bundesverfassungsgericht seine Theorie für das Arbeitskampfrecht insgesamt als unanwendbar erklärt hat. Eine Ausnahme für die Daseinsvorsorge wurde dabei nicht vorgenommen. Auf die Frage, ob hier eine Schutzpflicht angenommen werden kann, kommt es demnach nicht an.

---

303 *Kloepfer*, NJW 1985, 2497 (2500 ff).
304 Ebd., 2501.
305 Ebd.
306 Ebd, S. 21.
307 *Franzen/Thüsing/Waldhoff*, Arbeitskampf in der Daseinsvorsorge, S. 53.
308 *Kemper*, in: v. Mangoldt/Klein/Starck, GG, Art. 9 Abs. 3 Rn. 117.
309 *Franzen/Thüsing/Waldhoff*, Arbeitskampf in der Daseinsvorsorge, S. 53 f.

Es könnte aber eine Handlungspflicht des Gesetzgebers aus ökonomischen Gesichtspunkten bestehen. Jedem Arbeitskampf sind negative Externalitäten inhärent, die fast immer zu gesamtwirtschaftlichen Schäden führen. Dabei kann Dritter jeder sein, der nicht unmittelbar an den Tarifverhandlungen und Arbeitskämpfen beteiligt ist.

Aber auch aus negativen Drittwirkungen ist eine konkrete Handlungsverpflichtung nicht zu begründen. Die durch Art. 9 Abs. 3 GG geschützte Arbeitskampffreiheit darf negative Folgen nach Ansicht der Rechtsprechung ausdrücklich herbeiführen.[310] Die Vertretbarkeit dieser Folgen wird durch das Verhältnismäßigkeitsprinzip ausreichend bestimmt, von dem das gesamte Arbeitskampfrecht geprägt ist.[311] Eine Handlungspflicht des Gesetzgebers kann nicht angenommen werden, da der Legislative grundsätzlich die Entscheidungen, ob und wie sie tätig wird, nicht abgesprochen werden dürfen. Wie auch bei der Erfüllung der Schutzpflicht wird dem Gesetzgeber ein weiter Beurteilungs- und Einschätzungsspielraum zugestanden, ob und wie er tätig wird.[312] Das legislatorische Ermessen des Hoheitsträgers führt regelmäßig dazu, dass ein konkreter Rechtsetzungsakt ohnehin nicht verlangt werden kann.[313]

2. *Ausgestaltungsbedürfnis des normgeprägten Schutzbereichs*

Den Gesetzgeber könnte eine Pflicht zur Ausgestaltung treffen. Art. 9 Abs. 3 GG gehört zu den Grundrechten mit normgeprägtem Schutzbereich, so dass das Grundrecht laut Bundesverfassungsgericht der „*Ausgestaltung durch die Rechtsordnung*“ bedarf.[314] Diese Ausgestaltung hat sich am Normziel des Art. 9 Abs. 3 GG zu orientieren, das im Allgemeinen in der Sicherung des Freiheitsrechts, also in der Schaffung notwendiger Rechtsvoraussetzungen zur Ausübung der Freiheit, besteht.[315]

Demnach ist eine Konkretisierung der Arbeitskampffreiheit also nicht nur durch Grundrechtseingriff, sondern auch im Rahmen der normativen

---

310 BAG Urteil v. 10. 6. 1980 – 1 AZR 822/79 = NJW 1980, 1642.

311 *Lesch*, Ökonomik des Arbeitskampfrechts, S. 39 ff.

312 BVerfG Beschluss v. 30.11.1988 – 1 BvR 1301/84 = NJW 1989, 1271 (1274).

313 *Schenke*, Rechtsschutz bei normativem Unrecht, S. 175.

314 BVerfG Beschluss v. 26.6.1991 – 1 BvR 779/85 = AP GG Art. 9 Arbeitskampf Nr. 117.

315 BVerfG Urteil v. 10.1.1995 – 1 BvF 1/90, 1 BvR 342, 348/90 = NJW 1995, 2339 (2340), BVerfG Urteil 4.7.1995 – 1 BvF 2/86, 1 BvF 1/87, 1 BvF 2/87, 1 BvF 3/87, 1 BvF 4/87 und 1 BvR 1421/86 = NJW 1996, 185 (186).

Ausgestaltung durch Gesetz oder Rechtsprechung möglich.[316] Auch hier ist vorranging die Legislative in der Pflicht. Denn die Judikative ist durch die Verfassung als gesetzesgebundene Gewalt ausgestaltet, vgl. Artt. 20 Abs. 3, 97 Abs. 1 GG. Dies ist zwar unmittelbar auf den Vorrang des Gesetzes bezogen, lässt aber auch Rückschlüsse auf den Vorbehalt des Gesetzes zu.[317] Wegen der grundsätzlichen Unterordnung der gesetzgebenden Gewalt unter die Legislative darf der Auftrag an die Rechtsprechung zur Rechtsfortbildung nur im konkreten Bedarfsfall punktuell bestehen, nicht aber insgesamt an sie abgegeben werden.[318]

Das Bundesverfassungsgericht stuft insbesondere solche staatlichen Regelungen nicht als Eingriffe ein, die auf die Wahrung der Parität zielen, sondern sieht sie als zulässige Ausgestaltungen der Koalitionsfreiheit an.[319] Denn die Tarifautonomie sei darauf angelegt, *„die strukturelle Unterlegenheit der einzelnen Arbeitnehmer beim Abschluss von Arbeitsverträgen durch kollektives Handeln auszugleichen und damit ein annähernd gleichgewichtiges Aushandeln der Löhne und Arbeitsbedingungen zu ermöglichen“*.[320]

Probleme ergeben sich aber bei der Abgrenzung von Eingriff und Ausgestaltung. Eine Trennlinie ist nicht nur von theoretischer, sondern von erheblicher praktischer Bedeutung: Die herrschende Meinung geht von einem Ausschließungsverhältnis aus und nimmt an, dass für Ausgestaltung und Eingriff verschiedene grundrechtliche Maßstäbe gelten.[321] Unterscheidungskriterium ist zudem, dass die Ausgestaltung nicht im Belieben des Gesetzgebers steht, sondern den Gesetzgeber erfasst eine verfassungsgemäße Pflicht, die Institute und Normenkomplexe zu schaffen, die ein Funktionieren der Tariffreiheit, einschließlich des Arbeitskampfes, gewährleisten.[322]

Der Meinungsstand bezüglich der Abgrenzungskriterien ist uneinheitlich und unübersichtlich. Das Bundesarbeitsgericht meint, *„Anforderungen, die nicht zur Funktionsfähigkeit der Tarifautonomie geeignet, erforderlich und angemessen sind, überschreiten die Grenze der Ausgestaltung“*.[323]

Einen geeigneten, weil praktikablen Maßstab legen *Löwisch/Rieble* an und grenzen danach ab, ob die koalitionsspezifische Betätigungsfreiheit als „Wie“

316 *Kentner*, Arbeitskampfmittel der Arbeitgeber, S. 69.
317 *Kloepfer*, NJW 1985, 2497 (2500).
318 Ebd.
319 *Scholz*, in: Maunz/Dürig, GG, Art. 9 Rn. 167.
320 BVerfG Beschluss v. 26.6.1991 – 1 BvR 779/85 = NJW 1991, 2549 (2551).
321 BeckOK/*Cornils*, GG, Art. 9 Rn.72.
322 ErfKomm/*Dieterich*, GG Art. 9 Rn. 83.
323 BAG Beschluss v. 5. 10. 2010 – 1 ABR 88/09 = NZA 2011, 300 (303).

der Koalitionsfreiheit geregelt wird. Ist dies der Fall, soll es sich um eine Ausgestaltung handeln. Wird indes das „Ob“ der Koalitionsfreiheit berührt, liegt ein rechtfertigungsbedürftiger Eingriff vor.[324] Ausgestaltungen zielen im Gegensatz zu Eingriffen gerade nicht darauf ab, einem Einzelnen ein Verhalten, das in den Schutzbereich des Art. 9 Abs. 3 GG fällt, zu erschweren oder unmöglich zu machen. Sie sollen vielmehr die Tarifvertragsparteien bei der Grundrechtsausübung unterstützen.[325] Plastisch wird die Abgrenzung, wenn man die Unterscheidung anhand des verfolgten Ziels durchführt: Immer, wenn der Gesetzgeber die Tarifautonomie zugunsten eines anderen Rechtsguts *„opfert“*[326], handelt es sich um einen Eingriff.

Die Rechtsordnung trifft eine Verpflichtung, die Tarifautonomie durch Ausgestaltungen zu konkretisieren. Die Rechtsprechung hat eine solche Ausgestaltung bereits durch die Entwicklung des arbeitskampfrechtlichen Verhältnismäßigkeitsprinzips vorgenommen. Der vorrangig angesprochene Gesetzgeber ist nach wie vor säumig, da keine gesetzlichen Regelungen existieren, die über bloße Wertentscheidungen hinausgehen.[327]

Ob weitergehende Regelungen zum Arbeitskampf, wie sie im Folgenden diskutiert werden, als Ausgestaltungen angesehen werden können oder nicht, kann indes an dieser Stelle dahinstehen. Denn auch die Ausgestaltung, die in Grundrechte eingreift, muss die Koalitionsfreiheit angemessen berücksichtigen. Konkret muss geprüft werden, ob die Einschränkung der Rechte der Tarifparteien im Verhältnis zum gegebenen Sachgrund gerechtfertigt ist.[328] Bei der Ausgestaltung ist der Regelungsgeber nicht darauf angewiesen, dass er eine Grundrechtsschranke für sich beanspruchen kann.[329] Auch Zweckmäßigkeitserwägungen, das Gemeinwohl sowie Rechtsgüter ohne Verfassungsrang können berücksichtigt werden.[330] Sie unterliegen aber jedenfalls auch dem Grundsatz der Verhältnismäßigkeit[331] sowie dem Paritätsgrundsatz.[332]

Eine unmittelbare Verpflichtung des Gesetzgebers ergibt sich daraus im Grundsatz jedoch nicht. Eine Handlungspflicht besteht nur dann, wenn die

---

324 MünchArbR/*Löwisch/Rieble*, § 155 Rn. 75.

325 *Neumann*, RdA 2007, 71.

326 *Maschmann*, Tarifautonomie im Zugriff des Gesetzgebers, 64 f., 183.

327 Vgl. oben § 2 A. II.

328 *Löwisch/Rieble*, TVG, Grundlagen Rn. 114.

329 MünchArbR/Löwisch/Rieble, § 155 Rn. 75 ff.

330 Ebd.

331 *Löwisch/Rieble*, TVG, Grundlagen Rn. 117.

332 Vgl. dazu unter § 1 A. II. 3.

Wahrnehmung der durch Art. 9 Abs. 3 GG garantierten Freiheit nicht mehr gesichert ist.[333] Im Übrigen kommt dem Gesetzgeber grundsätzlich eine weite Einschätzungsprärogative zu, die auf dem Gebiet der Arbeitsmarkt-, Sozial- und Wirtschaftsordnung sogar nochmals erweitert ist.[334] Begründet wird dies damit, dass es vorrangig Sache des Gesetzgebers sei, unter Heranziehung seiner arbeitsmarkt- und sozialpolitischen Überzeugungen und unter Beachtung der konkreten Sachgesetzlichkeiten zu entscheiden, welche Maßnahmen er treffen will.[335]

3. Art. 6 Nr. 3, 4 ESC

Eine Regelungsverpflichtung des Gesetzgebers könnte sich schließlich aus der ESC ergeben. Diese verpflichtet die unterzeichnenden Mitgliedstaaten, die Voraussetzungen dafür zu schaffen, dass alle Arbeitnehmer und Arbeitgeber das Recht auf Vereinigungen zum Schutz ihrer wirtschaftlichen und sozialen Interessen wahrnehmen können.[336] Daraus könnte eine Verpflichtung des deutschen Gesetzgebers abgeleitet werden, eine funktionstüchtige Arbeitskampfordnung zu erlassen.

Das Bundesarbeitsgericht vertritt die Meinung, dass die Judikative in gleichem Maße wie die Legislative an die ESC gebunden sei, wenn es darum gehe, die völkerrechtlichen Verpflichtungen in nationales Recht umzusetzen[337], zudem verpflichtet Teil II Art. 5 ESC die staatlichen Organe bei der Rechtsanwendung zur völkerrechtsfreundlichen Auslegung.[338] Nichtsdestotrotz entfaltet die ESC keine Verbindlichkeit gegenüber dem deutschen Gesetzgeber oder gegenüber der Rechtsprechung. Eine unbedingte Folgepflicht lässt sich der ESC nicht entnehmen[339], eine Verpflichtung zum legislativen Tätigwerden erst recht nicht.

4. Art. 33 Abs. 5 GG i.V.m. Art. 11 Abs. 1 EMRK

Eine Pflicht des Gesetzgebers, Regelungen zum Arbeitskampf zu erlassen, könnte sich aus Art. 33 Abs. 5 GG i.V.m. Art. 11 Abs. 1 EMRK ergeben. Dies wäre der

---

333 *Scholz*, Koalitionsfreiheit als Verfassungsproblem, S. 258 ff.

334 BVerfGE 25, 1 (17, 19) = NJW 1969, 499; BVerfGE 37, 1 20 = NJW 1974, 1317; BVerfGE 50, 290 = NJW 1979, 699; BVerfGE 77, 84 = NZA 2005, 153.

335 BVerfG Beschluss v. 6.10.1987 – 1 BvR 1086/82 = NJW 1988, 1195 (1196).

336 *Löwisch/Rieble*, TVG, Grundlagen Rn. 290.

337 BAG Urteil v. 12. 9. 1984 – 1 AZR 342/83 = NZA 1984, 393 = EzA Nr. 54 zu Art. 9 GG Arbeitskampf = AP Nr. 81 zu Art. 9 GG Arbeitskampf.

338 *Löwisch/Rieble*, TVG, Grundlagen Rn. 290 ff. m.w.N.

339 *Löwisch/Rieble*, TVG, Grundlagen Rn. 296., *Rieble*, RdA 2005, 200 (203 f.).

Fall, wenn Deutschland durch die Rechtsprechung des Europäischen Gerichtshof für Menschenrechte verpflichtet wäre, das absolute Streikverbot für Beamte aufzuheben.

a. Streikverbot als Ausfluss des Art. 33 Abs. 5 GG

Das Bundesverfassungsgericht versagt allen deutschen Beamten derzeit das Streikrecht. Dies wird seit jeher zwar nicht ganz unstreitig, aber jedenfalls noch herrschend aus Art. 33 Abs. 5 GG abgeleitet und mit den hergebrachten Grundsätzen des Berufsbeamtentums begründet.[340] Das Bundesverfassungsgericht vertritt diese Ansicht, so dass alle Gerichte gemäß § 31 Abs. 1 BVerfGG daran gebunden sind.[341]

Stünde dieses, dem deutschen Verständnis des Beamtentums innewohnende, Verbot im Widerspruch zur EMRK und wäre die Rechtsprechung des EGMR bindend für Deutschland, so könnten die Länder verpflichtet sein, für ihre Beamten eine Streikregelung zu schaffen.

Zunächst ist zu festzuhalten, dass das Beamtentum als eine auf Sachwissen, Loyalität und Pflichterfüllung gründende Institution verstanden wird, der das Streikrecht verwehrt ist.[342] Zwar steht auch den Beamten die Koalitionsfreiheit aus Art. 9 Abs. 3 GG zu. Das Streikrecht ist aber mit dem Selbstverständnis des Berufsbeamtentums nicht vereinbar, da sich der Streik im Ergebnis gegen den Gesetzgeber oder gegen die gesetzlich festgelegte Rechtsstellung des Beamten richten würde.[343] Die Koalitionsfreiheit wird folglich im Rahmen des Art. 33 Abs. 5 GG dergestalt eingeschränkt, dass Beamten das Streikrecht abgesprochen wird.[344] Das Verbot bildet, wenn man so will, das Gegenstück zu den Privilegierungen, die den Beamten zweifelslos zuteilwerden.[345] In einigen Landesgesetzen wird dies ausdrücklich klargestellt und das Streikverbot für Beamte normiert.[346]

Bemerkenswert ist in diesem Zusammenhang ein Blick auf die europäischen Nachbarn: Unter den westeuropäischen Mitgliedsstaaten der EU steht Deutschland mit seinem Streikverbot für Beamte allein da. In Frankreich, das eine dem deutschen Beamtentum vergleichbare Institution hat, sind Beamtenstreiks keine

---

340 BVerfG Beschluss v. 11 6.1958 – 1 BvR 1/52 u. 1 BvR 46/52 = NJW 1958, 1228.

341 *Polakiewicz/Kessler*, NVwZ 2012, 841 (844).

342 *Badura*, in: Maunz/Dürig, GG, Art. 33 Rn. 51.

343 *Badura*, in: Maunz/Dürig, GG, Art. 33 Rn. 58.

344 BVerfGE 19, 303 (322).

345 *Widmaier/Alber*, ZEuS Heft 4, 387 (388).

346 So z.B. in Art. 63 Bayerische Beamtengesetz, Art. 64 Landesbeamtengesetz Rheinland-Pfalz.

Seltenheit. Berühmt wurde in diesem Zusammenhang die Arbeitsniederlegung von über 700.000 Beamten im Jahr 2008 gegen die Reformen im öffentlichen Dienst, die der damalige Präsident Nicolas Sarkozy geplant hatte.[347]

Und nun erscheint es möglich, dass der EGMR dem deutschen Streikverbot den Boden entziehen könnte. Er hat sich zwar bislang nicht zur Frage geäußert, ob das deutsche Streikverbot für Beamte rechtens ist. In zwei Entscheidungen aus den Jahren 2008 und 2009 hat der EGMR aber ein Streikrecht für Beamte bejaht, hergeleitet aus Art. 11 EMRK.

b. Rechtsprechung des EGMR zu Art. 11 EMRK

Der systematische Grundstein für diesen Ansatz wurde bereits im Jahr 1999 gelegt, als der EGMR festgestellt hat, dass es für die Anwendung des Art. 6 Abs. 1 EMRK nicht allein ausschlaggebend sein könne, ob nationale Vorschriften dem öffentlichen Recht oder dem Privatrecht zuzuordnen sind.[348] Der EGMR verlangt seitdem in Abkehr zu seiner bisherigen Rechtsprechung eine funktionale Abgrenzung und keine statusrechtliche. Begründet wird diese Auffassung mit der Notwendigkeit einer restriktiven Auslegung von Ausnahmen.[349] Das Urteil aus dem Jahr 1999 war insoweit kategorisch formuliert, als es ausschließlich auf die Natur der Aufgaben und die Verpflichtungen des Bediensteten abstellte: Streitigkeiten zwischen der Verwaltung und Angehörigen des öffentlichen Diensts seien nur dann aus dem Anwendungsbereich des Art. 6 Abs. 1 EMRK ausgenommen, wenn der Angehörige einen Posten innehabe, der eine Beteiligung an der Ausübung der Staatsgewalt mit sich bringe.[350] Die einzelnen mitgliedstaatlichen Entscheidungen über statusrechtliche Einordnungen werden vom EGMR folglich nicht mehr als bindend angesehen.[351] Vielmehr maßt sich das Gericht die Einzelfallprüfung an, im jeweiligen Fall zu entscheiden, ob die Aufgabe des Angehörigen des öffentlichen Dienst *„eine direkte oder indirekte Beteiligung an der Ausübung der Staatsgewalt und an Amtspflichten zur Wahrung der allgemeinen Interessen des Staates oder anderer Körperschaften des öffentlichen Rechts*

347 Tagesspiegel vom 15.5.2008, online abrufbar unter http://www.tagesspiegel.de/politik/international/frankreich-hunderttausende-beamte-streiken-gegen-sarkozys-reformen/1234512.html.

348 EGMR (Große Kammer), Urteil v. 8.12.1999 – 28541/95 – Pellegrin, NVwZ 2000, 661.

349 *Di Fabio*, Das beamtenrechtliche Streikverbot, S. 5.

350 EGMR (Große Kammer), Urteil v. 8.12.1999 – 28541/95 – Pellegrin = NVwZ 2000, 661.

351 *Di Fabio*, Das beamtenrechtliche Streikverbot, S. 4.

einschließt".[352] Dies geht einher mit einem tiefgreifenden Eindringen in die mitgliedstaatliche Organisationshoheit.[353] Dieser Eingriff wird durch die Entscheidungen aus den Jahren 2008 und 2009 nochmals verdeutlich und bestätigt.

In der Entscheidung *Demir und Baykara* vom 12.11.2008 hat der EGMR das Recht aus Art. 11 Abs. 1 EMRK im Grundsatz auf den gesamten öffentlichen Dienst übertragen.[354] Angehörige des öffentlichen Diensts müssten wie andere Arbeitnehmer die Rechte des Art. 11 Abs. 1 EMRK wahrnehmen dürfen, etwas anderes gelte nur in *„ganz besonderen Fällen"*[355] und bei rechtmäßigen Einschränkungen im Sinne des Art. 11 Abs. 2 EMRK, die Angehörigen der Staatsverwaltung auferlegt werden können.[356]

Unklarheiten, die die Rechtsprechung des EGMR bis dahin im Hinblick auf das Streikrecht von Beamten bestehen ließ, wurden durch die Entscheidung im darauffolgenden Jahr beseitigt: Im Urteil vom 21.4.2009 in Sachen *Enerji Yapi-Yol* stellte der EGMR klar, dass ein generelles Streikverbot zu Lasten aller Beamten unverhältnismäßig und damit eine ungerechtfertigte Beschränkung darstelle.[357] Zwar seien Einschränkungen des Streikrechts zulässig, da eine absolute Gewährleistung dem Art. 11 EMRK nicht entnommen werden könne. Genauso wenig sei aber ein absolutes Verbot, wie in Deutschland, zulässig. Es bedürfe einer gesetzlichen Einschränkung, die den betroffenen Personenkreis klar und so eng wie möglich abgrenzbar machen ließe.[358]

c. Dogmatische Kritik an der Rechtsprechung des EGMR

Unabhängig davon, ob die Entscheidung des EGMR, auch Beamten grundsätzlich ein Streikrecht zuzuerkennen, richtig sein mag, bestehen an deren dogmatischer Herleitung erhebliche Zweifel. Die Auslegungsmethodik, die der EGMR anwendet, um die Konvention an das Fortschreiten gesellschaftlicher Werte und Umstände anzupassen,[359] wird zum Teil sehr kritisch bewertet.[360]

---

352 EGMR (Große Kammer), Urteil v. 8. 12. 1999 – 28541/95 – Pellegrin = NVwZ 2000, 661 (663).

353 *Di Fabio*, Das beamtenrechtliche Streikverbot, S. 4 f.

354 EGMR (Große Kammer), Urteil v. 12. 11. 2008 – 34503/97 – Demir u. Baykara = NZA 2010, 1425.

355 Ebd., 1431.

356 Ebd.

357 *Schlachter*, RdA 2011, 341 (345).

358 EGMR Urteil v. 21.4.2009 – 68959/01 – Enerji Yapi-Yol Sen = NZA 2010, 1423.

359 *Di Fabio*, Das beamtenrechtliche Streikverbot, S. 6.

360 *Schlachter*, RdA 2011, 341 (345), *Seifert*, KritV 2009, 357 (362), *Löwisch/Rieble*, TVG, Grundlagen Rn. 285 f., *Di Fabio*, Das beamtenrechtliche Streikverbot, S. 4 ff.

Bei der Konventionsauslegung sind die Regeln der Artt. 31 bis 33 der WVK zu beachten. *„Danach ist die den Begriffen beizulegende gewöhnliche Bedeutung in ihrem Zusammenhang und unter Berücksichtigung von Ziel und Zweck der Vorschrift festzustellen.“*[361] Art. 32 WVK lässt die Anwendung zusätzlicher Auslegungsmittel zu, um das Ergebnis nach Art. 31 WVK zu bestätigen oder eindeutig festzulegen. Der EGMR berücksichtigt ausdrücklich auch Grundsätze des Völkerrechts und anderer Verträge und stützt diese Auslegungsmethode auf Art. 31 Abs. 3 lit. c WVK.[362] Darüber hinaus sieht sich der Gerichtshof veranlasst, seine Begründung auch durch Bezugnahme auf Normen zu untermauern, die von anderen Institutionen des Europarats herrühren, wie beispielsweise Sachverständigenausschüsse, auch wenn sie die Konventionsstaaten in keiner Weise repräsentieren.[363] Das Gericht stellt ausdrücklich klar, dass es bei der Suche nach einer gemeinsamen Grundlage im Völkerrecht nicht danach unterscheidet, ob der betreffende Staat die Rechtsquelle unterzeichnet hat oder nicht. Dies begründet er unter anderem damit, dass es sich bei der EMRK um ein *„lebendes Instrument“* [364] handle, das im Lichte heutiger Bedingungen auszulegen sei.[365]

All diese Feststellungen führen dazu, dass ein Teil der deutschen Lehre konstatiert, die angewandte systematische Auslegung stünde nicht in Einklang mit den Auslegungsregeln der WVK.[366]

Die Heranziehung sowohl der ESC als auch der ILO-Übereinkommen stößt auf methodische Bedenken, da die ESC einerseits über die von der EMRK gewährleisteten Rechte hinausgeht, andererseits aber nicht von allen Staaten des Europarats ratifiziert wurde.[367] Durch die Importierung der ESC bei der Auslegung der EMRK wird Erstere im Ergebnis doch mit einem Durchsetzungsmechanismus versehen, auf den diese gerade verzichtet hat.[368] Diese systematischen Unterschiede ebnet der EGMR ein, indem er bei der Interpretation des Art. 11 Abs. 1 EMRK die Standards berücksichtigt, die von den sachnächsten Gremien

361 EGMR (Große Kammer), Urteil v. 12. 11. 2008 – 34503/97 – Demir u. Baykara = NZA 2010, 1425 (1426).

362 Ebd.

363 Ebd.

364 EGMR (Große Kammer), Urteil v. 12. 11. 2008 – 34503/97 – Demir u. Baykara = NZA 2010, 1425 (1427).

365 *Seifert*, KritV 2009, 357 (362).

366 *Schubert*, AöR 137 (2012), 92 (101), *Löwisch/Rieble*, TVG, Grundlagen Rn. 285, *Schlachter*, RdA 2011, 341 (345) m.w.N.

367 *Löwisch/Rieble*, TVG, Grundlagen Rn. 285.

368 *Löwisch/Rieble*, TVG, Grundlagen Rn, 285, 296.

entwickelt wurden, unabhängig davon, ob der betreffende Staat sich durch Ratifikation verpflichtet hat. Dies widerspricht der Auffassung, die die Heranziehung von Völkerrechtsgrundsätzen zur Konventionsauslegung auf solche Grundsätze beschränken möchte, die in den Beziehungen zwischen den Vertragsstaaten anwendbar sind.[369]

Es stellen sich somit zwei dogmatische Schwierigkeiten: Zum einen wird auch die Auslegungs- und Spruchpraxis der Sachverständigenausschüsse zu ILO und ESC bei der Konventionsauslegung berücksichtigt, zum anderen werden internationale Normen zur Auslegung herangezogen, die der fragliche Mitgliedstaat nicht ratifiziert hat.[370]

Der EGMR hat sich in der Entscheidung *Demir und Baykara* der Spruchpraxis des Sachverständigenausschusses der ILO für die Anwendung der Übereinkommen und Empfehlungen angeschlossen. Dieser spricht sich seit Jahren dafür aus, dass das Recht auf Kollektivverhandlungen nicht der gesamten öffentlichen Verwaltung, sondern vielmehr nur Beamten, die hoheitliche Aufgaben verrichten, entzogen sein soll.[371] Problematisch an dieser stillschweigenden Bezugnahme ist, dass es sich bei diesem Gremium um einen aus Gründen der Zweckmäßigkeit und Arbeitsentlastung eingerichteten Ausschuss handelt, dessen Existenz weder in der ILO-Verfassung vorgesehen ist, noch entscheidet dieser letztverbindlich über die authentische Auslegung der Übereinkommen.[372] Die Autorität des Ausschusses legitimiert sich aus dessen Sachverstand und der faktischen Überlegenheit bei der Anwendung der Normen. Nichts anderes gilt für den Europäischen Ausschuss für Soziale Rechte, auf dessen Auslegungspraxis der EGMR seine Entscheidung auch stützt.[373]

Ein weiterer dogmatischer Kritikpunkt besteht darin, dass der EGMR internationale Verträge und Übereinkommen als Grundlage seiner Entscheidungen heranzieht, ohne dabei zu differenzieren, ob der betreffende Staat diese ratifiziert oder dies gerade unterlassen hat. Ausreichend soll nach Ansicht des Gerichtshofs vielmehr sein, dass die Verträge *„eine kontinuierliche Entwicklung der Vorschriften und Grundsätze des Völkerrechts oder des staatlichen Rechts der Mehrheit der Mitgliedstaaten des Europarats deutlich machen und beweisen, dass in einer bestimmten Frage eine übereinstimmende Auffassung der modernen*

---

369 *Schlachter*, RdA 2011, 341 (346).
370 *Seifert*, KritV 2009, 357 (363).
371 *Seifert*, KritV 2009, 357 (363, 364).
372 Ebd., 365.
373 Ebd., 365 f.

Gesellschaften besteht"[374]. Dieses Vorgehen kann zum Ergebnis führen, dass ein Staat konventionsrechtlich an Grundsätze gebunden wird, die er durch mangelnde völkerrechtliche Ratifizierung für sich gerade nicht verbindlich werden lassen wollte.[375] Diese Auslegung könnte in einem Verfahren gegen Deutschland auch von Relevanz werden, da die Bundesrepublik beispielsweise die Ratifizierung von Artt. 5 und 6 ESC mit der Erklärung verbunden hat, diese Rechte für Beamte nicht anzuerkennen.[376]

Ob dieses methodische Vorgehen durch den EGMR von Art. 31 Abs. 3 lit. c WVK gedeckt ist, erscheint fraglich.[377]

Trotz aller Bedenken müssen sich die Vertragsstaaten, und somit auch Deutschland, aber auf die derzeit geltende Rechtslage einstellen.[378] Grundsätzlich ist die Rechtsprechung des EGMR zwar nicht bindend für die deutsche Rechtsordnung.[379] Denn Urteile des EGMR erwachsen lediglich zwischen den am Rechtstreit Beteiligten in Rechtskraft und wirken nur inter partes ohne Bindungswirkung für die Konventionsstaaten. Es ergibt sich aber eine Orientierungs- oder Leitfunktion für die Konventionsstaaten, da insbesondere die Große Kammer des EGMR ihrer gefundenen Linie in aller Regel treu bleibt[380] und kein Staat vor einer Klage vor dem EGMR gefeit ist.

d. Auswirkungen auf das innerstaatliche Streikverbot für Beamte

In Konsequenz auf diese Entscheidungen des EGMR wurden folglich auch in der deutschen Diskussion Stimmen laut, die das generelle Verbot des Beamtenstreikrechts kritisieren und die Frage aufwarfen, ob Bereichsausnahmen gemacht werden müssten.[381]

Welche konkreten Auswirkungen ergeben sich aus diesen Urteilen? Derzeit besteht Uneinigkeit darüber sowohl unter den Gerichten, als auch in der Rechtswissenschaft.[382] Die EMRK hat in Deutschland die Stellung von einfachem

---

374 EGMR (Große Kammer), Urteil v. 12. 11. 2008 – 34503/97 Demir u. Baykara = NZA 2010, 1425.

375 *Seifert*, KritV 2009, 357 (366).

376 *Schlachter*, RdA 2011, 341 (346).

377 Ablehnend: *Seifert*, KritV 2009, 357 (366), *Löwisch/Rieble*, TVG, Grundlagen Rn. 285 ff., im Ergebnis wohl auch: *Di Fabio*, Das beamtenrechtliche Streikverbot, S. 6 f., zustimmend: *Schlachter*, RdA 2011, 341 (346 f.).

378 *Seifert*, KritV 2009, 357 (368), *Schlachter*, RdA 2011, 341 (347).

379 BVerfG Beschluss v. 14. 10. 2004 – 2 BvR 1481/04 = NJW 2004, 3407 (3408).

380 *Widmaier/Alber*, ZEuS Heft 4, 387 (392 f.).

381 *Di Fabio*, Das beamtenrechtliche Streikverbot, S. 3.

382 *Di Fabio*, Das beamtenrechtliche Streikverbot, S. 1.

Bundesrecht, so dass sich diese an der Verfassung messen lassen muss.[383] Das Bundesverfassungsgericht hat die Konventionsbestimmungen samt ihrer jeweiligen Auslegungen zudem durch den Grundsatz der völkerrechtsfreundlichen Auslegung aufgewertet, ohne den Regelungen jedoch Verfassungsrang zuzusprechen.[384] Daher sind Urteile des EGMR auch für die deutsche Rechtslage von Bedeutung. Unter völkerrechtsfreundlicher Auslegung versteht das Bundesverfassungsgericht, dass *„das Grundgesetz und das übrige staatliche Recht nach Möglichkeit so auszulegen sind, dass ein Konflikt mit völkerrechtlichen Verpflichtungen Deutschlands nicht besteht"*[385]. Die Gerichte haben folglich die Gewährleistungen der EMRK sowie die dazu ergangenen Entscheidungen im Rahmen methodisch vertretbarer Gesetzesauslegung zu beachten und sich bei Abwägungsspielräumen für eine konventionsfreundliche Auslegung zu entscheiden.[386] Dies gilt nur dann nicht, wenn die Berücksichtigung der Entscheidung gegen deutsches Gesetzes- oder Verfassungsrecht verstoßen würde.[387]

Stellt das absolute Streikverbot für Beamte somit einen Konventionsverstoß dar, schließt sich darauffolgend die Frage an, wie dieser Verstoß beseitigt werden kann. Fraglich ist, ob es dafür ausreichend und schließlich möglich wäre, eine völkerrechtsfreundliche Auslegung des Art. 33 Abs. 5 GG in dem Sinne vorzunehmen, dass Bereichsausnahmen für das Streikverbot zugelassen werden, oder ob für diesen Fall ein legislatives Tätigwerden erforderlich wäre.

Für diese Arbeit von Bedeutung wäre dies allerdings nur, wenn gerade der Landesgesetzgeber in der Pflicht wäre, das Streikrecht von Beamten zuzulassen und zu regeln, ihm also die Gesetzgebungskompetenz zustünde.

(1) Zuständigkeit des Landesgesetzgebers

Seit der Föderalismusreform von 2006 haben die Länder unter anderem die Kompetenz, Besoldung, Versorgung und Laufbahnen der jeweiligen Landesbeamten zu regeln. Seit jeher können die Länder die Arbeitsbedingungen der eigenen Beschäftigten regeln, da es sich bei Angelegenheiten des Beamtentums gerade nicht um Arbeitsrecht im Sinne des Art. 74 Abs. 1 Nr. 12 GG handelt, sondern vielmehr um einen Bereich des ländereigenen Hausguts, das zur ausschließlichen

383 BVerfGE 74, 358 (370).

384 *Di Fabio*, Das beamtenrechtliche Streikverbot, S. 17.

385 BVerfG Beschluss v. 14. 10. 2004 – 2 BvR 1481/04 = NJW 2004, 3407 (3408).

386 *Löwisch/Rieble*, TVG, Grundlagen Rn. 276.

387 Ebd.

Gesetzgebung des Art. 70 GG gehört.[388] Kraft ihrer Organisationshoheit können sie die Statusrechte und -pflichten ihrer Beamten festlegen.

Demzufolge könnten die Länder berechtigt und nach dem Urteil des EGMR derzeit wohl auch verpflichtet sein, eine Arbeitskampfordnung für ihre Beamten zu erlassen.

(2) Kritische Stellungnahme

Wie eingangs dargestellt, fußt das Beamtenrecht auf Art. 33 Abs. 5 GG. Die „hergebrachten Grundsätze des Berufsbeamtentums" beinhalten eine Verpflichtung des Beamten zu loyaler und gesetzmäßiger Diensterfüllung sowie eine besondere Treuepflicht gegenüber dem Staat.[389] Daraus abgeleitet ergibt sich das Streikverbot für Beamte. Dieses verfassungsrechtlich verankerte Verbot würde demnach mit einer landesgesetzlichen Regelung, die das Beamtenstreikrecht zulässt, kollidieren. Zum einen würde dem Beamten durch Landesgesetz ein Streikrecht zugesprochen, das im besten Falle sogar in eine echte Arbeitskampfordnung eingebettet würde, zum anderen würde der Beamte gleich gegen die Verfassung verstoßen.

Die Lösung des Konflikts gibt Art. 31 GG. Das im Grundgesetz angelegte Streikverbot für Beamte kann nicht durch ein Landesgesetz aufgehoben werden. Unerheblich ist insoweit auch, dass das Grundgesetz ein Streikrecht für Beamte nicht ausdrücklich verneint, denn das Bundesverfassungsgericht hat sich in den vergangenen Jahren – und dies explizit auch nach der Föderalismusreform – immer wieder zu den Prinzipien der institutionellen Garantie des Berufsbeamtentums geäußert. § 31 Abs. 1 BVerfGG ordnet eine einfachgesetzliche Bindungswirkung der Rechtsprechung des Bundesverfassungsgerichts an.[390]

Das höchste Gericht hat eine Beachtenspflicht des Kerngehalts dieser Prinzipien betont und darauf hingewiesen, dass es dem Gesetzgeber verwehrt sei, *„von den hergebrachten und die Institution des Berufsbeamtentums prägenden Leitgedanken und Merkmalen abzuweichen"*.[391] Der einfache Gesetzgeber soll gerade keine tiefgreifenden strukturellen Veränderungen des Beamtentums vornehmen können.[392] Fraglich ist folglich, ob das Streikrecht unabdingbarer und

---

388 *Löwisch/Rieble*, TVG, Grundlagen Rn. 68.

389 *Badura*, in: Maunz/Dürig, GG, Art. 33 Rn. 60.

390 *Polakiewicz/Kessler*, NVwZ 2012, 841 (845).

391 BVerfG Beschluss v. 20.3.2007 – 2 BvL 11/04 = NVwZ 2007, 679.

392 Ebd.

unteilbarer Bestandteil der verfassungsrechtlich gewährleisteten institutionellen Garantie des Berufsbeamtentums ist.[393]

Unstreitig zum Kerngehalt des Berufsbeamtentums gehört das Alimentationsprinzip, denn die Beamtenbezüge stellen nicht nur eine Gegenleistung für erbrachte Dienstleistungen dar, sondern sind ein Ausgleich dafür, dass der Beamte sich mit seiner ganzen Persönlichkeit in den Dienst des Staates begibt.[394] Wird aber dieses Alimentationsprinzip als Grundpfeiler des Beamtentums angesehen, muss folgerichtig davon ausgegangen werden, dass das Streikverbot unmittelbar damit verbunden ist. Eine Fortentwicklung, wie sie das Grundgesetz seit 2006 ausdrücklich vorsieht[395], kann nur unter Wahrung der normativen und grundlegenden Sinngehalte der Garantie, also unter Beibehaltung ihrer Identität, erfolgen.[396] Nur wenn die Ausgewogenheit und Konsistenz der verfassungsrechtlichen Garantie gewährleistet sind, kann sie die intendierte Orientierungsleistung erbringen und dem Einzelnen in einem komplexen Sachverhalt personale Freiheit verschaffen.[397] Wird auch nur ein Teil dieses Gefüges herausgenommen, besteht die Gefahr eines Ungleichgewichts, das der gesamten Komposition ihre Schutzwürdigkeit entziehen kann.[398] *Di Fabio* will sogar so weit gehen, dass eine Aufweichung des Streikverbots einer Preisgabe des Beamtenverhältnisses insgesamt gleichkommt.[399] Eine konventionsfreundliche Auslegung des Art. 33 Abs. 5 GG dürfte folglich nicht in dem Sinne möglich sein, dass Bereichsausnahmen für den Beamtenstreik zugelassen werden.[400]

Spätestens wenn es zu einer Deutschland bindenden Entscheidung des EGMR käme, müsste das Bundesverfassungsgericht zunächst die Grundsätze des Berufsbeamtentums überdenken und gegebenenfalls seine Rechtsprechung ändern, bevor der Landesgesetzgeber tätig werden könnte oder der verfassungsändernde Gesetzgeber verdeutlichend tätig werden. Auch wenn die Bundesrepublik grundsätzlich nach Art. 27 WVK zu einer konventionskonformen Rechtslage verpflichtet ist, ist der Landesgesetzgeber durch die höherrangige Verfassung gebunden. Solange die höchste Rechtsprechung von einem in der Verfassung angelegten Streikverbot der Beamten ausgeht und dies als grundlegenden

---

393 *Di Fabio*, Das beamtenrechtliche Streikverbot, S. 33.
394 Ebd., 680.
395 *Schlachter*, RdA 2011, 341 (342).
396 *Di Fabio*, Das beamtenrechtliche Streikverbot, S. 34.
397 Ebd., S. 35.
398 Ebd., S. 35 f.
399 Ebd., S. 56.
400 *Seifert*, KritV 2009, 357, (373).

Bestandteil der institutionellen Garantie des Berufsbeamtentums ansieht, bleibt für eine diesbezügliche Arbeitskampfregelung der Länder kein Raum. Daran ändert sich auch nichts dadurch, dass die letzte Entscheidung des Bundesverfassungsgerichts zum Beamtenstreikrecht zeitlich vor den Entscheidungen des EGMR lag. Derzeit ist eine Verfassungsbeschwerde gegen die Entscheidung des OVG Lüneburg[401] anhängig, in der die Auswirkungen von Art. 11 EMRK auf das geltende innerdeutsche Recht bestimmt werden sollen. Diese Entscheidung gilt es abzuwarten. Eine völkerrechtsfreundliche Auslegung der Verfassung durch Landesgesetz kann die Bindungswirkung des § 31 Abs. 1 BVerfGG nicht entkräften.

Eine rechtspolitische Verpflichtung der Länder, von ihrem Initiativrecht im Bundesrat Gebrauch zu machen und eine Verfassungsänderung anzustoßen, kann nicht angenommen werden. Die vom Bundesverfassungsgericht aufgestellten Grundsätze gelten für Bundes- und Landesbeamte gleichermaßen, so dass auch die Länder ein Interesse an der Fortgeltung des Streikverbots für Beamte haben.

Selbst wenn das Grundgesetz geändert würde, könnte zusätzlich die Frage aufgeworfen werden, ob der Beamtenstreik, der ja nicht um eines Tarifvertrags willen geführt werden kann, überhaupt rechtmäßig sein kann. Wie aber unter § 1 A. II. 2. bereits angesprochen, stuft das Bundesarbeitsgericht seit mehreren Jahren auch Unterstützungsstreiks als zulässige Kampfmaßnahme ein und erweitert das Merkmal der Tarifvertragsbezogenheit, so dass diese Hürde – sollte es soweit kommen – wohl auch überwunden werden könnte.

5. *Zwischenfazit*

Eine konkrete Verpflichtung des Landesgesetzgebers zum Tätigwerden kann nicht angenommen werden. Weder die Wesentlichkeitstheorie führt laut Bundesverfassungsgericht hier zu einer Handlungspflicht, noch kann der Gesetzgeber verpflichtet werden, seiner Aufgabe zur Ausgestaltung der Koalitionsfreiheit nachzukommen. Zwar ist die Legislative grundsätzlich in der Pflicht, den normgeprägten Schutzbereich des Art. 9 Abs. 3 GG so auszugestalten, dass eine Ausübung der Arbeitskampffreiheit gewährleistet ist. Aufgrund der weiten Einschätzungsprärogative des Gesetzgebers kann aber eine konkrete Handlungspflicht nicht begründet werden.

Nach Ansicht des EGMR ist Art. 11 Abs. 1 EMRK mit einem generellen Streikverbot für Beamte, wie in Deutschland praktiziert, nicht vereinbar. Um

---

401 OVG Lüneburg Urteil v. 12.06.2012 – 20 BD 7/11 = BeckRS 2012, 51816.

einen Konventionsverstoß zu beseitigen, müssten die Länder für ihre Beamten das Streikrecht zulassen und regeln. Da dies aber bei gegenwärtiger Rechtslage nicht ohne einen unmittelbar resultierenden Verstoß gegen Art. 33 Abs. 5 GG möglich wäre, kann ein Regelungsauftrag an die Länder nicht angenommen werden.

III. Schranken des Art. 9 Abs. 3 GG

Wenn der Landesgesetzgeber von seiner Regelungsmöglichkeit Gebrauch machen möchte, müssen die Schranken des Art. 9 Abs. 3 GG beachtet werden. Eingriffe in den Schutzbereich eines Grundrechts bedürfen der Rechtfertigung, die sich aus unterschiedlichen Gesetzesvorbehalten ergeben kann.[402] In Betracht kommen diesbezüglich grundsätzlich zum einen ausdrückliche Gesetzesvorbehalte in der Verfassung, sowie zum anderen sog. verfassungsimmanente Schranken, die aus den objektiven Wertgehalten anderer Grundrechte und den Wertentscheidungen der deutschen Verfassung hergeleitet werden.[403]

Die in Art. 9 Abs. 3 GG verankerte Koalitionsfreiheit ist dem Wortlaut nach unbeschränkt gewährleistet. Jedoch unterliegt sie verfassungsimmanenten Schranken und muss sich kollidierendes Verfassungsrecht entgegen halten lassen. Diese Kollision ist dem Bundesverfassungsgericht zu Folge im Rahmen praktischer Konkordanz zu lösen, mit anderen Worten: Beide Grundrechte werden so begrenzt, dass sie ihre bestmögliche Wirkung entfalten können.[404] Neben den sich unmittelbar aus der Verfassung ergebenden Kollisionen mit Rechten Dritter, kann sich auch aus dem Gemeinwohl eine Schranke der Koalitionsfreiheit ergeben. Wenngleich die Gemeinwohlbindung des Art. 9 Abs. 3 GG u.a. wegen des Vorwurfs der Ungenauigkeit und der Gefahr der Tarifzensur strittig ist[405], kann dieser Streit in aller Regel dahinstehen: Denn in der Praxis werden sich meist verfassungsrechtlich geschützte Rechte und Güter nachweisen lassen können[406] – und seien es Staatszielbestimmungen, die das Bundesverfassungsgericht ebenfalls anerkennt.[407]

---

402 *Herdegen*, in: Maunz/Dürig, GG, Art. 1 Abs. 3 Rn. 42 ff.

403 Ebd.

404 ErfKomm/*Schmidt*, Einleitung Rn. 71.

405 Allgemein zur Tariffreiheit: Statt aller *Löwisch/Rieble*, TVG, Grundlagen Rn. 194 ff.; zur Arbeitskampffreiheit: Statt aller MünchArbR/*Ricken*, § 200 Rn. 58 ff.

406 BeckOK/*Cornils*, GG, Art. 9 Rn. 87.

407 U.a. Funktionieren des Tarifsystems BVerfG NJW 1977, 2255, 2256, Versagung eines Beamtenstreikrechts BVerfG NJW 1958, 1128.

Im Ergebnis bleibt festzuhalten, dass sich die gesetzgeberische Befugnis zur Beschränkung von Arbeitskämpfen jedenfalls aus dem Schutz gleichrangiger Verfassungsgüter ergibt.[408]

C. Fazit zu § 2

Das Arbeitskampf- und Schlichtungsrecht unterfällt der Kompetenzregelung des Art. 74 Abs. 1 Nr. 12 GG, die dem Bundesgesetzgeber die Befugnis zur konkurrierenden Gesetzgebung zuweist. Der Landesgesetzgeber ist demnach berechtigt, ein Landesarbeitskampfgesetz zu erlassen, solange und soweit der Bundesgesetzgeber von seiner Gesetzgebungskompetenz weiterhin keinen Gebrauch macht, denn der Bereich des Arbeitskampf- und Schlichtungsrechts ist im Tarifvertragsgesetz nicht geregelt.

Das Richterrecht zum Arbeitskampf berührt die Kompetenzverteilung zwischen Bund und Ländern nicht. Es handelt sich nicht um eine Rechtsquelle, die die gleiche Wirkung wie Bundesgesetze nach sich ziehen kann. Die Sperrwirkung des Art. 72 Abs. 1 GG, die den Ländern die Gesetzgebungskompetenz entzieht, kann nicht durch das Richterrecht des Bundesarbeitsgerichts begründet werden.

Der Landesgesetzgeber könnte in seinem Arbeitskampfgesetz kompetenzrechtlich zwar das Streikrecht für Landesbeamte zulassen. Dies würde aber einen Verstoß gegen Art. 33 Abs. 5 GG darstellen, der gemäß Art. 31 GG zur Nichtigkeit der Norm führen würde.

Die Bereitstellung einer Arbeitskampfordnung erfüllt den in Art. 9 Abs. 3 GG verankerten Ausgestaltungsauftrag des Gesetzgebers. Eine konkrete Verpflichtung zum legislativen Tätigwerden kann nicht angenommen werden, da dem Gesetzgeber ein weiter Ermessenspielraum zugestanden wird und die Wesentlichkeitstheorie des Bundesverfassungsgerichts nach dessen Auffassung beim Arbeitskampfrecht keine Anwendung findet.

Ein Landesarbeitskampfgesetz müsste den verfassungsrechtlichen Schranken entsprechen. Unabhängig davon, ob es sich bei den gesetzlichen Regelungen um Ausgestaltungen von oder Eingriffe in Art. 9 Abs. 3 GG handelt, könnten diese jedenfalls dann verfassungsrechtlich zulässig sein, wenn sie dem Schutz kollidierender Verfassungsgüter dienen.

Die Länder können also ihr eigenes Arbeitskampfrecht gestalten. Die Gefahr eines *„föderalen Flickenteppichs“*[409] kann aus Gründen des Wettbewerbs der Länder untereinander in Kauf genommen werden. Hätte der Gesetzgeber dies

---

408 *Scholz*, in: Maunz/Dürig, GG, Art. 9 Rn. 365.

409 *Löwisch/Rieble*, TVG, Grundlagen Rn. 79.

verhindern wollen, hätte er das Arbeitskampfrecht in den Katalog des Art. 73 GG aufnehmen müssen. Da er dies nicht gemacht hat, ergibt sich das Risiko divergierender Arbeitskampfgesetze schon aus der Verfassung.[410] Auch bei Arbeitskämpfen, die sich über die Grenzen Deutschlands hinweg auswirken, müssen sich die Tarifvertragsparteien auf unterschiedliche Arbeitskampfregelungen einstellen.[411] Ein Land kann sich durch eine klare Gesetzgebung einen erheblichen Vorteil gegenüber seinen Nachbarn verschaffen, der wegen der Freizügigkeit innerhalb Deutschlands und auch der EU umfassend genutzt werden kann. Die Globalisierung hat bei der Standortwahl zu einer Veränderung der Entscheidungskriterien geführt.[412] Investitionen in neue Betriebsstätten oder Arbeitsplätze werden zunehmend weniger von regionalen Emotionen abhängig gemacht, sondern werden dort getätigt, wo dauerhafte Gewinnchancen erwartet werden. Maßgebliche Kriterien sind unter anderen die politische und wirtschaftliche Stabilität sowie die Rechtslage, die ein Standort bieten kann.[413] Unmittelbar kann der Gesetzgeber nur die Rechtslage gestalten, da die anderen Faktoren stets mit äußeren Umständen korrelieren, die sich zum großen Teil dem Einflussbereich der Legislative entziehen. Der Landesgesetzgeber ist demnach gut beraten, klare Vorgaben und Leitlinien für das Arbeitskampfrecht zu schaffen. Zwar stehen die resultierenden Vorteile, die der Wettbewerbsföderalismus mit sich bringt, naturgemäß im Widerstreit mit der Gefahr der Zersplitterung der Rechtsordnung.[414] Dieser Konflikt ist aber zu Gunsten der bestehenden Chancen zu entscheiden.

---

410 *Löwisch/Rieble*, TVG, Grundlagen Rn. 79.

411 Ebd.

412 *Rüthers*, NZA 2010, 6 (8).

413 Ebd.; Dies zeigt sich deutlich auch an den unterschiedlichen Steuergesetzen, die die Standortwahl maßgeblich beeinflussen. So bspw. in den Ländern Irland oder Luxemburg, die dadurch zu attraktiven Betriebsstätten für die gesamte EU geworden sind.

414 *Löwisch/Rieble*, TVG, Grundlagen Rn. 79.

§ 3: Regelungsansätze und konkrete Vorschläge

Eine landesgesetzliche Regelung sollte unter Beachtung der in § 2 dargestellten rechtlichen Anforderungen die in § 1 skizzierten bestehenden Unsicherheiten möglichst beseitigen und durch eine umfassende Regelung die Rahmenbedingungen setzen. Erforderlich ist dazu ein Gesetz, das das Kräftegleichgewicht zwischen den Tarifvertragsparteien sichert und dadurch einen Mehrwert im „*Labyrinth des Arbeitskampfrechts*“[415] bietet. Denn gerade in der freien Marktwirtschaft kommt einem gesetzgeberischen Ordnungsrahmen, der Werte und Orientierung vorgibt, eine wichtige Funktion zu.[416]

Eine klare Gestaltung des Arbeitskampfrechts kann zu einem attraktiven Standortvorteil führen, von dem die jeweiligen Bundesländer profitieren. Ein Gesetz kann dazu beitragen, die Rechtssicherheit zu erhöhen und eine Befriedung der Tariflandschaft zu erreichen. Zudem kann sowohl die Gefahr von Drittschäden verringert werden, als auch kann die Zufriedenheit der Bevölkerung insgesamt erhöht werden.

A. Ausgestaltungsalternativen von landesgesetzlichen Regelungen

Will man eine Arbeitskampfordnung erstellen, bieten sich zwei verschiedene Anknüpfungspunkte: Zum einen kann auf das aus einem Arbeitskampf resultierende Ergebnis Einfluss genommen werden, zum anderen kann schon der Prozess geregelt werden.

Bei der ersten Möglichkeit werden die erzielbaren Ergebnisse eingeschränkt, der Gesetzgeber greift also ein, indem er den Rahmen festlegt, in dem das Ergebnis liegen kann. Die Legislative nimmt folglich materielle Wertungen vor und regelt konkrete Inhalte.

Bei der anderen Möglichkeit nimmt der Gesetzgeber auf den Prozess Einfluss und lässt das jeweilige Ergebnis unberührt. Durch formelle Regelungen soll das Verhandlungsgleichgewicht der Parteien so gewährleistet sein, dass davon ausgegangen werden kann, dass das gefundene Ergebnis für beide tragbar ist.

---

415 *Richardi*, NJW 1983, 1305 (1306).

416 *Fischer*, RdA 2009, 287 (288).

Er schafft einen Ordnungsrahmen, der den Parteien die Ausübung ihrer durch Art. 9 Abs. 3 GG garantierte Koalitionsfreiheit sichert.[417]

Mit der grundgesetzlich gewährleisteten Koalitionsfreiheit jedenfalls vereinbar ist der zweite Weg. Denn den Tarifvertragsparteien obliegt die Regelung ihrer Arbeits- und Wirtschaftsbedingungen grundsätzlich ohne staatliche Einflussnahme. Gibt der Gesetzgeber aber das zu erzielende Ergebnis eines Tarifvertrags vor, so greift er in massiver Weise in Art. 9 Abs. 3 GG ein. Es wäre bei der ersten Möglichkeit folglich für jede einzelne Regelung zu prüfen, ob die Koalitionsfreiheit verletzt oder die Regelung von den Schranken des Art. 9 Abs. 3 GG gedeckt ist.

Beschränkt sich der Gesetzgeber indes wie beim zweiten Weg auf prozedurale Regeln, die das – auch vom Bundesverfassungsgericht eingeforderte – Gleichgewicht der Gegenspieler sichern, wird die Koalitionsfreiheit der Sozialpartner nicht durch weitere Eingriffe des Gesetzgebers beeinflusst.[418] Nichtsdestotrotz muss im Einzelfall geprüft werden, ob es sich dabei um eine bloße Ausgestaltung oder einen rechtfertigungsbedürftigen Eingriff in die Koalitionsfreiheit handelt.[419]

B. Inhaltliche Anforderungen an ein Landesarbeitskampfgesetz

Zur Verdeutlichung soll nochmals klargestellt werden, dass im besten Falle ein Zurückgreifen auf das Gesetz nicht notwendig sein sollte. Nach richtiger Auffassung des Bundesarbeitsgerichts sollen die Tarifvertragsparteien bilaterale Arbeitskampfordnungen festlegen, in denen sie die für sich geltenden Kriterien niederschreiben und sich ihnen unterwerfen.[420] Denn: Zum einen sind von den Parteien selbst verfasste Regelwerke stets von einer höheren Akzeptanz begleitet und zum anderen kann dadurch der jedem Gesetz anhaftende Makel seiner abstrakt-generellen Gültigkeit überwunden und die für den konkreten Fall erforderlichen und sinnvollen Regelungen getroffen werden.[421] Die Erfahrung zeigt jedoch, dass trotz vielzähliger tariflicher Arbeitskampfordnungen wieder

---

417 *Lesch*, Ökonomik des Arbeitskampfrechts, S. 22.

418 Ebd.

419 Siehe dazu § 2 B. II. 2., Seite 73.

420 BAG Urteil v. 10.6.1980 – 1 AZR 822/79 = AP GG Art. 9 Arbeitskampf Nr. 64.

421 *Löwisch*, ZfA 1985, 53 (69).

häufiger Arbeitskämpfe auftreten und zudem wenig Anreiz für die Parteien besteht, in den Vereinbarungen negative Folgen für Dritte zu vermeiden.[422]

Ein Landesarbeitskampfgesetz sollte möglichst davon absehen, allgemeine arbeitskampfrechtliche Grundlagen aufzunehmen. Die Regelungen sollten vielmehr konkrete formelle Voraussetzungen und materielle Inhalte vorsehen, die für die Koalitionsparteien Rechtssicherheit und einfache Handhabung bieten. Würden abstrakt-generelle Grundsätze, wie das Verhältnismäßigkeits- oder Paritätsprinzip, kodifiziert, wären wiederum die Gerichte berufen, diese für den konkreten Fall anzuwenden und auf eine niedrigere Abstraktionsstufe zu bringen.[423] Der tatsächliche Nutzen für die Tarifvertragsparteien wäre denkbar gering, wenn sie wie bisher vor allem auf die Auslegung durch die Rechtsprechung angewiesen wären.

Vorrangige Ziele eines Landesarbeitskampfgesetzes sind also, unnötige Arbeitskämpfe zu vermeiden und kampffreie Lösungswege zu fördern. Für den Fall eines Arbeitskampfs müssen den Tarifvertragsparteien klare Verfahrensvorschriften an die Hand gegeben werden, die den Charakter des Arbeitskampfs als kollektives Instrument in den Vordergrund stellen und zugleich die negativen Folgen von Arbeitskämpfen auf ein vertretbares Maß beschränken.

C. Konkrete Inhalte eines Landesarbeitskampfgesetzes

I. Regelung der Tarifeinheit

Seit der Rechtsprechungsänderung des Bundesarbeitsgerichts im Jahr 2010 können in einem Betrieb mehrere Tarifverträge nebeneinander uneingeschränkt gelten.[424] Bis dahin hielten sich die obersten Gerichte an den vom Bundesarbeitsgericht bereits im Jahr 1957 entwickelten Grundsatz der Tarifeinheit, der in einem Betrieb grundsätzlich nur einen Tarifvertrag bestehen ließ und indirekte Tarifkollisionen nach dem Spezialitätsprinzip bzw. dem Prinzip der Sachnähe löste.[425] An dieser Rechtsprechung wurde von Seiten der Literatur seit jeher Kritik geübt[426], dennoch hat sich der Zehnte Senat erst im Jahr 2010 dazu durchgerungen, von der bisherigen Rechtsprechung Abstand zu nehmen.[427]

---

422 *Lesch*, Ökonomik des Arbeitskampfrechts, S. 97.

423 *Franzen/Thüsing/Waldhoff*, Arbeitskampf in der Daseinsvorsorge, S. 88 ff.

424 *Rieble*, Verfassungsfragen der Tarifeinheit, S. 17.

425 Ebd., S. 15.

426 Statt aller *Jacobs*, Tarifeinheit und Tarifkonkurrenz, 1999, 412 ff m.w.N., zustimmend: *Buchner*, in: Festschrift 50 Jahre BAG (2004), S. 631 (637ff.); ders., ZfA 2004, 229 (246ff.)., *Hromadka*, in: Gedächtnisschrift Heinze, 2005, S. 383ff.

427 BAG Beschluss v. 23.6.2010 – 10 AS 2/10 = NZA 2010, 778.

Zwar wurde die Rückkehr zum Gesetzestext des § 4 Abs. 1 Satz 1 TVG von vielen Seiten begrüßt, es wurden aber zugleich Bedenken losgetreten, dass es zu einer Zersplitterung der Tariflandschaft komme oder Arbeitskämpfe überhandnähmen. Sogleich wurde der Ruf nach dem Gesetzgeber laut, der die Tarifeinheit gesetzlich regeln und verbindlich festschreiben sollte. Befürworter der Rechtsprechungsänderung waren hingegen über den gesteigerten Wettbewerb zwischen den Gewerkschaften und die Schwächung der Monopolgewerkschaften erfreut.[428]

1. Zweckmäßigkeitserwägungen

Eine gesetzliche Regelung der Tarifeinheit im Betrieb könnte eine unverhältnismäßige Kumulation von Arbeitskämpfen verhindern.[429]

Die Tarifpluralität erhöht die Arbeitskampfgefahr, da sich der Arbeitgeber in mehreren nebeneinanderstehenden und sich überschneidenden Tarifverträgen binden kann und er daraus resultierend auch mehreren Tarifauseinandersetzungen ausgesetzt sein kann.[430]

a. Befürwortende Argumente

Gelten in einem Betrieb mehrere Tarifverträge nebeneinander, so sind die jeweiligen Koalitionspartner auch zu Arbeitskämpfen berechtigt. Diese können sowohl nacheinander als auch zeitgleich auftreten, da die aus den Tarifverträgen resultierenden Friedenspflichten relativ wirken und eine Gewerkschaft nicht aus einem anderen Tarifvertrag zum Frieden verpflichtet werden kann.[431] Der Arbeitgeber sieht sich demnach einer gewachsenen Anzahl von möglichen Arbeitskämpfen ausgesetzt, die seine unternehmerische Betätigungsfreiheit maßgeblich beeinträchtigen können. Im Extremfall könnte sich der Arbeitgeber in einer andauernden Verhandlungsphase mit drohenden Arbeitskämpfen befinden, die das Verhandlungsgleichgewicht massiv beeinträchtigen würden.[432] Diese Bedrohung könnte sogar zu einer Handlungspflicht des Gesetzgebers führen, um die Tarifautonomie in ihrem Bestand zu sichern, da anderenfalls irreversible Schäden angerichtet würden, sowohl gesellschaftlicher als auch ökonomischer

---

428 *Sachverständigengutachten*, S. 299.

429 Ebd., S. 124.

430 *Rieble*, Verfassungsfragen der Tarifeinheit, S. 122.

431 BeckOKArbR/*Waas/Giesen*, § 1 TVG Rn. 64 ff, *Löwisch/Rieble*, TVG, § 1 Rn. 376.

432 *Meyer*, NZA 2006, 1387 (1390).

Natur.[433] Sollten sich die Arbeitskämpfe tatsächlich in der befürchteten Weise ausweiten, wäre dies mit negativen Folgen für Arbeitnehmer, Arbeitgeber und die deutsche Wirtschaft verbunden.[434]

Auch weist die Literatur auf die Gefahr höherer Tarifabschlüsse hin, die die verbleibende Verteilungsmasse reduzieren und auf die Dauer der Zeit gesehen einen Stellenabbau nach sich ziehen können.[435] Insbesondere sog. Spezialisten in Schlüsselpositionen könnten für sich häufig höhere Tarifabschlüsse erreichen, da der Arbeitgeber auf deren Leistung zwingend angewiesen ist. Dies alles könne zu einer erheblichen Störung des Betriebsfriedens führen, sowohl innerhalb der Belegschaft als auch gegenüber dem Arbeitgeber. Gerade Arbeitnehmer, die nicht zur sog. Funktionselite gehören, können durch die Tarifpluralität benachteiligt werden, da die Verteilungsmasse möglicherweise zu ihren Lasten verringert wird.[436] Die neu aufgetretenen Spartengewerkschaften vertreten nicht ohne Grund zumeist die Interessen von hochqualifizierten Spezialisten, wohingegen sich das Engagement der Massengewerkschaften bei Arbeitnehmern in einfachen Tätigkeiten reduziert.[437]

Als weiterer Vorteil der Tarifeinheit wird die Praktikabilität des Rechts angeführt. Die Anwendung des Grundsatzes der Tarifeinheit habe zu einer rechtssicheren und klaren Anwendung des Rechts geführt, was *„einen Wert an sich"* darstelle.[438]

Für die Tarifeinheit wird zudem angeführt, dass die bestehenden Arbeitskampfmittel der Arbeitgeberseite keine sinnvollen Instrumente für die aktuelle Arbeitskampfrealität mit Tarifpluralität mehr böten, da diese als Reaktion auf die Arbeitsniederlegung durch kleine Spartengewerkschaften untauglich seien.[439]

Eine weitere Frage, die sich durch die Aufgabe des Grundsatzes der Tarifeinheit stellt, ist die Verteilung des Arbeitskampfrisikos. Nach der Rechtsprechung des Bundesarbeitsgerichts ist der Arbeitgeber bei einer rechtmäßigen Arbeitsniederlegung im selben Betrieb nicht zur Entgeltleistung an Nicht- oder Andersorganisierte verpflichtet, selbst wenn diese ihre Arbeitsleistung anbieten.[440] Das wird damit begründet, dass auch diese durch den potentiellen besseren

433 *RWI Essen*, S. 43.
434 Ebd.
435 *Sachverständigengutachten*, S. 301.
436 *Giesen*, NZA 2009, 11 (15), *Rieble*, ZAF 2 und 3/2005, 218 (222).
437 Ebd.
438 *Meyer*, NZA 2006, 1387.
439 *Fritz/Meyer*, NZA-Beil. 2010, 111 (114).
440 *Löwisch*, RdA 2010, 263 (266).

Tarifabschluss profitieren würden. Bei konsequenter Anwendung der Rechtsprechung zum Arbeitskampfrisiko führe seit dem Ende der Tarifeinheit ein Streik von Funktionseliten zur Entgelteinbuße der restlichen Belegschaft.[441] Dieses Ergebnis sei nicht hinnehmbar. Zu denken sei deswegen daran, den Arbeitgeber dennoch zur Lohnzahlung an die Nicht- und Andersorganisierten zu verpflichten.[442]

b. Ablehnende Argumente

Die Abkehr von der Tarifeinheit ist zum einen Ausdruck des zunehmenden Wandels von Gesellschaft und Wirtschaftsleben. Zum anderen wird sie als Stärkung der Koalitionsfreiheit verstanden. Denn die Tarifeinheit im Betrieb führt zu einer Zwangssolidarisierung der Belegschaft.[443] Zwar soll das Tarifvertragsrecht eine umfassende Interessenvertretung möglichst aller organisierten Beschäftigten garantieren, dass dies aber wegen der durchaus bestehenden und berechtigten Unterschiedlichkeiten der Berufsgruppen nicht immer der Realität entspricht, ist unvermeidbar.

Die Anwendung des Grundsatzes der Tarifeinheit stößt auf erhebliche verfassungsrechtliche Schwierigkeiten.[444] Gruppenspezifische Sonderinteressen könnten dabei nicht hinreichend berücksichtigt werden, wie dies durch die Gründung von Klein- und Spartengewerkschaften gerade möglich sei. Denn durch die autonome Wahrnehmung ihrer eigenen Tarifinteressen können spezifische Belange wirkungsvoller vertreten werden.

Die Gefahr von fortwährenden Tarifverhandlungen hat sich in den vergangenen Jahren als nicht im befürchteten Ausmaß begründet erwiesen. Selbst wenn durch die Zulassung von Spartentarifverträgen mehr Kampfpotential besteht, so führen Arbeitskämpfe doch immer auch zu einem Entgeltrisiko bzw. sogar -ausfall für die Beschäftigten.[445] Auch den kleineren Gewerkschaften ist freilich an einem gedeihlichen Miteinander im Arbeitsleben gelegen, weswegen auch sie nicht mehr Kämpfe, als aus ihrer Sicht zwingend erforderlich, führen, belastet doch jeder Arbeitskampf das Betriebsklima.

---

441 *Von Steinau-Steinrück/Brugger*, NZA-Beil. 2010, 127 (132).

442 Ebd.

443 Ebd.

444 *Greiner*, NZA 2007, 1023 (1025 f.) m.w.N., *Löwisch*, RdA 2010, 263 (264), *Löwisch/Rieble*, TVG, § 4 Rn. 309.

445 *Rieble*, Verfassungsfragen der Tarifeinheit, S. 135.

2. *Stellungnahme*

Auch wenn die Tarifpluralität die Unternehmen vor „*Herausforderungen*“[446] stellt, ist eine Kodifizierung der Tarifeinheit nicht wünschenswert, unabhängig von deren verfassungsrechtlicher Zulässigkeit.

Zwar vereinfacht die Regelung „Ein Betrieb – Ein Tarifvertrag“ unbestreitbar sowohl die praktische Umsetzung, als auch gewährt sie ein hohes Maß an Rechtssicherheit. Sie ist jedoch unfreiheitlich und beschneidet die Rechte kleinerer Gewerkschaften unverhältnismäßig.[447] Denn Mitglieder der unterlegenen Gewerkschaft werden bei Anwendung der Grundsätze über die Tarifeinheit vom eigenständigen Tarifschutz ausgenommen.[448]

Der Pluralismus der Gewerkschaften führt zu einer Wettbewerbssteigerung, derer man sich nicht verwehren darf. Art. 9 Abs. 3 GG schützt nicht vor Gewerkschaftskonkurrenz.[449] Ebenso wenig ergibt sich aus der Verfassung eine staatliche Pflicht, den Betriebsfrieden durch Ruhigstellung der Kleingewerkschaften zu gewährleisten. Die Heterogenität der verschiedenen Interessen lässt deren sachgerechte Vertretung in einer Großgewerkschaft nicht immer verwirklichen.[450]

Insbesondere ist auch eine Neuverteilung des Arbeitskampfrisikos nicht erforderlich. Die oben angeführte Doppelbelastung des Arbeitgebers durch Lohnfortzahlung an die Nicht- und Andersorganisierten im Fall eines Spartenarbeitskampfs führt zwar zu unbefriedigenden Ergebnissen. Gleiches gilt genauso für einen ersatzlosen Lohnausfall derjenigen, die vom umkämpften Tarifvertrag keinerlei Nutzen ziehen würden, im Zweifel sogar benachteiligt werden, wenn durch einen höheren Tarifabschluss der Spezialistengewerkschaft die Verteilungsmasse zu Lasten der übrigen Arbeitnehmer verringert wird. Zudem schwächt der Arbeitskampf sowohl alle im Betrieb Beschäftigten durch den Entgeltausfall, als auch den Arbeitgeber durch die Leistungsstörung. Eine Gewerkschaft, die durch den vorangegangenen Arbeitskampf einer anderen Gewerkschaft bereits geschwächt ist, kann ihren eigenen Tarifkonflikt nur mehr mit verminderten Ressourcen angehen.[451]

---

446 *Schmidt*, NZA-Beil. 2012, 123.

447 *Rieble*, Bundesarbeitsgericht kippt Tarifeinheit, online abrufbar unter http://www.haufe.de/personal/arbeitsrecht/bundesarbeitsgericht-kippt-tarifeinheit_76_68756.html.

448 Ebd.

449 *Lesch/Petters*, Wirtschaftsdienst.

450 *Haucap*, Wirtschaftsdienst.

451 *Rieble*, ZAF 2 und 3/2005, 218 (222 f.).

Diese beschriebenen Wirkungen sind aber nicht zwingend. Zum einen bedarf es keiner Neuverteilung des Arbeitskampfrisikos, da die Tarifpluralität dieses unberührt lässt. Denn das Arbeitskampfrisiko, das die Folgen eines Arbeitskampfes auf Arbeitgeber und Arbeitnehmer verteilt, wird vom Paritätsprinzip getragen. Die Verteilung auf beide Schultern ist erforderlich, um ein Kampfgleichgewicht und ein effektives Arbeitskampfsystem zu gewährleisten.[452] Dies hat sich aber durch die Loslösung vom Grundsatz der Tarifeinheit nicht verändert. Die Lehre vom Arbeitskampfrisiko kann bei echter Tarifpluralität unverändert beibehalten bleiben.

Allerdings könnten sich praktische Probleme für die Arbeitsverwaltung bei der Gewährung von Lohnersatzleistungen in Form von Arbeitslosengeld oder Kurzarbeitergeld stellen. Zwar ist der Anspruch dem Grunde nach wohl gegeben, da die Lohnersatzleistungen anders als das Arbeitskampfrisiko dem Partizipationsgedanken Rechnung tragen. Die Arbeitnehmer, die resultierend aus dem Arbeitskampf einer anderen Gewerkschaft keinen Lohn beziehen, erhalten dann Lohnersatzleistungen von der Arbeitsverwaltung gem. § 160 Abs. 3 SGB III, wenn sie nicht vom erkämpften Tarifvertrag profitieren.[453] Die Bundesagentur für Arbeit müsste aber für jeden einzelnen Fall die individuelle Betroffenheit des Arbeitnehmers feststellen und die konkrete Bezugnahmeklausel prüfen. Es steht zu befürchten, dass dies zu einem immensen Bürokratieaufwand führen wird, der gepaart mit der massiven Zusatzbelastung durch vermehrte Anwendungsfälle, sich im Ergebnis auf die Beitragszahlungen der Versicherten niederschlagen könnte.[454]

Die Tarifpluralität und die sich daraus ergebenden Konsequenzen sollten nicht durch eine Kodifizierung der Tarifeinheit beseitigt werden. Vielmehr bedarf es einer folgenorientierten Lösung im Arbeitskampfrecht.[455] Denn die dramatischten Konsequenzen des Wandels hin zu einem tarifpluralen System zeigen sich dort, da das Risiko von „Dauerarbeitskämpfen" nicht von der Hand zu weisen ist.[456]

---

452 *Schmidt*, NZA-Beil. 2012, 123 (127), noch bezogen auf die Vorgängervorschrift § 146 Abs. 3 SGB III.

453 *Schmidt*, NZA-Beil. 2012, 123 (127).

454 *Von Steinau-Steinrück/Brugger*, NZA-Beil. 2010, 127 (132).

455 *Henssler*, RdA 2011, 62 (71 f.), *Rieble*, Bundesarbeitsgericht kippt Tarifeinheit, online abrufbar unter http://www.haufe.de/personal/arbeitsrecht/bundesarbeitsgericht-kippt-tarifeinheit_76_68756.html.

456 *Greiner*, Rechtsfragen, S. 426.

Um der Gefahr aufeinander folgender Arbeitskämpfe und resultierenden volkswirtschaftlichen Schäden ungewissen Ausmaßes effektiv zu begegnen, können verschiedene Lösungswege beschritten werden, die im Folgenden aufgezeigt und bewertet werden.

II. Regelung zur Synchronisierung von Arbeitskämpfen

1. Zweckmäßigkeitserwägungen

Durch die momentane Rechtslage wird bei Anwendung der bisherigen arbeitskampfrechtlichen Grundsätze die Bedeutung der Friedenspflicht entwertet.[457] Sowohl der Arbeitgeber als auch das Tarifvertragssystem als solches befinden sich unter einer permanenten Bedrohung durch Tarifkonflikte. Gerade die Planungssicherheit der Arbeitgeberseite, die aus dem Tarifabschluss resultierte und bislang einen wichtigen Anreiz und Beweggrund darstellte, überhaupt Tarifverträge zu schließen, ist entfallen.[458] Denn der Abschluss eines Tarifvertrags führt seit der Aufgabe des Grundsatzes der Tarifeinheit nicht mehr zwangsläufig zu einer Befriedung, sondern es bietet sich noch Raum für weitergehende Forderungen einer anderen Gewerkschaft zum selben Regelungsbereich.[459] Eine Erstreckung der Friedenspflicht auf andere Gewerkschaften würde dem Grundsatz der Relativität der Friedenspflicht diametral entgegenstehen und zudem eine Entwertung der Arbeitskampffreiheit der anderen Gewerkschaften nach sich ziehen. Darüber hinaus würde diese Lösung faktisch wieder zur Tarifeinheit führen, denn der Arbeitgeber könnte durch schnellen Tarifabschluss mit einer Gewerkschaft den Abschluss mit einer anderen verhindern.[460] Es stellt sich daher die Frage, ob durch eine zeitliche und/oder inhaltliche Koordinierung pluraler Arbeitskämpfe[461] dem rechtlichen anerkennenswerten Interesse der Arbeitgeberseite, sich vor andauernden Tarifforderungen zu schützen, entsprochen werden kann. Die Mehrheitsgewerkschaft könnte durch den Beginn ihrer Tarifverhandlungen einen Zeitkorridor eröffnen, innerhalb dessen die anderen Gewerkschaften ausschließlich berechtigt sind, ihrerseits Tarifverhandlungen durchzuführen.[462] Außerhalb dieses Zeitfensters begonnene Arbeitskämpfe

457 *Franzen*, RdA 2008, 193 (204).
458 *Franzen*, RdA 2008, 193 (201).
459 *Franzen*, RdA 2008, 193 (201).
460 *Giesen*, NZA 2009, 11 (14).
461 *Greiner*, Rechtsfragen, S. 427.
462 *Greiner*, Rechtsfragen, S. 448 f.

wären dann rechtswidrig, weil unverhältnismäßig.[463] Maßgeblich soll dabei der angestrebte Tarifabschluss sein, der mitgliedschaftlich am stärksten legitimiert wäre.[464]

a. Befürwortende Argumente

Durch eine Synchronisierung von Tarifverhandlungen und Arbeitskämpfen könne dem „Zermürbungseffekt" von andauernden Konflikten wirksam entgegen getreten werden.[465] Durch diese Parallelität der Tarifverhandlungen könne der Arbeitskampfdruck in zeitlicher Hinsicht vermindert werden.[466] Daneben wird als Argument angeführt, dass es die Ordnungsfunktion eines Tarifvertrags ohnehin erfordere, dass sich mehrere Tarifparteien derselben Seite untereinander abstimmen, um durch sinnvolle Gestaltung der Arbeits- und Wirtschaftsbedingungen zu einer Befriedung der Arbeitsverhältnisse beizutragen.[467]

Darüber hinaus könnte noch zusätzlich eine inhaltliche Abstimmung der zeitgleich stattfindenden Arbeitskämpfe gefordert werden. *Kamanabrou* erachtet eine gegenständliche Koordinierung der Arbeitskampfmaßnahmen für angezeigt, da Streiks unterschiedlicher Gewerkschaften in der Summe die Verhältnismäßigkeit überschreiten könnten und nur anhand einer Gesamtbetrachtung entschieden werden könne, ob die Arbeitskämpfe rechtmäßig seien.[468] Die inhaltliche Abstimmung sei nach Ansicht von *Meyer* als Nebenpflicht aus dem besonderen verfassungsrechtlichen Schuldverhältnis aus Art. 9 Abs. 3 GG abzuleiten und gewähre den Gewerkschaften einen Anspruch gegen den Tarifkonkurrent auf Respektierung der jeweiligen Koalitionsfreiheit des anderen.[469] Durch die Harmonisierung der Tarifverhandlungen könne das Kräftegleichgewicht trotz Kampfpluralität zu Gunsten der Arbeitgeberseite ausgeglichen werden.

---

463 *Greiner*, Rechtsfragen, S. 448.
464 *Henssler*, RdA 2011, 65 (76).
465 *Franzen*, RdA 2008, 193 (204), *Kamanabrou*, ZfA 2008, 241 (270), *Greiner*, Rechtsfragen, S. 448.
466 *Kamanabrou*, ZfA 2008, 241 (271).
467 *Meyer*, NZA 2009, 993 (994).
468 *Kamanabrou*, ZfA 2008, 241 (274).
469 *Meyer*, NZA 2009, 993 (994).

b. Ablehnende Argumente

Gegen eine Synchronisierung der Tarifverhandlungen wird eingewendet, dass es ausschließlich Sache der Arbeitgeberseite sei, auf parallele Laufzeiten zu drängen und die Tarifverträge zu koordinieren.[470] Ein Eingreifen des Gesetzgebers sei hier nicht erforderlich. Zudem werde durch diese Parallelschaltung die Entscheidungsbefugnis der einzelnen Gewerkschaften stark eingeschränkt.[471] Faktisch müssten die Laufzeiten der Tarifverträge so aufeinander abgestimmt werden, dass der von der maßgeblichen Gewerkschaft abgeschlossene Vertrag die Laufzeit festlegt und alle nachfolgenden Tarifabschlüsse die Spanne als Vorgabe anerkennen müssen.[472] Dies führe im Ergebnis erneut zu einer Unterordnung der vertretenen Gewerkschaften unter den „Haupttarifvertrag". Insgesamt würden sich so die Tarifabschlüsse als weniger flexibel und einzellfallbezogen darstellen, als durch die Tarifpluralität ursprünglich vorgesehen. Durch die Aufgabe des Grundsatzes der Tarifeinheit sollten die Interessen kleinerer Gewerkschaften schließlich massiv gestärkt und die Koalitionsfreiheit der Sparten- und Berufsgruppengewerkschaften aufgewertet werden. Durch die Koordinierung und Parallelisierung der Tarifverhandlungen würde die gewonnene Wettbewerbssteigerung wieder relativiert, da das Streikrecht der kleineren, nicht repräsentativen Gewerkschaften zumindest zeitlich eingeschränkt würde. Zudem würden neue Verhandlungspartner durch diese Lösung massiv beeinträchtigt, da diese erst die nächste Verhandlungsrunde abwarten müssten und bis dahin am Tarifabschluss gehindert wären.[473]

Die Lösung würde schließlich in der Praxis zu sehr unflexiblen Ergebnissen führen, da jede Branche unterschiedliche Arbeits- und Produktionsbedingungen aufweist. Durch eine Synchronisierung der Kampfzeiten würde freilich die Möglichkeit verhindert, durch längere Laufzeiten und damit einhergehender längerer Befriedung der Tarifverhandlungen, höhere Entgelte auszuhandeln.[474] Die flexible Festlegung der Laufzeiten stelle sich in vielen Verhandlungen als wesentliche Stellschraube dar.

---

470 *Henssler*, RdA 2011, 65 (75).

471 *Greiner*, Rechtsfragen, S. 449.

472 *Kamanadrou*, ZfA 2008, 241 (272 f.).

473 Ausnahmen sollen nach *Kamanadrou* nur für die Fälle gemacht werden, in denen die konkrete Gewerkschaft bislang keine tarifvertraglichen Arbeitsbedingungen erlangen konnte, ZfA 2008, 241 (272).

474 *Schwarzwälder*, Machtmissbrauchskontrolle von Streiks selbstständig organisierter Funktionseliten, S. 93.

c. Stellungnahme

Trotz der gravierenden Einschränkung des gewerkschaftlichen Handlungsspielraums,[475] erscheint die Parallelisierung der Tarifverhandlungen als geeignetes Mittel, die Befriedungsfunktion des Tarifvertrags zu sichern und die Arbeitgeberseite vor zu hohen Beeinträchtigungen zu schützen. Die vorgeschlagene Lösung akzeptiert sowohl die Tarif-, als auch die Arbeitskampfpluralität, jedoch nur zu einem einheitlichen Zeitpunkt.[476] Der Ansatz, über eine rein zeitliche Koordinierung hinaus auch eine inhaltliche Abstimmung zu fordern, ist indes abzulehnen. Nicht nur wird durch den Zwang zu einer abgestimmten Tarifpolitik die Koalitionsfreiheit der jeweiligen Gewerkschaften massiv beeinträchtigt. Ferner erscheint die praktische Umsetzung schwierig, wenn konkurrierende oder gar verfeindete Gewerkschaften zur inhaltlichen Abstimmung verpflichtet sein sollen. Durch eine Gesamtschau aller stattfindenden Arbeitskämpfe wird schließlich die Arbeitskampffreiheit der Gewerkschaften entwertet, da jede für sich Trägerin des Grundrechts ist und dieses nicht durch das Verhalten anderer geschmälert werden darf. Zwar ist die Rechtmäßigkeit einer Arbeitskampfmaßnahme stets unter dem Gesichtspunkt der Verhältnismäßigkeit zu beurteilen und bei der Angemessenheit des Mittels konkret für den Einzelfall zu entscheiden, ob es sich als verhältnismäßig im engeren Sinn darstellt. Ein „*modifiziertes Verhältnismäßigkeitsprinzip*“[477], das die Rechtmäßigkeit von pluralen Arbeitskämpfen stets in der Summe aller Maßnahmen bewertet, schränkt die verfassungsrechtliche Gewährleistung aus Art. 9 Abs. 3 GG unangemessen ein.

2. *Verfassungsrechtliche Anforderungen*

Eine gesetzliche Regelung, die Arbeitskämpfe außerhalb eines bestimmten Zeitkorridors als unverhältnismäßig einstuft, verstößt nicht gegen Art. 9 Abs. 3 GG. Die Wahrung der Befriedungsfunktion der Tarifverträge sowie der Schutz der Koalitionsfreiheit der Arbeitgeberseite sind im Rahmen der praktischen Konkordanz höherwertig einzustufen als die Koalitionsfreiheit der Gewerkschaften.[478] Letztere wird durch die angedachte Regelung lediglich in zeitlicher Hinsicht beschränkt, nicht aber endgültig aufgehoben. Die Harmonisierung

---

475 *Greiner*, Rechtsfragen, S. 449.

476 *Carl Friedrich von Weizsäcker-Stiftung*, Tarifpluralität als Aufgabe des Gesetzgebers, S. 31, online abrufbar unter http://www.zukunftderarbeit.eu/cms/upload/PDF/11_026_CFVWS_Monographie_einzel_geschtzt.pdf.

477 *Greiner*, Rechtsfragen, S. 466.

478 *Greiner*, Rechtsfragen, S.449.

der Tarifverträge mit einheitlichen Laufzeiten und einem Korridor, in dem Tarifkonflikte kämpferisch begonnen werden dürfen, ist erforderlich, um das Kampfgleichgewicht bei pluralen Arbeitskämpfen nicht einseitig zu Lasten der Arbeitgeberseite umschlagen zu lassen.[479] Insbesondere erscheint kein milderes, gleich geeignetes Mittel vorhanden. Der der teilweise vertretene Ansatz, die Friedenspflicht solange zu verlängern, wie der Arbeitgeber zu Tarifverhandlungen bereit ist, kann nicht überzeugen, da dadurch das Streikrecht der Gewerkschaften im Ergebnis weitestgehend entwertet würde: Der Arbeitgeber hätte es schließlich in der Hand, über die Rechtmäßigkeit von Arbeitskampfmaßnahmen zu entscheiden, indem er Verhandlungs- und Einigungsbereitschaft vorspiegelt.[480] Zudem muss die Relativität der Friedenspflicht als grundlegender Bestandteil des deutschen Tarifvertragssystems unangetastet bleiben.

3. *Sperrwirkung anderer Regelungen*

Fraglich ist, ob der Landesgesetzgeber eine Regelung zur Koordinierung von Arbeitskämpfen erlassen könnte oder ob ihm die Gesetzgebungskompetenz diesbezüglich durch das Tarifvertragsgesetz entzogen ist. Wie aber unter § 2 B. I. 1. bereits dargelegt,[481] regelt das Tarifvertragsgesetz Umfang und Reichweite der Tarifmacht, nicht aber die arbeitskampfrechtlichen Folgen. Die hier angedachte Regelung lässt die Tarifpluralität unangetastet und greift erst auf der Ebene des Arbeitskampfrechts ein. Das Tarifvertragsgesetz kann somit keine Sperrwirkung entfalten.

Die gesetzliche Einführung eines Zeitkorridors zur Durchführung von Arbeitskämpfen könnte aber gegen die ESC verstoßen.

Zwar anerkennt die ESC in ihrem Teil II Art. 6 Nr. 4 das Streikrecht als wirksame Ausübung des Rechts auf Kollektivverhandlungen. Dies steht aber explizit unter der Einschränkung des Art. 31 ESC, in dem eine Beschränkung des Streikrechts zum Schutze von Rechten Dritter zugelassen ist. Wie bei Art. 9 Abs. 3 GG ist auch hier eine Abwägung der kollidierenden Rechte erforderlich, so dass das auf das oben Gesagte Bezug genommen werden kann.

4. *Formulierungsvorschlag*

„Ist der Arbeitgeber an mehrere Tarifverträge verschiedener Gewerkschaften gebunden, so sind alle Tarifverhandlungen gleichzeitig mit den Verhandlungen der

---

479 *Kamanabrou*, ZfA 2008, 241 (280).

480 *Greiner*, Rechtsfragen, S. 454.

481 Vgl. dazu

am stärksten repräsentierten Gewerkschaft zu führen. Arbeitskämpfe, die außerhalb dieses Zeitkorridors begonnen werden, sind unverhältnismäßig.“

III. Regelung einer Schlichtungsobliegenheit für beide Koalitionspartner

1. Zweckmäßigkeitserwägungen

Beinahe jeder Arbeitskampf belastet sowohl die Tarifvertragsparteien als auch die Allgemeinheit. Nicht nur wegen der materiellen Schäden muss allen Beteiligten (und insbesondere auch der nur mittelbar beteiligten Allgemeinheit!) daran gelegen sein, Tarifkonflikte ohne Kampfmaßnahmen zu lösen und eine gütliche Einigung herbeizuführen. Taugliches Instrument zur Vermeidung von Arbeitskämpfen könnte die Einführung einer Schlichtungsregelung sein.

Auch wenn der *Große Senat* des Bundesarbeitsgerichts die Notwendigkeit eines Schlichtungsverfahrens als Ausprägung des ultima ratio Prinzips bereits in seiner Entscheidung aus dem Jahr 1971 festgelegt hat, halten sich weder Tarifvertragsparteien noch Rechtsprechung bislang daran.[482] Es wäre folglich am Gesetzgeber, für die Einhaltung des ultima ratio Prinzips zu sorgen. Die oben genannten Regelungen zum Schlichtungsverfahren haben ihrer Funktion zur Wahrung dieses Grundsatzes bislang nicht Genüge getan. Das KRG Nr. 35, das vorsieht, dass beide Parteien das Schlichtungsverfahren einfordern, ist nur ein recht stumpfes Schwert.[483]

a. Ablehnende Argumente

Gegen die Einführung eines obligatorischen Schlichtungsverfahrens werden verschiedene Argumente vorgebracht. Die verpflichtende Schlichtung führe zweifellos zu einem Autonomieverlust der Parteien.[484] Das Wissen um die Pflicht zur Schlichtung solle die Einigungsbereitschaft der Parteien im Vorfeld verringern.[485] Denn: Wer weiß, dass es ohnehin zum Schlichtungsverfahren kommt, solle demnach weniger geneigt sein, vor der Schlichtung eine Einigung erreichen zu wollen.

Des Weiteren wird angeführt, dass die verpflichtende Schlichtung nur in den seltensten Fällen von Erfolg gekrönt sein dürfte. Zum einen könne sie nur dann funktionieren, wenn beide Parteien ein ernsthaftes Interesse an der gütlichen

---

482 *Löwisch*, ZAAR-Schriftenreihe Band 2, S.36 (40).

483 Vgl. dazu § 1B. I. 3.b (1).

484 *Lesch*, Ökonomik des Arbeitskampfrechts, S. 66.

485 *Gamillscheg*, KollArbR I, S. 1151.

Streitbeilegung hätten. Ist dies der Fall, bedürfe es keines gesetzlich vorgeschriebenen Verfahrens. Zum anderen erscheine es fraglich, ob denn ein unbeteiligter Dritter, wie es ein Schlichter jedenfalls sein sollte, Lösungsvorschläge und Varianten vorbringen kann, die die beiden Parteien bislang noch nicht bedacht haben.[486] Hinzu komme, dass durch die vorgeschaltete Schlichtung ein Arbeitskampf nicht verhindert, sondern lediglich verzögert werde. Der dann gewonnene Nutzen rechtfertige weder den zeitlichen noch finanziellen Aufwand, den ein Schlichtungsverfahren mit sich bringt.[487]

b. Befürwortende Argumente

Diesen Argumenten kann aber mit stichhaltigen Punkten widersprochen werden. Zwar mag die Gefahr bestehen, dass die Einigungsbereitschaft der Parteien leidet und das Schlichtungsverfahren lediglich als leidvolle Pflichtübung absolviert wird. Diese ist aber in Anbetracht der berechtigten Hoffnung auf eine kampffreie Lösung in Kauf zu nehmen. Das Schlichtungsverfahren sei jedenfalls geeignet, den zeitlichen Ablauf im Tarifkonflikt zu beeinflussen. Durch die Aufnahme der Schlichtungsverhandlungen werde der mögliche Beginn der Kampfmaßnahmen im besten Fall derartig verzögert, dass sich die erhitzte Stimmung beruhigt und ein erneuter Anlauf zur kampflosen Lösung unternommen wird.[488] Zudem ermögliche die gesetzliche Schlichtungsregelung die Inanspruchnahme des gütlichen Zusammenkommens ohne Gesichtsverlust. Denn die Anrufung einer freiwilligen Schlichtungsstelle werde häufig als Zeichen der Schwäche interpretiert. Wer sich stark genug fühlt, den bevorstehenden Kampf für sich zu entscheiden, habe vermeintlich keine Veranlassung, auf eine gütliche Einigung zu drängen.[489]

c. Stellungnahme

Die Einführung einer gesetzlichen Schlichtungsregelung erscheint als geeignetes Mittel zur Konkretisierung des ultima ratio Prinzips. Der Arbeitskampf wird jedenfalls hinausgezögert und im besten Fall sogar verhindert. Selbst wenn kein Kompromiss gefunden wird, der für beide Parteien einen gangbaren Weg darstellt, hemmt ein Schlichtungsverfahren unter Umständen die Kampfbereitschaft: Der Schlichter kann eine Machtbegrenzung der Tarifvertragsparteien

---

486 In diesem Sinn: http://www.gegenstandpunkt.com/msz/html/84/84_7/tarif.htm.

487 *Benecke*, Die Arbeitskampffreiheit in der Rechtsprechung des BAG, FS Buchner, S. 103 (106).

488 *Picker*, in: Lieb/v. Stebut/Zöllner, ArbeitskampfR, S. 275.

489 *Leinenweber*, Landesschlichtungsgesetze?, S. 49.

bewirken, indem er überzogenen Forderungen Einhalt bieten kann und eine realistische Einordnung vornimmt. Nimmt eine Partei diesen Vorschlag nicht an und geht in die Kampfphase über, so steht sie unter dem Druck, mehr zu erkämpfen, als durch die friedliche Einigung möglich gewesen wäre.[490] Führt der Arbeitskampf für die kampfführende Partei nicht zu deutlich besseren Ergebnissen, als vom Schlichter vorgeschlagen, sind Vertrauenswürdigkeit und Legitimität der Anführer in Mitleidenschaft gezogen und für künftige Tarifkonflikte belastet.[491] Dazu kommt, dass eine Einigung mittels einer Schlichtung bei den Mitgliedern leichter selbst dann noch vermittelt werden kann, wenn sich im Vorfeld die Fronten bereits verhärtet haben und eine friedliche Einigung nicht mehr möglich erschien. Nicht selten benutzen die unmittelbar Beteiligten die Schlichtung, um Zugeständnisse gegenüber den Mitgliedern ihres Verbands zu rechtfertigen.[492] Denn durch den mit Hilfe eines Schlichtungsspruchs erzielten Kompromiss wird den Mitgliedern signalisiert, dass die gefundene Lösung auch für einen objektiven Dritten vertretbar erscheint und die Kompromissfähigkeit beider Parteien ausgereizt wurde, ohne vorschnell einzulenken.[493]

Hinzu kommt, dass der Schlichter bei getrennten Gesprächen als „vertrauliche Instanz" tätig werden kann, der gegenüber mögliche Zugeständnisse vorgeschlagen werden können, ohne unmittelbar darauf festgelegt zu werden.[494]

Insgesamt besteht eine berechtigte Hoffnung, dass durch ein Schlichtungsverfahren unmittelbar resultierende Schäden und auch Schäden Dritter vermieden werden können.

2. *Verfassungsrechtliche Anforderungen*

a. Unzulässigkeit einer Zwangsschlichtung

Zur konkreten Ausgestaltung können die bereits in § 1 dargestellten Unterschiede zwischen der Zwangsschlichtung und dem Schlichtungszwang herangezogen werden.

Eine staatliche Zwangsschlichtung, also die verbindliche Entscheidung durch den Schlichter, wird nach herrschender Meinung als unzulässig angesehen,[495] da

---

490 *Rieble*, DIE ZEIT vom 22.11.2007, S. 30, abrufbar unter http://www.zeit.de/2007/48/Braucht_das_Streikrecht_Grenzen.

491 *Rieble*, ZAF 2 und 3/2005, 218 (223).

492 *Arnold*, RdA 1996, 356 (363).

493 *Lesch*, Ökonomik des Arbeitskampfrechts, S. 65 f.

494 *Arnold*, RdA 1996, 356 (363).

495 *Leinenweber*, Landesschlichtungsgesetze?, S. 30.

sie nicht mit Art. 9 Abs. 3 GG vereinbar wäre. Durch die zwangsweise Beendigung des Arbeitskampfs durch einen Dritten wird die Autonomie der Sozialpartner aufgehoben[496] und der Staat wird maßgeblich am Zustandekommen von Tarifverträgen beteiligt.[497] Dies ist mit der Neutralitätsverpflichtung des Staats im Arbeitskampf nicht vereinbar.[498] Die Erfahrungen der Weimarer Republik zeigen, dass staatliche Zwangsschlichtungen und tiefgreifende Einflussnahme des Staates auf die Lohnpolitik eine Aushöhlung der Tarifautonomie nach sich ziehen, die nicht nur zur Übertragung der Verantwortung von den Sozialpartnern auf den Staat führen, sondern auch dazu, dass überhöhte Tarifforderungen auf den Schultern des Staates ausgefochten werden.[499] Zudem würde den Koalitionen das Recht zum Arbeitskampf faktisch entzogen, da im Fall einer Zwangsschlichtung dem Staat ja gerade die Befugnis zur Ersetzung der Einigung übertragen wird, so dass zur kämpferischen Durchsetzung der jeweiligen Interessen kein Raum bleibt.[500]

b. Unzulässigkeit eines Schlichtungszwangs

Ein Schlichtungszwang, der die Koalitionen zur Durchführung eines Schlichtungsverfahrens verpflichtet, kann ebenfalls nicht gesetzlich festgeschrieben werden. Die Tarifautonomie setzt auf die Freiwilligkeit der Parteien. Korrespondierend dazu gibt es auch keinen Verhandlungszwang, denn die Tarifautonomie gibt den Parteien das Recht, auch nicht zu verhandeln und somit keine Verträge abzuschließen.[501] Eine gesetzliche Regelung darf aus diesem Grund auch nicht als Schlichtungsverpflichtung der Parteien konzipiert werden. Stattdessen muss die Schlichtung eine Obliegenheit der Tarifvertragsparteien darstellen, mit der Folge, dass nur nach erfolgloser Durchführung eines Schlichtungsversuchs anschließende Kampfmaßnahmen überhaupt rechtmäßig sind.[502] Art. 9 Abs. 3 GG ist ein Freiheitsgrundrecht,[503] aus dem weder ein Anrufungszwang noch ein Einlassungszwang der anderen Partei abgeleitet werden kann. Denn Tarifautonomie

---

496 *Ramm*, NZA 1992, 502.
497 *Leinenweber*, Landesschlichtungsgesetze?, S. 30.
498 *Birk/Konzen/Löwisch/Raiser/Seiter*, Gesetz zur Regelung kollektiver Arbeitskonflikte, S. 20.
499 *Lembke*, RdA 2000, 223 (224).
500 *Leinenweber*, Landesschlichtungsgesetze?, S. 31.
501 *Leinenweber*, Landesschlichtungsgesetze?, S. 53.
502 Ebd.
503 *Dieterich*, RdA 2002, 1 (10 f.)

ist vor allem auch kollektiv ausgeübte Privatautonomie[504], die die maßgeblichen Regelungsinhalte sowie die Wahl der Vertragspartner diesen selbst überlässt.

Es muss jeder Partei zustehen, das staatliche Schlichtungsverfahren in Gang zu setzen, da anderenfalls der Gegner in der Lage wäre durch Verweigerung der Teilnahme den Arbeitskampf rechtswidrig zu machen.

c. Ausnahme für den Bereich der Daseinsvorsorge?

Auch wenn es den Parteien grundsätzlich im Rahmen ihrer Tarifautonomie frei steht, selbstständig tarifvertragliche Schlichtungsvereinbarungen zu treffen und diese auch vorrangig in Anspruch genommen werden sollen, könnten möglicherweise Ausnahmen dazu erforderlich sein.

Im Bereich der Daseinsvorsorge könnten eine staatliche Zwangsschlichtung oder ein Schlichtungszwang verfassungsrechtlich gerechtfertigt sein. Denn das Sozialstaatsprinzip gebietet, dass „lebensnotwendige" Leistungen und Dienste stets zur Verfügung stehen. Kommen die dazu Berufenen dem nicht nach, so müsse nach einer starken Meinung im Schrifttum der Staat für die Erbringung Sorge tragen und den Schiedsspruch verbindlich erklären.[505]

Dem wird entgegengehalten, dass die Zwangsschlichtung einen tiefgreifenden Eingriff in die Tarifautonomie darstelle, der nicht an derart unbestimmten Rechtsbegriffen, wie dem Gemeinwohl, festgemacht werden könne. In der Literatur werden verschiedenste terminologische Anknüpfungspunkte definiert, die eine Zwangsschlichtung rechtfertigen sollen.[506] Eine ausreichende Bestimmtheit kann diesen Abgrenzungsversuchen indes nicht entnommen werden.

Zudem bedarf es einer solchen Beschränkung der Tarifautonomie auch im Bereich der Daseinsvorsorge nicht. Alle Arbeitskämpfe stehen unter dem Vorbehalt des Grundsatzes der Verhältnismäßigkeit. Dieser ist bei Arbeitskämpfen in der Daseinsvorsorge umso mehr gefordert, als dass er Kämpfe in Extremsituationen untersagen muss. Arbeitsniederlegungen, die zu einer erheblichen Gefährdung der Allgemeinheit und nicht hinnehmbaren Schäden für Dritte führen können, sind nicht verhältnismäßig und damit nicht rechtmäßig. Der *Große Senat* des Bundesarbeitsgerichts hat bereits im Jahr 1971 festgestellt, dass durch Arbeitskämpfe das Gemeinwohl nicht offensichtlich verletzt werden dürfe[507]

504 Ebd., 9.

505 *Leinenweber*, Landesschlichtungssgesetze?, S. 34 m.w.N.

506 *Kissel*, Arbeitskampfrecht, § 70 Rn. 29., *Rüthers*, Tarifautonomie und gerichtliche Zwangsschlichtung, S. 32., *Löwisch/Rieble*, Arbeitskampf- und Schlichtungsrecht, 170.1. Rn. 33.

507 BAG GS Beschluss v. 21.4.1971 – GS 1/68 = BAGE 23, 292.

und dies aus dem Verhältnismäßigkeitsgrundsatz abgeleitet.[508] Die Betroffenen können dann im einstweiligen Rechtsschutz eine Unterlassungsverfügung oder einen Abbruch der Kampfmaßnahmen erreichen.[509] Dadurch wird zwar keine Einigung im Tarifstreit erlangt, vorrangiges Ziel ist hier aber die Eindämmung gravierender Schäden.

Auch ein Schlichtungszwang erscheint nicht erforderlich. Die oben vorgeschlagene Regelung sieht eine Schlichtungsobliegenheit der Parteien in allen Fällen vor Arbeitskämpfen vor. Nur nach Durchführung einer Schlichtung sollen Kampfmaßnahmen rechtmäßig sein. Wird eine solche nicht durchgeführt, bleibt bei erheblichen Gefährdungen auch hier die Möglichkeit, eine einstweilige Verfügung zu erlangen. In solchen Fällen ist auch in Zukunft die Judikative berufen, für einen Schutz der Betroffenen zu sorgen und den entgegenstehenden Interessen zu einem gerechten Ausgleich zu verhelfen. Denn weder aus der Gemeinwohlbindung noch aus dem Verhältnismäßigkeitsgrundsatz kann ein absolutes Arbeitskampfverbot im Bereich der Daseinsvorsorge abgeleitet werden.[510]

d. Besetzung der Schlichtungsstelle

Um die Kompromissbereitschaft der Parteien zu erhöhen und ein geordnetes Verfahren zu gewährleisten, ist die Installierung eines Vorsitzenden bei der Schlichtungsstelle sinnvoll.[511] Nach dem Vorbild Nordrhein-Westfalens erscheint die Ansiedlung des Landesschlichters bei der obersten Landesarbeitsbehörde als zweckmäßig, auch wenn bei der Frage, ob die Schlichtungsstelle bei den Landesarbeitsbehörden oder Landesarbeitsgerichten eingerichtet werden solle, für beide Möglichkeiten gute Argumente zu finden sind.[512] Vorzugswürdig erscheint aber, die Schlichtungsstelle bei einer Behörde zu verankern, um ihrer Eigenart als Mittel zur friedlichen Konfliktlösung gerecht zu werden und nicht den Anschein eines streitigen Verfahrens vor Gericht zu erwecken.[513]

---

508 *Treber*, SR 2013, 140 (151).

509 *Germelmann*, in: Germelmann/Matthes/Prütting, ArbGG, § 62 Rn. 114.

510 LAG Baden-Württemberg Urteil v. 31. 3. 2009 – 2 SaGa 1/09 = NZA 2009, 631 (633), ErfK/*Dieterich*, Art. 9 GG Rn. 134, LAG Berlin-Brandenburg Urteil v. 14.8.2012 – 22 SaGa 1131/12 = BeckRS 2012, 72275.

511 *Leinenweber*, Landesschlichtungsgesetze?, S. 148.

512 Für eine Ansiedlung bei den Gerichten etwa *Birk/Konzen/Löwisch/Raiser/Seiter*, Gesetz zur Regelung kollektiver Arbeitskonflikte, S. 61 im Hinblick auf deren höhere Unabhängigkeit, a.A.: *Leinenweber*, Landesschlichtungsgesetze?, S. 147, um den Charakter einer Regelungsstreitigkeit zu betonen.

513 Vgl. auch Art. IVdes KRG Nr. 35, der auch die Errichtung bei der Landesarbeitsbehörde vorsieht.

Die Einrichtung eines ständigen Landesschlichters bei der obersten Landesarbeitsbehörde gewährleistet darüber hinaus zum einen, dass ein funktionsfähiges, kurzfristig abrufbares Schlichtungsverfahren zur Verfügung steht und zum anderen, dass der Vorsitzende ausreichende Fachkenntnisse und Sachnähe zur Tariflandschaft in seinem Bundesland hat. Der Landesschlichter sollte durch den Landesarbeitsminister im Einvernehmen mit dem Tarifausschuss nach § 5 Abs. 1 TVG für die Dauer einer Legislaturperiode bestimmt werden.

Die übrige Besetzung der Schlichtungsstelle und das Verfahren könnten an die Regelung des § 76 BetrVG angelehnt werden. Die weitere konkrete Ausgestaltung des Verfahrens sollte in einer Durchführungsverordnung geregelt werden, deren Rechtsgrundlage im Landesarbeitskampfgesetz verankert werden sollte, vergleichbar mit der Regelung in § 11 TVG.

e. Inhaltliche Ausgestaltung

In der Regelung zur Schlichtungsobliegenheit sollte die Subsidiarität des staatlichen Schlichtungsversuchs zum Ausdruck gebracht werden. Dies schont die Tarifautonomie der Tarifvertragsparteien und trägt dem Grundsatz der Subsidiarität staatlicher Regulierung im Bereich des tariflichen Arbeitsrechts Rechnung. Die staatliche Schlichtung kommt nur dann zum Zuge, wenn entweder keine tarifvertragliche Vereinbarung inter partes getroffen wurde oder diese nicht funktioniert.[514]

Um die Chance auf eine friedliche Lösung des Konfliktes zu erhöhen, sollte der Schlichter einen Einigungsvorschlag vorlegen. Wenngleich dieser auch keine Verbindlichkeit entfaltet, so signalisiert er doch die Ernsthaftigkeit des Verfahrens und setzt einen objektiven Maßstab, der von den Tarifvertragsparteien bei weiteren Entscheidungen sorgfältig zu Grunde gelegt werden sollte. Denn kommt schließlich bei einem dennoch durchgeführten Arbeitskampf kein deutlich besserer Abschluss zustande, als der Partei im Einigungsvorschlag zugestanden wurde, so verliert die kampfführende Gewerkschaft in der öffentlichen Wahrnehmung stark an Ansehen.[515]

Die Regelung sollte zudem eine Verpflichtung für die Parteien enthalten, spätestens im Schlichtungsverfahren Vorkehrungen für die Erbringung von Notarbeiten zu treffen.[516] Auch wenn die konkrete Umsetzung der Gemeinwohlbindung durch die Tarifvertragsparteien unklar ist, so kann aus dieser eine

---

514 *Rieble*, ZAF 2 und 3/ 2005, 218 (224).

515 *Rieble*, ZAF 2 und 3/2005, 218 (223).

516 Siehe oben § 3 C. III. 2. e., Seite 116 f.

Verpflichtung zur Notstandsarbeiten abgeleitet werden.[517] Der generelle Hinweis auf grundrechtsrelevante Drittwirkungen oder auf erhebliche Beeinträchtigungen des Gemeinwohls reicht schließlich nicht aus, um Arbeitskämpfe vollständig zu untersagen, würde dies doch im Ergebnis zu einem so nicht gewollten und unter Beachtung von Art. 9 Abs. 3 GG nicht vertretbaren Verbot des Arbeitskampfs im Bereich der Daseinsvorsorge führen.[518]

Um die schutzwürdigen Interessen der Allgemeinheit aber nicht über Gebühr zu beeinträchtigen, muss die Erbringung von Notarbeiten gewährleistet werden.[519] Nur wenn die Parteien eine Einigung über die Erbringung von Notarbeiten erzielt haben, ist der nachfolgende Arbeitskampf rechtmäßig. Ist dies nicht gelungen, kann die angegriffene Partei momentan auf die einstweilige Verfügung zurückgreifen. Vorzugswürdig erscheint es jedoch, eine Regelung zu installieren, die schon im Vorfeld eine Einigung über die Sicherstellung der Notarbeiten gewährleistet. Sollte diese nicht möglich sein, sollte dem Schlichter die Befugnis zur autonomen Festlegung von Art und Umfang der Notarbeiten übertragen werden, unter Zuhilfenahme des Vorbilds der Einigungsstelle aus § 76 Abs. 3 und 5 BetrVG.[520]

Bezüglich des Umfangs der Grundversorgung wird dadurch eine staatliche Zwangsschlichtung etabliert.[521] Diese Möglichkeit beeinträchtigt die Arbeitskampffreiheit der Parteien nur in geringem Maße und erscheint zum Ausgleich der schutzwürdigen Interessen Dritter im Wege praktischer Konkordanz angemessen.

Die vorgeschlagene Regelung ergänzt die geltende Rechtslage, nach der Notarbeiten ohnehin zu erbringen sind, nur um ein prozedurales Element für den Fall, dass sich die Parteien über deren Umfang nicht einigen können.[522]

Jedes Schlichtungsverfahren sollte eine kampffreie Phase vorsehen. Auf der einen Seite darf den Parteien das Kampfrecht aus Art. 9 Abs. 3 GG zwar nur vorrübergehend entzogen werden, auf der anderen Seite benötigt der ernsthafte Versuch, eine kampffreie Lösung zu erlangen, eine gewisse Zeit und sollte nicht

517 *Treber*, SR 2013, 140 (151).

518 *Treber*, SR 2013, 140 (152).

519 Ebd.

520 *Franzen/Thüsing/Waldhoff*, Arbeitskampf in der Daseinsvorsorge, S. 121 ff.

521 *Carl-Friedrich-von-Weizsäcker-Stiftung*, Zukunft der Arbeit, abrufbar unter http://www.cfvw.org/stiftung/projektbereich-zukunft-der-arbeit/arbeitskampf/erlaeuterungen.

522 *Franzen/Thüsing/Waldhoff*, Arbeitskampf in der Daseinsvorsorge, S. 131.

unter Druck stattfinden.[523] Die Befristung des Schlichtungsverfahrens ermahnt den Vorsitzenden zudem zu einer zügigen Verfahrensleitung und macht den zeitlichen Verlauf für alle Beteiligten vorhersehbar.[524]

Als sinnvoll wird eine Dauer von zwölf Tagen angesehen. Eine solche Regelung ist dem deutschen Recht nicht fremd: Schon die Verordnung des Reichspräsidenten vom 10. November 1920,[525] die Anfang des 20. Jahrhunderts den Arbeitskampf in Betrieben regulierte, auf die die Bevölkerung damals angewiesen war,[526] sah vor, dass die Schlichtung ohne Kampfmaßnahmen durchzuführen war.[527] Um die Arbeitskampffreiheit der Tarifvertragsparteien aber in ausreichendem Maße zu berücksichtigen, soll nach spätestens zwölf Tagen die Entscheidung über die Erbringung der Notarbeiten getroffen werden. Nach diesem Zeitraum soll ein Schlichtungsversuch dann auch generell als unternommen gelten, so dass ab dann Arbeitskämpfe zulässig sind.[528] Der Schlichtungsvorschlag sowie die Entscheidung über den Umfang der zu erbringenden Notarbeiten sollte innerhalb der kampffreien Phase unterbreitet werden, um den Parteien Gelegenheit zu geben, über den Vorschlag mit allen Konsequenzen nachzudenken.[529]

Es erscheint sinnvoll, wenn Entscheidungen des Landesschlichters betreffend die Notarbeiten vor dem Arbeitsgericht angefochten werden können. Der Landesschlichter wird zwar eigentlich als Bediensteter der obersten Landesbehörde tätig, sein Spruch betreffend Art und Umfang der Notarbeiten ersetzt aber lediglich die tatsächliche Einigung zwischen den Tarifvertragsparteien und nimmt deren Rechtsnatur an. Es handelt sich gerade nicht um eine Maßnahme *„auf dem Gebiet des öffentlichen Rechts“* gemäß § 35 S. 1 VwVfG,[530] so dass kein

---

523 *Leinenweber*, Landesschlichtungsgesetze?, S. 146, der sogar eine Dauer von 16 Tagen als angemessen erachtet.

524 *Leinenweber*, Landesschlichtungsgesetze?, S. 147.

525 RGBl. 1865.

526 *Rieble*, Gute Idee, schlechte Umstände und ein fader Beigeschmack, online abrufbar unter http://www.lto.de/recht/hintergruende/h/gesetzentwurf-fuer-weniger-streiks-in-der-daseinsvorsorge/.

527 *Leinenweber*, Landesschlichtungsgesetze?, S. 146.

528 *Rieble*, ZAF 2 und 3 2005, 2218 (224), der der Versuch als unternommen ansieht, wenn nach wirksamer Anrufung der Schlichtungsstelle ein Zeitraum von 16 Tagen verstrichen ist.

529 *Leinenweber*, Landesschlichtungsgesetze?, S. 151.

530 In diesem Sinne auch *Lembke*, RdA 2000, 223 (232).

Verwaltungsakt vorliegt.[531] Es sind demnach nicht die Verwaltungsgerichte, sondern gemäß § 2 Abs. 1 Nr. 1 ArbGG die Arbeitsgerichte zuständig.

Entsprechend der Regelung in § 76 Abs. 5 BetrVG könnte auch hier eine Regelung ins Gesetz aufgenommen werden, nach der Ermessenüberschreitungen des Schlichters nur innerhalb einer Frist von zwei Wochen beim Arbeitsgericht gerügt werden können.

3. *Sperrwirkung anderer Regelungen*

Der Einführung einer Schlichtungsobliegenheit steht kein anderes geltendes Recht entgegen.

Die gesetzliche Verankerung durch den Landesgesetzgeber verstößt nicht gegen KRG Nr. 35, da es sich nicht um Bundesrecht, sondern um Besatzungsrecht handelt.[532] Es steht den Landesgesetzgebern frei, eigene Landesgesetze zu erlassen und das KRG Nr. 35 zu ersetzen.[533] Der Bundesgesetzgeber könnte das Besatzungsrecht insgesamt aufheben oder in Bundesrecht transformieren. Solange er dies nicht getan hat, können die Länder in ihrem Bereich tätig werden.[534]

Die Badische Schlichtungsordnung entfaltet als Landesgesetz keine Sperrwirkung gegenüber anderen Bundesländern.

Die Verpflichtung zu einer kampffreien Schlichtungsphase ist auch mit Art. 6 Abs. 4 ESC vereinbar. Die dort verankerte Garantie des Streikrechts erfolgt explizit *„vorbehaltlich etwaiger Verpflichtungen aus geltenden Gesamtarbeitsverträgen"*. Darunter sind auch gesetzlich geregelte Schlichtungsverfahren zu verstehen.[535] Die ESC verpflichtet die Vertragsstaaten in den Absätzen 2 und 3 des Art. 6, freiwillige Verhandlungen zwischen den Koalitionsparteien zu fördern. Würde auch die Versagung einer staatlichen Befugnis, diesbezüglich Regelungen aufzustellen, aus der ESC abgeleitet, würde dies dazu führen, dass der Art. 6 ESC zu einem Widerspruch in sich konterkariert würde.[536]

---

531 *Lembke*, RdA 2000, 223 (232), a.A. *Gamillscheg*, KollArbR I, S. 1300 ff., der den Schlichterspruch als Verwaltungsakt qualifiziert.

532 Vgl. dazu oben ausführlich unter § 2 A. II. 3.

533 Ausführlich dazu *Leinenweber*, Landesschlichtungsgesetze?, S. 104 ff.

534 Ebd., S. 106.

535 *Europarat*, Die Europäische Sozialcharta, S. 137.

536 *Leinenweber*, Landesschlichtungsgesetze?. S. 144.

4. *Formulierungsvorschlag*

„(1) Arbeitskämpfe sind nur zulässig, wenn die Parteien einen Schlichtungsversuch unternommen haben und eine Einigung über die Erbringung von Notarbeiten vorliegt.

(2) Die Parteien sollen in die Tarifverträge Schlichtungsvereinbarungen, die eine kampffreie Schlichtungsphase von mindestens zehn Tagen beinhalten, aufnehmen.

(3) Sind zwischen den Parteien solche wirksamen Schlichtungsvereinbarungen nicht getroffen, kann von jeder Partei auf das staatliche Schlichtungsverfahren, das eine kampffreie Schlichtungsphase von 12 Tagen vorsieht, zurückgegriffen werden. Bei der jeweiligen obersten Landesarbeitsbehörde wird eine Landesschlichtungsstelle eingerichtet, der der Landesschlichter vorsteht. Dieser wird vom jeweiligen Landesarbeitsminister im Einvernehmen mit dem Ausschuss nach § 5 TVG für eine Amtszeit von 5 Jahren bestimmt. Die Schlichtungsstelle wird im Übrigen für jeden Schlichtungsfall entsprechend § 76 Abs. 2 BetrVG besetzt.

(4) In dem Verfahren nach Absatz 3 ist auch eine Regelung zur Erbringung von Notarbeiten zu treffen. Ist eine Einigung auf Art und Umfang der Erbringung nicht möglich, soll der Landesschlichter diese spätestens nach zehn Tagen ersetzen und gemeinsam mit seinem Schlichtungsvorschlag vorlegen. § 76 Abs. 3 und 5 BetrVG gilt entsprechend.

(5) Ein Schlichtungsversuch gilt 12 Tage nach der wirksamen Anrufung der jeweiligen Schlichtungsstelle als unternommen.

(6) Für das Verfahren gelten die Durchführungsbestimmungen."

IV. Regelungen zum Streikrecht

Die folgenden Ausführungen stellen aus Vereinfachungsgründen auf die Arbeitnehmerseite ab, da dort faktisch der Schwerpunkt in der Praxis liegt. Sie sind aber grundsätzlich gleichermaßen auf Arbeitskämpfe der Arbeitgeberseite anwendbar.

1. *Regelung eines Unterstützungsstreikverbots*

a. Zweckmäßigkeitserwägungen

Im Grundsatz sind Arbeitskämpfe zulässig, um Tarifverträge durchzusetzen. Nur wenn der Streik als Mittel eingesetzt wird, um einen Tarifvertrag zu erreichen, sind die negativen Folgen und der Einsatz von Kampfmitteln zulässig.[537] Dieser Grundsatz wurde durch die Rechtsprechung des Bundesarbeitsgerichts

537 MünchArbR/*Ricken*, § 200 Rn. 29.

vom 19.6.2007 zwar nicht direkt durchbrochen, aber in jedem Falle aufgeweicht, als es den Unterstützungsstreik explizit gebilligt hat.[538] Neu an dieser Entscheidung ist, dass ein Arbeitskampf nicht mehr zwangsläufig um einen Tarifvertrag zwischen den kämpfenden Parteien gehen muss, sondern dass nun auch ein Tarifvertrag von Dritten zu Arbeitskämpfen berechtigt. Treu geblieben ist die Rechtsprechung der Ansicht, dass nur das Inhalt von Arbeitskämpfen sein darf, was tariflich geregelt werden kann.[539]

Grundsätzlich wird jedem Tarifvertrag eine Richtigkeits- bzw. Angemessenheitsgewähr unterstellt, da der Inhalt durch die Verhandlung zweier annähernd gleichgewichtiger Parteien zustande gekommen ist.[540] Diese Vermutung wird durch die geänderte Rechtsprechung des Bundesarbeitsgerichts zur Zulässigkeit von Unterstützungsstreiks in Zweifel gezogen, denn durch diese Form des Arbeitskampfs wird das Paritätsprinzip in einem Tarifgebiet jedenfalls einseitig verschoben, wenn nicht sogar teilweise ganz zerstört.[541] Dem vom Unterstützungsstreik betroffenen Drittarbeitgeber ist die Erfüllung der Forderungen im „klassischen Fall“ (Streik der Gewerkschaft gegen einen Drittarbeitgeber) ja in aller Regel gar nicht möglich. Er ist letztlich vollständig vom Ausgang des Hauptarbeitskampfs abhängig.

Durch die Kodifizierung der Voraussetzung der Tarifbezogenheit eines Arbeitskampfs könnten Unterstützungsstreiks verhindert werden.

(1) Ablehnende Argumente

Gegen ein Verbot des Unterstützungsstreiks spricht, dass teilweise eine so enge Verbindung zwischen Haupt- und Unterstützungsstreikführenden besteht, dass der Unterstützungsstreik maßgeblich auf den Ausgang des Hauptarbeitskampfs Einfluss nehmen kann. Auch die sog. Dritten können durch ihre Arbeitsniederlegung Druck auf den bestreikten Arbeitgeber ausüben und so zu einem für sie vorteilhaften (Nachbar-) Tarifvertrag kommen. Zudem kommt jedem Tarifvertrag eine Signalwirkung zu, indem er in der Regel die Messlatte für vergleichbare Verträge legt.[542] Ein Vorteil auch der nur mittelbar betroffenen Gewerkschaften ist nicht auszuschließen.

---

538 Vgl. dazu ausführlich oben § 1 A. II. 2.

539 BAG Urteil v. 10. 12. 2002 – 1 AZR 96/02 = NZA 2003, 734 (735).

540 *Bieder*, NZA 2008, 799.

541 *Bieder*, NZA 2008, 799.

542 Böckler Impuls, 13/2005, abrufbar unter http://www.boeckler.de/21232_21236.htm.

(2) Befürwortende Argumente

Für ein Unterstützungsstreikverbot werden eine Vielzahl von Argumenten angeführt, denn diese Streikform führe zu erheblichen Nachteilen für die Arbeitgeberseite.

Der Arbeitgeber, der sich einem Unterstützungsstreik ausgesetzt sieht, sei in großem Umfang dem Ausgang des Hauptstreiks ausgeliefert, ohne aber in ernsthafter Weise darauf Einfluss nehmen zu können.[543] Das angeführte Argument, der durch den Unterstützungsstreik betroffene Arbeitgeber könne zur Durchsetzung der Tarifforderungen beitragen, da „*zwischen wirtschaftlich und regional verbundenen Arbeitgebern (...) zahlreiche Verbindungen und Kontakte, die eine zumindest informelle, darum aber keineswegs weniger wirksame Einflussnahme ermöglichen*“[544] bestünden, überzeuge nicht. Denn es erscheine wenig einleuchtend, wieso der bestreikte Arbeitgeber auf einen anderen Arbeitgeber mehr hören sollte, als auf seine eigene Tarifvertragspartei.

Es bestehen also schutzwürdige Interessen sowohl der (sympathie-) bestreikten Arbeitgeber,[545] als auch der drittbetroffenen Arbeitnehmern, die durch den Unterstützungsstreik ihrer Arbeitsmöglichkeit beraubt werden, was in der Konsequenz mit einer Entgeltkürzung einhergeht.

Zudem werde durch den Unterstützungsstreik die Friedenspflicht entwertet.[546] Der Unterstützungsstreik ist an keine tarifvertraglichen Friedenspflichten gebunden, da diese stets nur relativ zwischen den jeweiligen Tarifvertragsparteien wirken. Nach Ansicht des Bundesarbeitsgerichts werden laufende Tarifverträge nicht unbedingt in Frage gestellt, nur weil ein dritter Hauptarbeitskampf unterstützt wird.[547] Konkret bedeutet das: Eine Gewerkschaft kann unbehelligt jeglicher Friedenspflicht Arbeitskämpfe führen, solange sie nicht den eigenen Tarifvertrag verletzt.[548]

Hinzu komme, dass in Konstellationen, in denen eine Drittgewerkschaft gegen die Tarifpartei auf Arbeitgeberseite streikt, häufig wohl tariffremde Zwecke verfolgt würden: Gewerkschaften setzten diese Streiks vielfach aus organisationspolitischen Gründen ein. Durch den Streikaufruf solle Solidarität bewiesen und die Mitgliederbindung gestärkt werden.[549] Im besten Fall könne ein solcher

543 *Hohenstatt/Schramm*, NZA 2007, 1034 (1036).

544 BAG Urteil v. 19. 6. 2007 – 1 AZR 396/06 = NZA 2007, 1055.

545 BAG Urteil v. 05.3.1985 – 1 AZR 468/83 = NZA 1985, 504 (507).

546 *Rieble*, BB 28.2008, 1506 (1512).

547 BAG, Urteil v. 19.6.2007 – 1 AZR 396/06 = NZA 2007, 1055 (1059).

548 Ebd., 1513.

549 *Rieble*, BB 28.2008, 1506 (1507 f.).

Streik sogar der Mitgliederwerbung dienen und die Attraktivität der Gewerkschaft steigern. Es stelle sich folglich die berechtige Frage, ob es denn tatsächlich noch um die Unterstützung des Hauptarbeitskampfs geht oder nur mehr um das bloße „Abjagen“ von Mitgliedern.[550] Der Streik werde dann funktionswidrig zur Mitgliedergewinnung auf Kosten des Gegners instrumentalisiert.[551] Dieser Entwicklung könne durch das Verbot von Unterstützungsstreiks Einhalt geboten werden.

Ein weiteres Problem, dass sich bei Unterstützungsstreiks regelmäßig stellt, ist die Frage nach dem vom Bundesarbeitsgericht aufgestellten Merkmal des Näheverhältnisses,[552] das maßgeblich für die Beurteilung der Angemessenheit eines Unterstützungsstreik sein soll. Das LAG Berlin/Brandenburg hat im Jahr 2010 den Unterstützungsstreik gegen ein OT-Mitglied[553] als zulässig befunden, da dieses auf Grund der fortbestehenden Verbandszugehörigkeit und den damit verbundenen Einflussmöglichkeiten kein „*völlig unbeteiligter Dritter*“ sei.[554]

Diese Auffassung steht im Widerspruch zum „*tarifrechtlichen Reinheitsgebot*“,[555] das besagt, dass OT-Mitglieder auf tarifrechtliche Entscheidungen gerade keinen Einfluss nehmen dürfen.[556] Das Bundesarbeitsgericht hält aber diese Fremdbeeinflussung für das rechtfertigende Element bei Unterstützungsstreiks.[557] Wenn nun allein die OT-Mitgliedschaft die Angemessenheit eines Unterstützungsstreiks begründen würde, würden die mitgliedschaftlichen Rechte mit zweierlei Maß bemessen.[558]

(3) Stellungnahme

Sowohl die drittbetroffenen Arbeitgeber als auch deren Belegschaften werden durch die Durchführung eines Unterstützungsstreiks unverhältnismäßigen Nachteilen ausgesetzt, gegen die sie sich kaum schützen können.

---

550 *Meyer*, NZA 2011, 1392 (1395).

551 *Rieble*, BB 28.2008, 1506 (1508).

552 BAG Urteil v. 10. 12. 2002 – 1 AZR 96/02 = NZA 2007, 1055.

553 OT-Mitgliedschaft (Ohne Tarifbindung): bezeichnet die Mitgliedschaft eines Arbeitgebers ohne Tarifbindung in einem Arbeitgeberverband.

554 LAG Berlin-Brandenburg, Urteil v. 26. 11. 2010 – 8 Sa 446/10 = NZA-RR 2011, 90 (92).

555 *Löwisch/Rieble*, TVG, § 2 Rn. 107.

556 *Willemsen/Mehrens*, NZA 2013, 79 (81).

557 *Löwisch/Rieble*, TVG, § 2 Rn. 112.

558 Ebd., so auch: *Meyer*, NZA 2011, 1392 (1395)

Zum einen sind solche Streiks selten vorhersehbar und in den Folgen schwer abschätzbar. Zum anderen ist in aller Deutlichkeit festzuhalten, dass der Einflussbereich des drittbetroffenen Arbeitgebers auf den bestreikten Tarifvertragspartner in den meisten Konstellationen denkbar gering ist. Der Drittarbeitgeber wird gegen seinen Willen zur „*wirtschaftlichen Geisel*", weshalb diese Konstellation der besonderen Legitimation bedarf. [559] Die formale Begründung des Bundesarbeitsgerichts, auch Arbeitnehmeraußenseiter dürften schließlich streiken und ausgesperrt werden, kann diesbezüglich weder ausreichen noch überzeugen.[560]

Zudem wird die Friedenspflicht unterlaufen. Nicht nur, dass in diesem befriedeten Zeitraum die Gewerkschaften schon zu (Unterstützungs-) Arbeitskampfmitteln greifen dürfen, sondern sie können mittelbar dazu beitragen, dass bereits inhaltlich Maßstäbe für kommende Verhandlungen ihres eigenen Tarifvertrags gesetzt werden.

Die Bedenken, die hinsichtlich des tarifrechtlichen Reinheitsgebots vorgebracht werden, sind nachvollziehbar und zu berücksichtigen: Durch das satzungsrechtliche Verbot für OT-Mitglieder, sich an tarifpolitischen Entscheidungen zu beteiligen, fehlt es an einer strukturell abgesicherten Einflussmöglichkeit.[561] Den OT-Mitgliedern kommen insoweit keine weitergehenden Rechte als außenstehenden Dritten zu.[562] Die Zulässigkeit von Unterstützungsstreiks darf daher nicht allein auf die OT-Mitgliedschaft des Drittarbeitgebers gestützt werden, sondern bedarf einer weitergehenden Rechtfertigung. Durch das grundsätzliche Verbot von Unterstützungsstreiks und der Zulässigkeit als (darzulegenden oder zu beweisenden) Ausnahmefall, könnte der vom Bundesarbeitsgericht zwar geforderte, aber nicht verwirklichte, größere Schutz des drittbetroffenen Arbeitgebers auch tatsächlich realisiert werden.[563]

b. Verfassungsrechtliche Anforderungen

Eine gesetzliche Regelung, die die Tarifbezogenheit von Arbeitskämpfen fordert und den Unterstützungsstreik grundsätzlich verbietet, verstößt nicht gegen Art. 9 Abs. 3 GG. Gemäß Art. 9 Abs. 3 GG sind Arbeitskämpfe zulässig, wenn sie unter Wahrung der Kampfparität und im Rahmen der Verhältnismäßigkeit erforderlich sind, Tarifabschlüsse herbeizuführen. Die Tarifautonomie

559 *Rieble*, BB 28.2008, 1506 (1511).

560 Ebd.

561 *Willemsen/Mehrens*, NZA 2013, 79 (81).

562 Ebd.

563 BAG Urteil v. 19.6.2007 – 1 AZR 396/06 = NZA 2007, 1055.

begründet die Arbeitskampffreiheit, beschränkt sie jedoch zugleich.[564] Werden diese Grundlagen konsequent herangezogen, können Unterstützungskämpfe nicht schlechthin als zulässig gelten. Der Schutzbereich gewährt keine generelle Arbeitskampfmittelfreiheit.[565] Das Bundesverfassungsgericht hat insoweit klargestellt, dass nur solche Kampfmittel geschützt sind, *„die erforderlich sind, um eine funktionierende Tarifautonomie sicherzustellen"*[566]. Der Streik ist folglich verfassungsrechtlich nur dann geschützt, wenn er in Hilfsfunktion der Tarifautonomie geführt wird.[567] Der Unterstützungsstreik verfolgt aber gerade nicht das Ziel eines Tarifabschlusses mit dem Betroffenen. Er ist vielmehr gegen einen Dritten gerichtet, der die Forderungen der Gewerkschaft nicht selbst erfüllen, sondern lediglich (vermeintlich) den Ausgang des Hauptarbeitskampfes beeinflussen kann.

Wenn Arbeitskämpfe unter die Zulässigkeitsvoraussetzung der Tarifbezogenheit gestellt werden, handelt es sich demnach nicht um einen Eingriff in Art. 9 Abs. 3 GG. Der Schutzbereich umfasst Arbeitskämpfe ohne Tarifbezogenheit nicht. Anders gefasst: Sympathie und Solidarität sind moralisch wertvoll, als Rechtfertigungsgründe für Arbeitskämpfe aber nicht geeignet.[568]

Das Regel-Ausnahme-Verhältnis, das heute von einer grundsätzlichen Zulässigkeit des Unterstützungsstreiks ausgeht, sollte wieder umgekehrt werden und Unterstützungsstreiks nur in besonderen Fällen zugelassen werden. Solche Ausnahmen sind denkbar für Fälle, in denen aus Gründen der Waffengleichheit eine Gewerkschaft tatsächlich auf die Durchführung eines Unterstützungsstreiks angewiesen ist. Dann wäre das Kampfmittel erforderlich, um die Tarifautonomie sicherzustellen und somit doch vom Schutzbereich des Art. 9 Abs. 3 GG umfasst.[569]

c. Sperrwirkung anderer Regelungen

Das Bundesarbeitsgericht führt in seiner Entscheidung zur Zulässigkeit von Unterstützungsstreiks als Argument Teil II Art. 6 Nr. 4 ESC an und folgert, dass ein Unterstützungsstreik jedenfalls dann zulässig sein müsse, wenn dieser von der den Hauptarbeitskampf führenden Gewerkschaft ausgerufen werde.

---

564 BAG Urteil v. 05.3.1985 – 1 AZR 468/83 = NZA 1985, 504 (507).

565 Ebd.

566 BVerfG Beschluss v. 26.6.1991 – 1 BvR 779/85 = BVerfGE 84, 212 = AP GG Art. 9 Arbeitskampf Nr. 117.

567 *Hohenstatt/Schramm*, NZA 2007, 1034 (1035).

568 *Wank*, RdA 2009, 1 (4).

569 Ebd.

Ein Verbot verstößt nach Ansicht des Bundesarbeitsgerichts folglich gegen die Garantie des Streikrechts in der ESC.[570] Diese Auffassung überzeugt nicht: Zwar anerkennt die ESC das Streikrecht als wirksame Ausübung des Rechts auf Kollektivverhandlungen. Von diesem Recht kann aber nicht schlechthin jede Arbeitsniederlegung an sich umfasst sein. Denn zum einen garantiert Art. 6 Nr. 4 ESC das Streikrecht – ebenso wie Art. 9 Abs. 3 GG – nur im Hinblick auf die *„wirksame Ausübung des Rechtes auf Kollektivverhandlungen“*.[571] Zum anderen steht es explizit unter der Einschränkung des Art. 31 ESC, in dem eine Beschränkung des Streikrechts zum Schutze von Rechten Dritter zugelassen ist. Die ESC lässt einfachrechtliche Beschränkungen des Streikrechts zu, sofern sie zum Schutz von Rechten Dritter erforderlich sind.[572] Wie bei Art. 9 Abs. 3 GG ist auch hier eine Abwägung der kollidierenden Rechte erforderlich. Das Gericht verkennt, dass es aus Gründen des Schutzes der Rechte und Freiheiten anderer grundsätzlich nicht zulässig sein kann, Arbeitskämpfe gezielt gegen Dritte zu führen.[573] Selbst wenn man nun durch das Verbot von Unterstützungsstreiks einen Eingriff in den Schutzbereich sieht, wäre dieser dennoch gerechtfertigt. Die Schutzbedürftigkeit des Arbeitgebers, der sich einem Unterstützungsstreik ausgeliefert sieht, überwiegt gegenüber den widerstreitenden Interessen der Gewerkschaft. Denn dieser hat keine entsprechende Möglichkeit durch sein Nachgeben die Arbeitsniederlegung zu beenden. Die Koalitionsfreiheit der Gewerkschaften wird durch eine Einschränkung auf den unmittelbaren Tarifvertragspartner nicht unangemessen beeinträchtigt.[574]

d. Formulierungsvorschlag

„Arbeitskämpfe sind zulässig zwischen tariffähigen Parteien zur Durchsetzung von Tarifverträgen. Kampfziel soll der Abschluss eines Tarifvertrags zwischen den kämpfenden Parteien sein.“

---

570 BAG Urteil v. 19. 6. 2007 – 1 AZR 396/06 = NZA 2007, 1055 (1059).

571 *Hohenstatt/Schramm*, NZA 2007, 1034 (1037).

572 *Hohenstatt/Schramm*, NZA 2007, 1034 (1037).

573 BAG Urteil v. 19.06.2007 – 1 AZR 396/06 = AP GG Art. 9 Arbeitskampf Nr. 173 m. Anm. *Wank*

574 *Hohenstatt/Schramm*, NZA 2007, 1034 (1037).

2. Regelung der Tariffähigkeit

a. Zweckmäßigkeitserwägungen

Einen rechtmäßigen Arbeitskampf kann nur führen, wer tariffähig ist. Dies ergibt sich aus dem Erfordernis der Tarifbezogenheit: Ein Streik kann nur rechtmäßig sein, wenn er ein tariflich regelbares Ziel verfolgt. Daran hat sich auch durch die Rechtsprechung des Bundesarbeitsgerichts zum Unterstützungsstreik nichts geändert.[575]

Die Voraussetzungen der Tariffähigkeit sind gesetzlich nicht definiert.[576] Tariffähig ist, wer Tarifvertragspartei im Sinne des § 2 Abs. 1 TVG sein kann. Nur wer folglich Tarifverträge mit normativer Wirkung abschließen kann, dem steht auch das Streikrecht zu.

Die Zunahme der Sparten- und Kleinstgewerkschaften, die auch durch den Wegfall des Grundsatzes der Tarifeinheit begünstigt wird, gibt Anlass für Bedenken.[577] Unter anderem werden dabei die Gefahr der Zersplitterung der Tariflandschaft, die Spaltung der Belegschaft sowie die Zunahme von Arbeitskämpfen genannt.[578] Dass diese Sorgen nicht ganz unbegründet sind, zeigt ein Blick in die jüngere Vergangenheit: Streiks von Piloten, Fluglotsen oder Lokführern haben zu massiven Schäden geführt und Tausende von unbeteiligten Dritten beeinträchtigt.

Diese Veränderung in der Tariflandschaft könnte ein Handeln des Gesetzgebers erforderlich machen. Bis vor einigen Jahren prägte folgendes Bild das Verständnis der Tarifautonomie: Ein großer Arbeitgeberverband stand einer flächendeckend agierenden Gewerkschaft gegenüber, die einen Tarifvertrag verhandelten.[579] Die heutige Realität spiegelt indes ein anderes Bild. Statt der mit Gesamtverantwortung handelnden Großgewerkschaft,[580] haben viele Kleinst- und Spartengewerkschaften das Ruder übernommen und steuern heftig gegen die Arbeitgeber zur Durchsetzung von Partikularinteressen. Folgende Übersicht zeigt die Entwicklung und Größe solcher spezifischer Berufsgewerkschaften auf.

---

575 BAG Urteil v. 19. 6. 2007 – 1 AZR 396/06 = NZA 2007, 1055.

576 Vgl. dazu ausführlich § 2 A. II. 2.

577 *Franzen/Thüsing/Waldhoff*, Arbeitskampf in der Daseinsvorsorge, S. XI.

578 *Meyer*, NZA 2006, 1387 (1389), *Brocker*, NZA-Beil. 2010, 121 (122).

579 *Greiner*, NZA 2007, 1023.

580 Ebd.

Tabelle 2: Berufsgewerkschaften[581]

Organisation	**Branche (Beruf)**	**Gründungs-datum**	**Erster eigen-ständiger Tarifvertrag**	**Mitglieder (Jahr) (Organisations-grad)**
Vereinigung Cockpit	Luftverkehr (Piloten)	1969	2001	8.200 (2009) (80-90%)
Unabhängige Flugbegleiter Organisation	Luftfahrt (Kabinenpersonal)	1992	2002	8.739 (2008) (40-50 %)
Gewerkschaft der Flugsicherung	Luftfahrt (Flugleiter, Flugsicherung)	2004 (Fusion VDF – gegründet 1952 – und FTI)	2004	2.650 (2008) (80 %)
Marburger Bund	Krankenhaus (Ärzte)	1947	2006	110.305 (2012) (70%)
Gewerkschaft der Lokomotiv-führer	Schienenverkehr (Lokführer, Zug-begleiter, Bordgas-tronomen)	1867	2007	33.603 (2010) (60%)

Eine Versagung der Tariffähigkeit für diese Gewerkschaften könnte ein taugliches Mittel sein, Arbeitskämpfe von Kleinstgewerkschaften zu verhindern und so das Kräftegleichgewicht zu sichern.[582]

(1) Befürwortende Argumente

Um die Zweckmäßigkeit einer solchen Regelung zu bewerten, muss zunächst die Funktion der Tariffähigkeit, also der Fähigkeit, Tarifverträge zu schließen, untersucht werden. Im Bereich des Tarifrechts nimmt sich der Gesetzgeber aus Gründen der Tarifautonomie bewusst zurück und überträgt den Tarifvertragsparteien die Normsetzungsbefugnis. Zum Schutz der Beteiligten, insbesondere der Arbeitnehmerseite, darf der Staat diese Befugnis nur auf Parteien übertragen, die zur kollektiven Interessenwahrnehmung und zur Verhandlung auf

581 *Greef/Speth*, Berufsgewerkschaft als lobbyistische Akteure – Potenziale, Instrumente und Strategien, online abrufbar unter http://www.boeckler.de/pdf/p_arbp_275.pdf.

582 So bspw. auch *Hunold*, NZA 2007, 1037 (1038).

Augenhöhe in der Lage sind.[583] Einer Gewerkschaft darf die Tariffähigkeit demnach nur dann zugesprochen werden, wenn sie gegenüber der Arbeitgeberseite ein Verhandlungsgegengewicht bilden kann.[584] Anders ausgedrückt: Die Arbeitnehmervereinigung braucht eine gewisse reale soziale Mächtigkeit.

Ob nun die oben angesprochenen Spartengewerkschaften eben diese soziale Macht innehaben, erscheint fraglich.

Das Bundesarbeitsgericht stellt das Kriterium der hinreichenden Mitgliederzahl seit 2010[585] wieder in den Vordergrund für die Beurteilung der sozialen Macht.[586] Dies erscheint im Hinblick auf den Ursprung der Tarifautonomie als Wahrnehmung kollektiver Interessen folgerichtig. Durch die Anerkennung als tariffähig wird der Vereinigung die Befugnis zugesprochen, vom legislativen Recht abzuweichen und eigenes Recht zu setzen. Diese Befähigung darf nur solchen Vereinigungen zustehen, die durch eine gewisse Mitgliederanzahl legitimiert sind und die auf eine personelle und fachliche Infrastruktur zurückgreifen können.[587] Denn ohne einen hinreichend konkreten Einblick der Gewerkschaft in die Arbeitsbedingungen und Kenntnisse der wirtschaftlichen und organisatorischen Umstände ist eine sachgerechte Tarifpolitik nicht möglich.[588]

Aus diesem Grund könnte es sinnvoll sein, die Tariffähigkeit an eine bestimmte Mitgliedermindestanzahl zu knüpfen. Der Tarifautonomie kommt stets auch eine Ordnungsfunktion zu, die eine Beschränkung der Tariffähigkeit legitimieren und Arbeitskämpfe von Kleinstgewerkschaften verhindern könnte. Durch eine konkrete gesetzliche Regelung könnte zudem die der derzeitigen Rechtsprechung anhaftende Unschärfe beseitigt werden, die aus der Heranziehung unbestimmter Rechtsbegriffe resultiert. Momentan erscheint es insbesondere für kleine Gewerkschaften schwer vorhersehbar, ob sie als tariffähige Vereinigungen anerkannt werden.[589] Selbst wenn man kleineren Gewerkschaften von vornherein die Tariffähigkeit absprechen würde, bringt es den Vorteil der Rechtssicherheit mit sich. Eine nachträgliche Aberkennung der Tariffähigkeit könnte so verhindert werden, zieht eine solche doch nicht abschätzbare juristische und finanzielle Folgen nach sich.

---

583 *Ulber*, Anm. zu BAG v. 29. 7. 2009 –7 ABR 27/08 = EzA BetrVG 2001 § 3, 33 ff.

584 *Ulber*, RdA 2011, 353.

585 BAG Beschluss v. 5.10.2010 – 1 ABR 88/09 = NZA 2011, 300 (304).

586 *Ulber*, RdA 2011, 353 (357).

587 Ebd.

588 Ebd.

589 *Löwisch/Rieble*, TVG, § 2 Rn. 18.

Alternativ könnte die Zulässigkeit eines Streiks an ein Quorum gekoppelt werden. Damit könnte über eine rein quantitative Zulassungsbeschränkung die kollektivrechtliche Interessenwahrnehmung in den Vordergrund gestellt werden und die Verfolgung von einzelnen Partikularinteressen verhindert werden. Zulässig wäre ein Streik nur dann, wenn der Tarifvertrag, der erkämpft werden soll, für einen Mindestprozentsatz der Belegschaft des Unternehmens oder der gesamten Branche Gültigkeit erlangen würde.[590]

(2) Ablehnende Argumente

Gegen eine Beschränkung der Tariffähigkeit werden gewichtige Argumente vorgebracht. Zum einen führe sie zu einer massiven Einschränkung der Tarifautonomie. Denn der Schutzzweck ziele sowohl auf die freiheitliche Bildung von Koalitionen als auch auf die gesicherte Funktionsentfaltung ab.[591] Art. 9 Abs. 3 GG stelle aber keine Mindestanforderungen an die Größe der Koalition, die sich auf das Grundrecht beziehen möchte, so dass jede Regelung sich zumindest als Ausgestaltung mit grundrechtsbeschränkender Wirkung darstellen würde.

Zum anderen widerspräche die angedachte Regelung der bestehenden Tarifwirklichkeit: Eine Anknüpfung an eine Mindestanzahl von Mitgliedern stehe im Widerspruch zu der seit einigen Jahren bestehenden Tarifpluralität.[592] Durch die Aufgabe des Grundsatzes der Tarifeinheit ist eine Vielzahl kleiner, aber dennoch starker Spartengewerkschaften aufgetreten. Diese vertreten ihre Interessen nicht mehr wie bislang in einer Tarifgemeinschaft, sondern verfolgen ihre Partikularinteressen in eigenen Gewerkschaften, wodurch Massengewerkschaften an Bedeutung verloren haben.[593] Dies resultiert insbesondere aus der fortschreitenden Qualifizierung und Spezialisierung vieler Berufsgruppen, die ihre besonderen Interessen – zu Recht oder zu Unrecht – nur durch eine eigene Gewerkschaft hinreichend berücksichtigt sehen. Schon wenige streikende Inhaber solcher Schlüsselpositionen können gegenüber der Arbeitgeberseite erfolgreich Druck ausüben, da eine Austauschbarkeit durch andere Arbeitnehmer in der Regel kaum gegeben ist.[594]

---

590 *Franzen/Thüsing/Waldhoff*, Arbeitskampf in der Daseinsvorsorge, S. 145.

591 *Scholz*, in: Maunz/Dürig, GG, Art. 9 Rn. 159.

592 *Von Steinau-Steinrück/Glanz*, NZA 2009, 113 (115).

593 Ebd.

594 Ebd., 114.

b. Stellungnahme

Die aufgezeigte Veränderung in der Tariflandschaft führt letztlich dazu, dass von einer strukturellen Überlegenheit der Arbeitgeberseite keine Rede mehr sein kann. Wie die vergangenen Jahre deutlich gezeigt haben, sind einige Berufsgruppen in der Lage, durch minimales Risiko enorme Schäden hervorzurufen. Der Streik nur einiger weniger Inhaber von sog. Schlüsselfunktionen führt bei Arbeitgebern nicht selten zu Schäden in Millionenhöhe, die die Arbeitgeberseite faktisch zwingen, die – teilweise überzogenen – Forderungen der Gewerkschaften zu erfüllen.[595]

Dennoch darf die Tariffähigkeit nicht zum Schutz anderer Gewerkschaften beschränkt werden.[596] Auch wenn der Wunsch nach „*Ordnung durch Beschränkung der Vielfalt*"[597] berechtigt sein mag, so darf dieser nicht auf Kosten kleinerer Gewerkschaften erfüllt werden, die sich unstreitig auf das Recht aus Art. 9 Abs. 3 GG berufen können. Denn Tarifwettbewerb darf nicht dadurch verhindert werden, dass unerwünschten Gewerkschaften die Tariffähigkeit aberkannt wird.[598] Maßgebliches Anknüpfungskriterium ist die soziale Mächtigkeit, die erforderlich ist, um tariffähig zu sein. Diese ist aber nicht zwingend über quantitative Hürden zu erlangen, sondern kann auch dann gegeben sein, wenn auf Grund von arbeitsorganisatorischen oder arbeitstechnischen Besonderheiten der Gewerkschaft eine besondere Kampfkraft zukommt.[599] Zudem gilt auch hier, dass die auftretenden Probleme, die sich durch die Zersplitterung der Tariflandschaft ergeben, nicht durch eine Zurückdrängung kleinerer Gewerkschaften gelöst werden dürfen, sondern allgemeinen, für alle am Tarifwesen teilnehmenden Akteure geltende Verfahrensregeln der Vorzug gegeben werden sollte.

3. Regelung einer Urabstimmungsobliegenheit

a. Zweckmäßigkeitserwägungen

Das grundgesetzlich geschützte Streikrecht begründet seine besonders schutzwürdige Stellung mit dem kollektiven Charakter der Maßnahme. Art. 9 Abs. 3 GG gesteht den Koalitionen umfassende Betätigung auf dem Feld der Arbeits- und Wirtschaftsbedingungen zu und sichert damit auch das Streikrecht als effektives Druckmittel. Die von Streiks verursachten Belastungen können

595 Ebd.
596 *Rieble*, SAE 2006, 89.
597 *Hanau*, NZA 2003, 128 (129).
598 *Rieble*, SAE 2006, 89.
599 *Rieble*, SAE 2006, 89 (90).

aber nur dann hingenommen werden, wenn es sich auch tatsächlich um die Interessenwahrnehmung eines Kollektivs handelt. Steht aber nicht einmal die Mehrzahl der Gewerkschaftsangehörigen hinter dem Arbeitskampf, so sind die resultierenden Schäden schlechthin nicht zumutbar.[600] Zwar sehen fast alle Gewerkschaftssatzungen eine Urabstimmung als Voraussetzung vor.[601] Diese wird bislang aber überwiegend als Verbandsinternum gesehen, deren Fehlen keine arbeitskampfrechtlichen Folgen nach sich zieht.[602]

Die Entwicklungen der vergangenen Jahre lassen Zweifel aufkommen, ob die Kampfparteien sich ihrer großen Verantwortung stets bewusst sind. Nicht immer erscheinen Streiks als Durchsetzung von Gemeinschaftsinteressen und von einer Mehrheit getragen, sondern vielmehr als Machtdemonstration einiger Weniger, die ihre Einzelinteressen um jeden Preis erzwingen möchten und sich den schützenden Mantel der Koalitionsfreiheit überziehen.

Eine gesetzliche Regelung zur Durchführung einer Urabstimmung über den Kampfbeschluss hinaus, könnte dies verhindern. Unter einer Urabstimmung wird im Allgemeinen die Abstimmung unter den Mitgliedern der verhandelnden Gewerkschaft über den Einsatz von Arbeitskampfmitteln verstanden. Nur einer kampfbejahenden Urabstimmung könnte dann ein rechtmäßiger Streik folgen.

(1) Ablehnende Argumente

Gegen eine gesetzliche Regelung wird angeführt, dass es ausschließlich Angelegenheit der Tarifparteien sei, ob sie in ihre Satzung die Verpflichtung zur Urabstimmung aufnehmen oder nicht. Nach § 25 BGB bestimmt die Koalition ihre Verfassung durch Satzung. In dieser Satzung müssen neben den Leitprinzipien und Grundsatzentscheidungen auch Regelungen über das Verfahren bei Arbeitskämpfen enthalten sein.[603] Die Satzungsautonomie sei verfassungsrechtlich geschützt und von Eingriffen durch den Staat frei zu halten.[604] Selbst wenn verbandsrechtlich eine Urabstimmung vorgesehen sei, entfalte diese jedenfalls keine Außenwirkung, so dass sie nicht als Rechtmäßigkeitsgrenze herangezogen werden könne.[605] So sollen auch Verstöße gegen die selbstgesetzte Satzung keine

---

600 *Rieble*, ZAF 2 und 3/2005, 218 (225).
601 *Rieble*, FS Canaris, 1439 (1440).
602 Ebd., 1442.
603 MünchArbR/*Löwisch/Rieble*, § 160 Rn. 16 ff.
604 *Hettlage*, ZRP 2003, 366.
605 ErfK/*Dieterich/Linsenmaier*, GG Art. 9 Rn. 137.

Folgen im Außenverhältnis nach sich ziehen. Der soziale Gegenspieler sei nicht dazu berufen, die Einhaltung der internen Regeln zu überwachen.[606]

Als weitere Argumente gegen eine gesetzliche Regelung werden die Schwierigkeiten bei der Verfahrensfestlegung sowie der nachträglichen Kontrolle des Verfahrens herangezogen.[607] Bei all diesen Vorgängen stehe zu befürchten, dass die Gegnerseite unerlaubte Einblicke in Gewerkschaftsinterna erhalte und zudem in einem hohen Maße Bürokratie aufgebaut werde.[608]

Dazu kommt, dass das deutsche Arbeitskampfrecht seit jeher, und im Besonderen seit den Aussperrungsentscheidungen der 80er Jahre, bemüht ist, die Arbeitnehmerseite keinesfalls zu benachteiligen. Die Streikfreiheit der Gewerkschaften soll, so scheint es, nur unter allergrößter Not beschränkt werden.[609]

(2) Befürwortende Argumente

Befürworter einer gesetzlichen Regelung argumentieren mit der hohen Belastungsintensität, die mit einem Arbeitskampf einhergeht.[610] Diese bedürfe der besonderen Legitimation eines direkten Einflusses der Gewerkschaftsmitglieder auf die Entscheidung, ob ein Arbeitskampf tatsächlich geführt werden soll. Nur wenn sich die Mehrzahl der Betroffenen für die Kampfmaßnahme ausspricht, habe das Kampfmittel die demokratische Legitimierung und somit den Schutz des rechtmäßigen Arbeitskampfs verdient. Zudem erscheine es sinnvoll, den ohnehin erforderlichen Kampfbeschluss[611] durch Mitwirkung der betroffenen Mitglieder zu erlangen.[612] Dadurch könne zum einen verhindert werden, dass Einzelinteressen durchgesetzt werden, die nicht dem Willen des Kollektivs entsprechen. Zum anderen werde dem Erfordernis der demokratischen Willensbildung innerhalb der Koalitionen Rechnung getragen.[613]

Zudem könne durch das Erfordernis einer Urabstimmung der Arbeitskampf zeitlich hinausgezögert werden. Diese Phase könne zu einer Beruhigung der Stimmung sowie im besten Fall zur Vermeidung des Arbeitskampfs führen.[614] In

606 *Seiter*, Streikrecht und Aussperrungsrecht, S. 509 ff.
607 *Birk/Konzen/Löwisch/Raiser/Seiter*, Gesetz zur Regelung kollektiver Arbeitskonflikte, S. 48.
608 *Rieble*, FS Canaris, 1439 (1442 ff).
609 Ebd.
610 MünchArbR/*Rieble/Klump*, § 164 Rn. 7.
611 BAG Urteil v. 31.10.1995 – 1 AZR 217/95 = NZA 1996, 389.
612 *Rieble*, ZAF 2 und 3/2005, 218 (221).
613 MünchArbR/*Rieble/Klump*, § 164 Rn. 7.
614 *Lesch*, Ökonomik des Arbeitskampfs, S. 59.

empirischen Studien wurde belegt, dass Urabstimmungen das Arbeitskampfrisiko verringern können.[615]

(3) Stellungnahme

Bei aller Rücksicht auf die Verbandsautonomie der Vereinigungen muss diese im Hinblick auf die Schutzbedürftigkeit des Tarifpartners sowie Dritter zurücktreten. Wollen nicht einmal die Mitglieder den Arbeitskampf, so dürfen Gegner, Dritte und auch die Gewerkschaftsmitglieder selbst diesem nicht ausgeliefert werden.[616]

Es besteht zudem folgende Besonderheit: Im Gegensatz zu anderen Verbänden betreffen Gewerkschaftsentscheidungen auch das Außenverhältnis zum sozialen Gegenspieler, wohingegen „gewöhnliche" Verbände lediglich die Stellung und Pflichten ihrer Mitglieder regeln können.[617] Allein die Mitgliedschaft in einer Gewerkschaft kann nicht zu einer *„umfassenden Belastungseinwilligung"*[618] führen.

Hinzu kommt Folgendes: Früher war die Diskussion über das Erfordernis einer Urabstimmung eine eher theoretische. Fanden sich bei der Durchführung des Arbeitskampfs nicht genügend Unterstützer, kam es mangels Durchschlagskraft des Streiks zu nur geringen Schäden. Denn jeder Arbeitskampf lebt vom Mitmachen. Zudem war den Gewerkschaften sowie den Arbeitnehmern daran gelegen, Arbeitskämpfe nur in maßvollem Umfang auszutragen, da die finanziellen Opfer von beiden Seiten zu tragen waren. Eine gesetzliche Regelung zur Urabstimmung war demnach bislang nicht erforderlich, da die normative Macht des Faktischen diese ersetzte: Nahm eine hinreichend große Anzahl von Mitgliedern an der Arbeitsniederlegung teil, hätte im Zweifel auch die Urabstimmung Erfolg gehabt. War dem nicht so, hatte sich der Streik in der Regel schnell von selbst erledigt.[619]

Die Entwicklungen der letzten Jahre zeigen aber, dass sich die Ausgangslage geändert hat. Veränderte Arbeitskampfmittel – beispielsweise der Flash-Mob[620] –, Arbeitskämpfe von Spartengewerkschaften sowie die Zulässigkeit von

---

615 *Gunderson/Kervin/Reid*, Canadian Journal of Economics, Vol. 22 No. 4, S. 779ff. Es gibt indes auch Studien, die Urabtimmungen sogar eine streikfördernde Wirkung zusprechen wollen, da es zu einer Selbstbindung der Gewerkschaft komme.

616 *Rieble*, FS Canaris 2007, 1439 f.

617 Ebd., 1446.

618 Ebd.

619 *Franzen/Thüsing/Waldhoff*, Arbeitskampf in der Daseinsvorsorge, S. 116 ff.

620 Siehe dazu unter § 1 A. II. c. (3), Seite 30.

Unterstützungsstreiks haben das Erfordernis einer Urabstimmung wieder zum Thema gemacht. Es besteht keine hinreichende Gewährleistung mehr, dass Arbeitskämpfe auch tatsächlich von der Mehrheit der Mitglieder unterstützt und gewollt sind.

Eine gesetzliche Regelung zur Durchführung einer Urabstimmung ist demnach ein taugliches Mittel, das ultima ratio Prinzip des *Großen Senats* des Bundesarbeitsgerichts auch in die Wirklichkeit umzusetzen. Denn ein Streik, der nicht von der Mehrheit der Mitgliedschaft gewollt und mitgetragen wird, ist in den seltensten Fällen erforderlich.[621]

b. Verfassungsrechtliche Anforderungen

Bei der konkreten Ausgestaltung einer gesetzlichen Regelung sollte der Landesgesetzgeber zurückhaltend agieren. Um nicht tiefer als erforderlich in die Organisationshoheit der Gewerkschaft einzugreifen, sollte die Regelung als bloße Obliegenheit ausgeformt werden. Eine Durchführung von Kampfmaßnahmen wäre dann und nur dann zulässig, wenn zuvor eine kampfbejahende Urabstimmung durchgeführt wurde.[622] Ferner sollten lediglich Mindeststandards festgelegt werden, denen das Verfahren zur Urabstimmung genügen muss.

Erforderlich, aber auch ausreichend erscheint es, wenn die Grundsätze der freien, geheimen und unmittelbaren Wahl für die Urabstimmung festgelegt werden.[623] Dies stünde auch nicht im Widerspruch zur Koalitionsfreiheit, da es sich dann lediglich um eine Ausgestaltung der Betätigungsfreiheit handeln würde, die den Bestand des Grundrechts unberührt lässt. Weitere Details könnten auch hier über eine Durchführungsverordnung geregelt werden.[624]

Auch das Neutralitätsgebot wird durch diesen gesetzgeberischen Akt nicht verletzt, da nur das Verfahren geregelt wird, nicht aber das Abstimmungsergebnis beeinflusst wird.[625] Eine einfache Mehrheit im Gesetz zu fordern erscheint ausreichend, um die zur Legitimierung erforderliche demokratische Willensbildung innerhalb der Gewerkschaft zu sichern. Es bleibt den Gewerkschaften freilich unbenommen, in ihren Satzungen eine qualifizierte Mehrheit zu fordern, da auch in diesem Punkt gilt, dass das Gesetz lediglich als Mindestanforderung zu verstehen ist, die greift, wenn keine individuellen Regelungen getroffen wurden.

---

621 *Rieble*, FS Canaris, 1439 (1449).
622 *Rieble*, FS Canaris, 1439 (1450).
623 *Rieble*, ZAF 2 und 3/2005, 218 (225); *Franzen/Thüsing/Waldhoff*, Arbeitskampf in der Daseinsvorsorge, S. 121.
624 Vgl. dazu § 4 A. I. 4.
625 *Hettlage*, ZRP 2003, 366 (368).

Als größtes Problem gestaltet sich vermutlich die Frage, wer zur Urabstimmung zugelassen werden soll. Entgegen mancher Stimmen in der Literatur[626] sollten Nichtmitglieder nicht in den Kreis der Stimmberechtigten einbezogen werden: Zwar sind diese ebenso betroffen, wie die Gewerkschaftsmitglieder. Im Gegensatz zu Letzteren haben sich diese jedoch bewusst gegen eine Mitgliedschaft in der Gewerkschaft entschieden und auf ihr Mitspracherecht verzichtet. Würden auch diese zur Abstimmung aufgerufen, würde eine Fremdbestimmung innerhalb des verfassungsrechtlich geschützten Tätigkeitsbereichs zugelassen werden.[627] Gleiches gilt auch für andersorganisierte Gewerkschaftsmitglieder: Könnten die Mitglieder einer Massengewerkschaft den Arbeitskampf einer Spartengewerkschaft durch Vereitelung der Urabstimmung verhindern, würden die kleineren Gewerkschaften zum einen massiv in ihrer Arbeitskampffreiheit beeinträchtigt und zum anderen wären Arbeitskämpfe von Berufsgruppengewerkschaften wohl insgesamt nicht mehr rechtmäßig durchführbar.[628]

Eine zusätzliche Begrenzung auf die aktiv Streikenden ist jedoch im Hinblick auf die veränderte Arbeitskampfrealität auch nicht geboten. Als Resultat der eng vernetzten und komplementären Wirtschaftsstrukturen beeinflusst eine Arbeitsniederlegung meist eine große Anzahl anderer organisierter Arbeitnehmer, die nicht aus dem Streikfonds entschädigt werden, sondern dem Arbeitskampfrisiko folgend, ihren Entgeltausfall selbst zu tragen haben. Demnach sollten auch eigene Gewerkschaftsmitglieder, die einer Prognose nach von der zu erwartenden Arbeitsniederlegung betroffen sein werden, zur Urabstimmung gebeten werden.[629]

Die verbandsinterne Organisation der Urabstimmung sowie der Nachweis der rechtmäßigen Durchführung sollten in die Verantwortung der Gewerkschaften gelegt werden. Dies sollte vor allem auch aus dem Grund erfolgen, um sich nicht der zu erwartenden Kritik der überbordenden Bürokratie auszusetzen.

Die Einführung einer gesetzlichen Verpflichtung zur Urabstimmung ist dem deutschen Recht zudem nicht fremd: § 6 Abs. 2 Nr. 11 PartG sieht eine verpflichtende Mitgliederbefragung vor. Auch dort ist das konkrete Verfahren durch eine verbandsinterne Satzung zu regeln.

---

626 Bspw. *Hettlage*, ZRP 2003, 366 (369).
627 *Rieble*, FS Canaris, 1439 (1451 ff.).
628 Ebd.
629 Ebd.

c. Sperrwirkung anderer Regelungen

Die gesetzliche Einführung einer Urabstimmungsobliegenheit könnte gegen Art. 3 ILO-Übereinkommen Nr. 87 verstoßen. Denn danach hat sich der Staat „(...) *jedes Eingriffs zu enthalten, der geeignet wäre, dieses Recht*" – nämlich das der Gewerkschaften, sich Satzungen zu geben, „... *zu beschränken oder dessen rechtmäßige Ausübung zu behindern*". Nach Auffassung des Bundesverfassungsgerichts gewährleistet dieses Übereinkommen die Koalitionsfreiheit aber nur in ganz allgemeinem Sinne und geht nicht über den Schutzbereich des Art. 9 Abs. 3 GG hinaus.[630] Steht eine mögliche Regelung folglich mit der deutschen Verfassung in Einklang, ist ein Verstoß gegen das das ILO Übereinkommen Nr. 87 nicht zu befürchten.

d. Formulierungsvorschlag

(1) Der rechtmäßige Streik setzt neben einem Kampfbeschluss, der dem Gegner zugehen muss, voraus, dass im betreffenden Kampfgebiet eine Urabstimmung stattgefunden hat, bei der mehr als 50 % der Gewerkschaftsmitglieder dem konkreten Arbeitskampf ihre Zustimmung gegeben haben. Die Satzung kann einen höheren Anteil vorsehen. Die Urabstimmung hat nach den Grundsätzen des § 38 Abs. 1 BWG zu erfolgen.

(2) Die Satzung der Gewerkschaft regelt die Einzelheiten der Durchführung der Urabstimmung.

(3) Die Absätze 1 und 2 gelten für Arbeitskämpfe der Arbeitgeberseite entsprechend.

4. Regelung einer Abkühlungs- oder Ankündigungsphase

a. Zweckmäßigkeitserwägungen

Bei Tarifverhandlungen und in Zeiten drohender Arbeitskämpfe handeln alle Akteure zumeist mit hoher Emotionalität und unter hohem Druck – gesellschaftlichem und innerparteilichem. Zudem bestehen häufig Informations- und Kommunikationsdefizite, die zu einer fehlerhaften Beurteilung der Kompromissbereitschaft der anderen Partei führen.[631] Verhärtete Fronten können eine sachlich mögliche Einigung verhindern und zu einer erhöhten Kampfbereitschaft führen.

---

630 *Rehder/Deinert/Callsen*, Arbeitskampfmittelfreiheit und atypische Arbeitskampfformen, S. 62.

631 *Lesch*, Ökonomik des Arbeitskampfrechts, S. 48.

(1) Befürwortende Argumente

Eine gesetzlich vorgeschriebene Abkühlungsphase im Arbeitskampf könnte eine taugliche Möglichkeit sein, eine einvernehmliche Lösung des Tarifkonflikts dennoch herbeizuführen und weitere Arbeitskämpfe zu vermeiden. In den USA besteht diese Möglichkeit durch den sog. *Taft-Hartley Act*: Der US-amerikanische National Labor Relations Act erlaubt dem Präsidenten in sec. 206, einen Arbeitskampf für 80 Tage auszusetzen und eine Unterlassungsverfügung zu erlassen.[632] Zwar kann der Präsident den Parteien keine Schlichtungsvorschläge unterbreiten. Der Arbeitskampf wird aber unterbrochen, und es wird eine Kommission eingerichtet, die den Arbeitskampf untersucht.[633] Dadurch wird den Beteiligten eine Zwangspause auferlegt, in denen sich zum einen die erhitzten Gemüter beruhigen können und zum anderen eine erneute Chance auf eine konfliktfreie Einigung gegeben ist.

(2) Ablehnende Argumente

Gegen eine solche Regelung kann vorgebracht werden, dass sie erst nach Beginn der Kampfmaßnahmen eingreift und zu diesem Zeitpunkt häufig bereits Schäden entstanden sind. Hinzu kommt: Sollte eine Partei einmal die Schwelle zum Jetzt-geht-es-los überschritten haben und aktiv in den Arbeitskampf eingestiegen sein, erscheine die Aussicht auf eine einvernehmliche Lösung wenig erfolgversprechend.[634] Zudem werde durch eine gesetzliche Abkühlungsphase die Koalitionsfreiheit der Parteien in gravierender Weise beschnitten.[635] Sollte sich eine Partei für eine Kampfmaßnahme entschieden haben, sei dies Ausdruck der kollektiven Willensbildung und müsse nach oben genannten Grundsätzen gewährleistet werden. Anderenfalls würde die Arbeitskampffreiheit in unzulässiger Weise in ihrem Kern beschränkt.

(3) Stellungnahme

Die Kodifizierung einer Abkühlungsphase mit Zwangspause erscheint nicht als sinnvolle Maßnahme. Zum einen setzt eine mögliche Regelung zu spät an, da im Regelfall bereits materielle Schäden sowie insbesondere negative Auswirkungen auf den Betriebsfrieden entstanden sind. Zum anderen erscheint die Einführung einer Schlichtungsobliegenheit vor Beginn des Arbeitskampfes als aussichtsreicheres Mittel, eine einvernehmliche Lösung herbeizuführen.

---

632 *Bayreuther*, NZA 2008, 12 (16).

633 *Franzen/Thüsing/Waldhoff*, Arbeitskampf in der Daseinsvorsorge, S. 85.

634 *Leinenweber*, Landesschlichtungsgesetze?, S. 157.

635 *Rudkowski*, Der Streik in der Daseinsvorsorge, S. 94 f.

In diesem Zusammenhang sinnvoller erscheint eine Verpflichtung zu einer Ankündigung der Kampfmaßnahme mit anschließender Abkühlungsfrist vor tatsächlichem Kampfbeginn. Die Verpflichtung der Koalitionen, eine gewisse Zeit bis zur ersten Kampfhandlung verstreichen zu lassen, erscheint richtig und ausreichend.[636] Durch die ultimative Ankündigung des Streiks werden beide Parteien in die Lage versetzt, sich abschließend über Auswirkungen und mögliche Alternativen klar zu werden, sich auf Schäden vorzubereiten und Maßnahmen zu deren Verringerung einzuplanen.

b. Verfassungsrechtliche Anforderungen

Die Verpflichtung der Parteien, eine Arbeitskampfmaßnahme im Vorfeld anzukündigen und nicht vor Ablauf einer Frist zu beginnen, beschränkt die Tarifautonomie. Es handelt sich dabei jedoch um eine Ausgestaltung, zu der der Gesetzgeber befugt ist. Entgegen einiger Stimmen in der Literatur ist es nämlich nicht eigentümliches Element des Arbeitskampfes, das Überraschungsmoment für sich nutzen zu können.[637] Die kurzfristige Arbeitsniederlegung zur Maximalschädigung des Tarifpartners ist nicht der Kernbestandteil der Arbeitskampffreiheit. Diese begründet sich in der Durchsetzungskraft kollektiver Interessen und nicht in der „*Schadensmaximierung kraft Überraschung*"[638]. Durch die Ankündigung wird dem Gegner zumindest eine Mindestversorgung ermöglicht und die Allgemeinheit kann sich, insbesondere bei Arbeitskämpfen in der Daseinsvorsorge, auf die veränderte Lage rechtzeitig einstellen. In Frankreich besteht mit Art. 521-3 *Code du Travail* eine fünftägige Vorankündigungspflicht,[639] in Italien sind Arbeitskämpfe durch das Gesetz L 146 vom 12.6.1990 sogar zehn Tage im Voraus anzukündigen. Um die in Deutschland durch das Grundgesetz garantierte Tarifautonomie nicht über Gebühr zu belasten, erscheint hier eine Frist von drei Tagen angemessen, aber auch ausreichend. Anders als bei den Regelungen zu Schlichtung und Urabstimmung erscheint hier aus den genannten Gründen eine „echte" Verpflichtung der Parteien zulässig.

c. Sperrwirkung anderer Regelungen

Wie alle verfahrensrechtlichen Regelungen könnte auch die Ankündigungsverpflichtung gegen die oben genannten Regelungen der ESC oder der ILO verstoßen. Diesbezüglich kann aber auf das soeben Gesagte Bezug genommen werden,

636 *Scholz*, in: Maunz/Dürig, GG, Art. 9 Rn. 286.
637 So bspw. *Bayreuther*, NZA 2013, 704 (706).
638 *Rieble*, ZAF 2 und 3/2005, 218 (225).
639 *Bayreuther*, NZA 2008, 12 (17).

so dass auch eine Ankündigungsverpflichtung innerhalb der jeweils gezogenen Schranken zulässig wäre.

d. Formulierungsvorschlag

„Kampfmaßnahmen sind den Betroffenen mit einer Frist von drei Tagen anzukündigen. Dabei sollen Gegner, Beginn und Dauer klargestellt werden."

5. Sonderregelungen für Unternehmen der Daseinsvorsorge?

a. Zweckmäßigkeitserwägungen

Im Bereich der Daseinsvorsorge stehen sich die Interessen der Beteiligten in besonderem Maße entgegen. Die Unternehmen der Daseinsvorsorge trifft eine verfassungsrechtliche Verpflichtung zur verlässlichen Versorgung. Dem stehen die berechtigen Interessen der Beschäftigten zur Wahrnehmung ihrer Koalitionsfreiheit gegenüber.[640] Arbeitskämpfe in der Daseinsvorsorge führen zu erheblichen Beeinträchtigungen Dritter, die nicht unmittelbar am Arbeitskampf beteiligt sind, wegen ihrer Abhängigkeit von den Leistungen aber massiv geschädigt werden.[641]

(1) Befürwortende Argumente

Die zunehmende Privatisierung in nahezu allen Bereichen zeigt hier Schattenseiten. Bereiche, die vormals ausschließlich von Beamten ohne Streikrecht ausgeübt wurden und eine verlässliche und beständige Versorgung garantierten, werden nun von privatrechtlich Beschäftigten übernommen, die von ihrem Arbeitskampfrecht Gebrauch machen. Mit zum Teil gravierenden Folgen: Der Daseinsvorsorge eigentümlich ist eine gewisse Monopolstellung, die dazu führt, dass ein Ausweichen auf andere Anbieter in der Regel nicht möglich ist.[642] Leidtragende sind vor allem auch die Bevölkerung, die schwer betroffen, aber nicht entscheidungskompetent ist, da sie nicht zur Streikbeilegung beitragen kann. Ein gesetzliches Sonderarbeitskampfrecht, das die Besonderheiten im Bereich der Daseinsvorsorge berücksichtigt, könnte den spezifischen Belangen Rechnung tragen.

(2) Ablehnende Argumente

Gegen eine gesetzliche Regelung sprechen die Abgrenzungsschwierigkeit des Begriffs der Daseinsvorsorge und die damit einhergehende Rechtsunsicherheit.

---

640 *Franzen/Thüsing/Waldhoff*, Arbeitskampf in der Daseinsvorsorge, S. X.

641 *Schliemann*, RdA 2012, 14.

642 *Franzen/Thüsing/Waldhoff*, Arbeitskampf in der Daseinsvorsorge, S. 6.

Allgemein definiert handelt es sich dabei um Tätigkeiten, die der grundlegenden Versorgung der Bevölkerung mit wesentlichen Gütern und Dienstleistungen dienen[643], sozusagen „überlebenswichtig" sind.

Eine gewisse Begrenzung der Folgen trete ohnehin bereits dadurch ein, dass es vorrangig eine Obliegenheit der Tarifvertragsparteien selbst sei, die Durchführung von Notarbeiten eigenständig zu regeln. Denn ein Arbeitskampf ohne entsprechende Sicherstellung ist rechtswidrig.[644]

b. Stellungnahme

Ein Sonderarbeitskampfrecht ist nicht erforderlich, wenn die angeführten Regelungsvorschläge für ein Landesarbeitskampfgesetz in die Tat umgesetzt würden. Die genannten Ansatzpunkte bewirken auch einen erhöhten Schutz der Allgemeinheit. Ein spezielles Arbeitskampfrecht für den Bereich der Daseinsvorsorge würde an der Unbestimmtheit des Rechtsbegriffs „Daseinsvorsorge" kranken. Insbesondere dürfte in der heutigen Gesellschaft die Frage, was als „überlebenswichtig" einzustufen ist, äußerst differenziert beantwortet werden.

Die Überlegungen, das Sonderarbeitskampfrecht an branchenspezifische Kriterien anzuknüpfen,[645] können in einem Gesetz nur schwer umgesetzt werden. Zwar würden sie eine klarere Abgrenzung bieten und die jeweiligen Besonderheiten der einzelnen Branchen berücksichtigen. Eine Kodifizierung in abstrakt-genereller Form erscheint aber kaum möglich. Zudem unterliegen auch diese Überlegungen und Einstufungen in verschiedene Kategorien einem stetigen Wandel und sind nur schwerlich zu objektivieren.

Auch für Notarbeiten bedarf es keiner gesonderten Regelung. Eine Verpflichtung zur Erbringung von Notarbeiten ergibt sich bereits aus dem Arbeitsverhältnis und dem Gemeinwohl. Zwar steht dem Arbeitnehmer das Streikrecht zur Wahrnehmung kollektiver Interessen zu. Ein darüber hinausgehendes Schadenszufügungsrecht wird ihm aber nicht zugestanden.[646] Demnach ist selbst in dem sensiblen Bereich der Daseinsvorsorge eine gesonderte Regelung nicht erforderlich. Zudem sind die Gewerkschaften verpflichtet, dafür zu sorgen, dass Notarbeiten erbracht werden, denn die Rechtmäßigkeit eines Streiks wird auch

643 Ebd, S. 21.

644 BAG Urteil v. 31.1.1995 – 1 AZR 142/94 = AP Art. 9 GG Arbeitskampf Nr. 135.

645 Diesen Ansatz verfolgen bspw. *Rudkowski*, Der Streik in der Daseinsvorsorge, § 4 D, S. 144 bis 272 oder *Scherer*, Grenzen des Streikrechts in den Arbeitsbereichen der Daseinsvorsorge, 11. Kapitel, S. 119 ff.

646 *Kissel*, Arbeitskampfrecht, S. 629.

an der Sicherstellung von Not- und Erhaltungsarbeiten gemessen.[647] Die Tarifvertragsparteien sind demnach grundsätzlich dazu verpflichtet, eine Regelung zur Erbringung von Notarbeiten zu treffen. Dies hat auch das Bundesarbeitsgericht in seinem Urteil vom 31.1.1995 bestätigt und festgestellt, dass Vereinbarungen zwischen den Parteien *„wünschenswert und vorrangig"* seien.[648]

Für Fälle, in denen eine solche Vereinbarung zwischen den Parteien nicht getroffen wurde, soll in einem verbindlich vorgeschalteten Schlichtungsverfahren (siehe § 3 C. III., Seite 108) eine Regelung vorgesehen werden.[649] Auch wenn ein Schlichtungsverfahren grundsätzlich die Vermeidung des drohenden Arbeitskampfs als Zielrichtung hat, kann ein anschließender Arbeitskampf nicht ausgeschlossen werden. Für den Fall, dass eine gütliche Einigung nicht gefunden werden kann, sollten beide Parteien ein Interesse an der Regelung von Notarbeiten haben: Die Arbeitnehmerseite wegen der Gefahr eines sonst rechtswidrigen Arbeitskampfs, die Arbeitgeberseite, um drohende Schäden so gering wie möglich zu halten.

Diese Lösung bringt neben einer hohen Praktikabilität auch den Vorteil, dass die Parteien selbst eine passende Regelung treffen und den Umfang der Notarbeiten für den konkreten Fall aushandeln müssen. Wird dennoch keine Einigung gefunden, sollen der Schlichtungsstelle Befugnisse zur verbindlichen Entscheidung übertragen werden. Ohne diese Befugnis der Schlichtungsstelle bliebe den Betroffenen zwar die Möglichkeit, den einstweiligen Rechtsschutz in Anspruch zu nehmen unbenommen. Vor dem Hintergrund großer und möglicherweise irreversibler Schäden, die dem Gemeinwohl gerade im Bereich der Daseinsvorsorge drohen, erscheint eine verbindliche Entscheidung durch den Schlichter vor dem Arbeitskampf als die bessere Lösung.

V. Regelung der selektiven Aussperrung

1. Zweckmäßigkeitserwägungen

Die allgemeine Diskussion über den Arbeitskampf an sich ist vorrangig auf die Positionen und Rechte der Arbeitnehmerseite fokussiert. Dies gründet zum einen in deren vermeintlich höheren Schutzbedürftigkeit, zum anderen aber auch in der anzahlmäßig weiten Überlegenheit von Streiks im Vergleich zur Aussperrung.

---

647 *Treber*, in: Schaub, ArbRHandbuch, § 193 Rn. 65.

648 BAG Urteil v. 31.1.1995 – 1 AZR 142/94 = AP Art 9 GG Arbeitskampf Nr. 135.

649 In diesem Sinne auch *Franzen/Thüsing/Waldhoff*, Arbeitskampf in der Daseinsvorsorge, S. 125.

Die Rechtsprechung hat das Aussperrungsrecht der Arbeitgeberseite in den vergangenen Jahrzehnten stetig vermindert und faktisch beinahe unmöglich gemacht[650], obwohl jedenfalls die Abwehraussperrung, auf die sich die folgenden Ausführungen beschränken,[651] rechtlich nach wie vor zulässig ist.[652]

Hinterfragt man die Gründe, so fußen diese auf der (zunehmend überkommenen) Auffassung, dass der Arbeitgeber stets kraft wirtschaftlicher Stellung dem Arbeitnehmer überlegen sei und letzterer den vollumfänglichen Schutz des Staates bedürfe. Diese Ansicht begründet auch den augenfälligen Wandel der Bedeutung und insbesondere der gesellschaftlichen Akzeptanz des Streiks: War er früher als unerwünschtes Übel lediglich gebilligt[653], wurde das Streikrecht in den darauffolgenden Jahren immer mehr ausgeweitet und gestärkt. Auf der Arbeitgeberseite ist an Arbeitskampfmitteln dagegen kaum etwas übrig geblieben. Dadurch ist das Arbeitskampfrecht sehr einseitig geworden.[654]

Hinzu kommt: Durch die Aufgabe des Grundsatzes der Tarifeinheit wurden Arbeitskämpfe von sog. Funktionseliten ermöglicht. Diese treten in Streik zur Durchsetzung gruppenegoistischer Ziele, die für nur einige wenige Personen in Schlüsselpositionen Gültigkeit besitzen.[655] Im Gegensatz zu früher organisiert sich folglich nicht mehr ein Großteil der Belegschaft zur Verfolgung deren Gesamtinteressen. Es handelt sich vielmehr um Arbeitnehmer in spezialisierten und oft hochqualifizierten Positionen, deren Arbeitsniederlegung für den Arbeitgeber mit immensen finanziellen Nachteilen verbunden ist und nicht selten zum Betriebsstillstand führt. Kollateralschäden im modernen, eng verzahnten und von Arbeitsteilung geprägten Wirtschaftsleben tragen häufig zu massiven Auswirkungen auf den gesamten Wirtschaftszweig und unter Umständen auf die gesamte Wirtschaft bei.[656]

In so einem Fall sind die Reaktionsmöglichkeiten des betroffenen Arbeitgebers beschränkt. Das Bundesarbeitsgericht hält die selektive Aussperrung für unzulässig. Denn aus dem Recht der Nichtorganisierten, sich an dem Streik zu

---

650 *Rieble*, ZAF 2 und 3/2005, 218 (219).

651 Fragen zur Angriffsaussperrung werden im Folgenden nicht erörtert, da deren verfassungsrechtliche Zulässigkeit nach wie vor nicht hinreichend geklärt ist. Eine diesbezügliche landesgesetzliche Regelung würde vermutlich auf größten Widerstand stoßen und hätte wenig Aussicht auf eine Kodifizierung.

652 Vgl. dazu die Ausführungen in § 1 A.

653 BAG GS Beschluss v. 28.1.1955 – GS 1/54 = AP Nr. 1 zu Art. 9 GG Arbeitskampf.

654 *Rieble*, ZAF 2 und 3/2005, 218 (219).

655 *Giesen*, NZA 2009, 11 (14).

656 Ebd.

beteiligen, ergebe sich deren zwangsweise Einbeziehung in die Aussperrung.[657] Eine alleinige Aussperrung der Gewerkschaftsmitglieder würde die Koalitionsfreiheit im ihrem Bestand verletzen, da durch die Verschonung der Nichtmitglieder der Anreiz zum Gewerkschaftsbeitritt verleidet würde.[658] Der Arbeitgeber muss also alle Arbeitnehmer aussperren, unabhängig davon, ob sie arbeitswillig sind und ob sie die Forderungen der streikenden Gewerkschaft überhaupt teilen.[659] Die Aussperrung führt in dieser Form folglich zu einer Selbstschädigung der Arbeitgeberseite.[660] Hinzu kommt, dass der Arbeitgeber im tarifpluralen Betrieb Gefahr läuft, bei Aussperrung aller Arbeitnehmer gegen Friedenspflichten aus konkurrierenden Tarifverträgen zu verstoßen.[661]

Um ein wirksames, das Gleichgewicht herstellendes Abwehrmittel gegen Arbeitskampfmittel der Gewerkschaften zu haben, könnte es mithin sinnvoll sein, die selektive Aussperrung zuzulassen.

a. Befürwortende Argumente

Eine gesetzliche Regelung könnte der Arbeitgeberseite wieder ein taugliches kollektives Kampfmittel an die Hand geben und die Kampfparität wiederherstellen. Die Rahmenbedingungen haben sich gerade in den letzten Jahren so maßgeblich verändert, dass von einer wirtschaftlichen Überlegenheit der Arbeitgeberseite kraft Natur der Sache nicht mehr ausgegangen werden kann. Im Gegenteil: Eine staatliche Schutzpflicht könnte nunmehr gegenüber dem strukturell unterlegenen Arbeitgeber bestehen.[662] Die Stärkung der Arbeitnehmerrechte hat ein Ausmaß angenommen, das es für den Arbeitgeber beinahe unmöglich macht, sich gegen kollektive Arbeitskampfmaßnahmen zu wehren.

Durch die Aufgabe des Grundsatzes der Tarifeinheit führt die Aussperrung in derzeitiger Form nicht mehr zu sachgerechten Lösungen. Es ist folglich Aufgabe der Gesetzgebung, in Reaktion auf die veränderte Arbeitskampfrealität der Arbeitnehmerseite, die Arbeitskampfmöglichkeiten der Arbeitgeberseite zu stärken.[663]

---

657 BAG GS Beschluss v. 21.4.1971 – GS 1/68 = AP Nr. 43 zu Art. 9 GG Arbeitskampf.

658 BAG Urteil v. 10.6.1980 – 1 AZR 331/79 = AP Nr. 66 zu Art. 9 GG Arbeitskampf.

659 *Rieble*, ZAF 2 und 3/2005, 218 (220).

660 Ebd.

661 *Greiner*, Rechtsfragen, S. 429 m.w.N., a.A. *Franzen*, RdA 2008, 193 (201), unter Hinweis auf die Relativität der Friedenspflicht.

662 *Greiner*, NZA 2007, 1023 (1024).

663 Ebd., 2015.

Durch die gesetzliche Regelung der selektiven Aussperrung könnte den Arbeitgebern zu einem wirksamen Abwehrmittel verholfen werden, das die Parität wiederherstellen kann.

Denn: Das Verbot der selektiven Aussperrung führt momentan dazu, dass der Arbeitgeber alle Arbeitnehmer – Nichtorganisierte und Andersorganisierte – aussperren muss, selbst wenn diese von dem umkämpften Tarifvertrag gar nicht profitieren würden und möglicherweise arbeitswillig sind.[664] Dies führt nicht mehr zu angemessenen Ergebnissen. Zum einen ist der – nicht durch die Streikkasse kompensierte – Entgeltwegfall für die Nicht- oder Andersorganisierten schwer zu rechtfertigen, wenn diese nicht vom zukünftigen Tarifvertrag umfasst wären und nur von der *„arbeitskampfrechtlichen Schrotflinte des Arbeitgebers“*[665] getroffen würden. Zum anderen erscheint es auch nicht als effektive Abwehrreaktion, da der Druck auf die streikende Gewerkschaft nicht erhöht wird. Es kommt dieser unter Umständen sogar zupass, dass dadurch eine Intensivierung des Arbeitskampfs stattfindet, für die sie keinen finanziellen Ausgleich zu leisten hat.[666] Ob eine solche Abwehrmaßnahme dann überhaupt noch rechtmäßig ist, ist fraglich, da es wohl schon an der Geeignetheit des Kampfmittels fehlt.[667]

Zudem besteht derzeit ein hohes Maß an Rechtsunsicherheit, nicht zuletzt durch die Rechtsprechung des Bundesarbeitsgerichts. Eine Gesetzeslösung könnte für Rechtsklarheit sorgen. Die selektive Aussperrung könnte auch Klarheit zur Aussperrungsarithmetik des Bundesarbeitsgerichts beitragen. Denn es ist derzeit weder sicher, ob die Quotenregelung noch Anwendung findet bzw. falls ja, welche Aussperrungsquoten schließlich tatsächlich vor Gericht Bestand haben. Auch vor dem Hintergrund der Berufsgruppenarbeitskämpfe erscheint freilich fraglich, ob die Quotenregelung noch sinnvollerweise aufrechterhalten werden kann.[668]

b. Ablehnende Argumente

Gegen eine Normierung der selektiven Aussperrung werden insbesondere verfassungsrechtliche Gründe angeführt, da die Koalitionsfreiheit der streikenden Gewerkschaftsmitglieder unverhältnismäßig eingeschränkt werde. Gleiches

---

664 *Rieble*, ZAF 2 und 3/2005, 218 (220).

665 Ebd.

666 *Greiner*, NZA 2007, 1023 (1027).

667 Ebd.

668 *Von Steinau-Steinrück/Brugger*, NZA-Beil. 2010, 127 (131).

gelte auch für die negative Koalitionsfreiheit der Nichtorganisierten. Dies habe sich auch durch die Aufgabe des Grundsatzes der Tarifeinheit nicht geändert.[669]

Zudem werden rein praktische Gründe dagegen vorgebracht: Selbst wenn dem Arbeitgeber ein Fragerecht betreffend die Gewerkschaftszugehörigkeit der Arbeitnehmer zugestanden wird[670], werde während eines Arbeitskampfes die Gewerkschaftszugehörigkeit nicht immer einwandfrei zu bestimmen sein und dem Arbeitgeber die selektive Aussperrung nicht immer ordnungsgemäß gelingen.[671] Zudem sei der ersatzlose Entgeltausfall ohne Kompensation durch die Streikkasse legitim. Das Streikgeld stelle keine *„soziale Sonderzuwendung"*[672] dar, sondern es handle sich um Zahlungen aus den Beiträgen der Gewerkschaftsmitglieder, die die Außenseiter nicht zu leisten hätten. Diesen obliege eine eigenverantwortliche Vorsorge für Entgeltausfälle.[673]

c. Stellungnahme

Vorab stellt sich die grundsätzliche Frage, ob die Aussperrung aus Zweckmäßigkeitserwägungen für die Arbeitgeberseite überhaupt noch Sinn macht und gewollt ist und eine gesetzliche Regelung demnach nötig ist.

Bei der Beantwortung dieser Fragen darf man sich indes nicht dadurch leiten lassen, dass es seit Jahren kaum noch (zulässige) Aussperrungen gegeben hat. Denn dies resultiert vorrangig aus dem überhöhten Schutzumfang, den das Bundesarbeitsgericht der Arbeitnehmerseite zugesprochen hat und dadurch die Aussperrung quasi unmöglich gemacht hat.

Vielmehr ist zu klären, ob die Aussperrung den Arbeitgebern tatsächlich ein taugliches Abwehrmittel gegen die Forderungen der Gewerkschaften an die Hand gibt. Auch hier sind die Entwicklungen der vergangenen Jahre in Betracht zu ziehen.

Zum einen ist die Aussperrung in Branchen, die auf Termingeschäfte angewiesen sind und in denen eine Nachholbarkeit der Leistung nicht möglich ist, unbrauchbar.

Zum anderen haben die ökonomischen und rechtlichen Veränderungen dazu geführt, dass die Gewerkschaften in den letzten Jahren ihren Fokus auf

---

669 *Franzen*, RdA 2008, 193 (202).

670 Zustimmend *Franzen*, RdA 2008, 193 (195), der nach Abschluss der Arbeitsvertrages ein berechtigtes Interesse des Arbeitgebers an der Gewerkschaftszugehörigkeit bejaht; ablehnend: *Feudner*, RdA 2008, 104 (107).

671 *Kentner*, Arbeitskampfmittel der Arbeitgeber, S. 151.

672 BAG Urteil v. 10.6.1980 – 1 AZR 331/79 = AP GG Art. 9 Arbeitskampf Nr. 66.

673 Ebd.

erhebliche Entgelterhöhungen in allen Bereichen legen konnten. So erfreulich dies für die Arbeitnehmer war, so haben die damit verbundenen Arbeitskosten sie auf dem internationalen Markt in manchen Bereichen ins Abseits gestellt. Nicht nur der innereuropäische, sondern vor allem der globale Wettbewerb begrenzen die Tarifmacht der Gewerkschaften, da es sich eben nicht um ein Duell eins gegen eins zwischen Arbeitgeber- und Arbeitnehmerseite handelt, sondern in zunehmendem Maße stets der Wettbewerbsdruck als Damoklesschwert über dem Konflikt schwebt. Die Tarifpolitik endet dort, wo die Wettbewerbsschwelle überschritten ist.[674] Kann der Arbeitgeber seinen Betrieb nicht mehr wirtschaftlich führen, bleibt ihm häufig keine andere Wahl, als mit Standortverlagerungen oder -konzentrationen zu reagieren. *Rüthers* fasst dieses Phänomen für die vergangenen Jahre treffend zusammen: *„Der Arbeitskampf wurde zum Motor der Verlagerung ganzer Branchen in Länder mit niedrigeren Arbeitskosten, Deutschland exportierte Arbeitsplätze in Billiglohnländer.“*[675] Denn unabhängig davon, in welchem Maße die Aussperrung auch zugelassen sein mag, führt jeder Arbeitskampf insbesondere für die Arbeitgeberseite zu massiven wirtschaftlichen Schäden sowie zu Nachteilen für Kunden und Allgemeinheit, nicht zuletzt einhergehend auch mit einem Reputationsverlust.[676] All dies hat einen erheblichen Einfluss auf die Wettbewerbsfähigkeit. Aus diesem Grund besteht ein Anreiz für die Arbeitgeber, bereits im Vorfeld Druck auf die Gewerkschaft aufzubauen und diese von möglicherweise überhöhten Forderungen abzubringen. Die Drohung mit einer Standortverlagerung hat den „Vorteil“, dass sie nach richtiger Auffassung auch kein Arbeitskampfmittel ist, das den dafür geltenden Grundsätzen entsprechen muss. Es fehlt an der für jeden Arbeitskampf eigentümlichen Vorenthaltung der geschuldeten Leistung.[677]

Dieses Druckmittel ist in der Regel geeignet, sich dem einseitigen Diktat der Tarifbedingungen durch die Gewerkschaften zu widersetzen.[678] Für die Fälle, in denen eine Standortverlagerung aber nicht in Betracht kommt, sei es auf Grund einer zwingenden Ortsgebundenheit, bei Unternehmen der Daseinsvorsorge oder auch aus Verantwortungsbewusstsein des Arbeitgebers, ist es dennoch aus Gründen der Kampfparität angezeigt, den Arbeitgeber für den Fall eines Arbeitskampfs mit tauglichen Kampfinstrumenten auszustatten. Kommt es trotz

674 *Rieble*, ZAF 2 und 3/2005, 218 (221).
675 *Rüthers*, NZA 2010, 6 (10).
676 *Feudner*, RdA 2008, 104 (107).
677 *Richardi/Fischinger*, in: Staudinger, Vorbem. § 611 Rn. 956.
678 *Schwarzwälder*, Machtmissbrauchskontrolle von Streiks selbstständig organisierter Funktionseliten, S. 70.

aller Bemühungen um eine einvernehmliche Lösung zu einem Streik, so muss der Arbeitgeber in der Lage sein, adäquat zu reagieren. Dies wird ihm mit der selektiven Aussperrung ermöglicht. Nur so kann er seine – nicht von der Hand zu weisende – Selbstschädigung in Grenzen halten und entsprechenden Druck auf die streikende Gewerkschaft aufbauen.

Alternativ wird in der Lehre diskutiert, ob der lösenden Aussperrung mit bedingtem Wiedereinstellungsanspruch der Vorzug gegeben werden solle.[679] Dem wird hier nicht nachgegangen, da die Vorteile einer lösenden Aussperrung gegenüber einer individualrechtlichen Kündigung marginal sind und im Ergebnis kaum weitergehende Wirkungen als mit der suspendierenden Aussperrung erreicht werden können.[680] Zudem ist es in der Regel nicht im Interesse des Arbeitgebers, die zum Teil hochspezialisierten Arbeitskräfte auf Dauer zu verlieren.[681]

2. *Verfassungsrechtliche Anforderungen*

Eine landesgesetzliche Regelung der Selektivaussperrung muss den Anforderungen der Verfassung entsprechen und die bestehenden Grundrechtspositionen in einen gerechten Ausgleich bringen.

In der Entscheidung vom Juni 1980 hat das Bundesarbeitsgericht den von seinem *Großen Senat* aufgestellten Grundsatz, dass Nicht- und Andersorganisierte mitausgesperrt werden dürfen,[682] in eine Pflicht verkehrt und die selektive Aussperrung als unzulässig angesehen.[683] Durch die gezielte Aussperrung der Gewerkschaftsmitglieder werde deren individuelle positive Koalitionsfreiheit verletzt.[684] Die Maßnahme sei daher gemäß Art. 9 Abs. 3 Satz 2 GG rechtswidrig. Die Koalitionsfreiheit sei schon deshalb beeinträchtigt, weil Schlechterstellungen aufgrund der Gewerkschaftszugehörigkeit nur dann zulässig seien, wenn

679 Für alle *Greiner*, NZA 2007, 1023 (1027): Die lösende Aussperrung führe dazu, dass die Inaussichtstellung der Beendigung des Arbeitsverhältnisses und der nur bedingte Wiedereinstellungsanspruch der Gefahr von überzogenen Tarifforderungen Einhalt gebieten könne. Die Furcht vor Neubesetzungen könne marktwidrigen Forderungen eine natürliche Begrenzung geben.

680 *Scholz/Konzen*, Die Aussperrung im System von Arbeitsverfassung und kollektivem Arbeitsrecht, S. 235.

681 *Rudkowski*, Der Streik in der Daseinsvorsorge, S. 69.

682 BAG GS Beschluss v. 21.4.1971- GS 1/68 = NJW 1971, 1668.

683 BAG Urteil v. 10.6.1980 – 1 AZR 331/79 = AP GG Art. 9 Arbeitskampf Nr. 65 = NJW 1980, 1653 (1654 f.).

684 Ebd.

sachliche Gründe dies rechtfertigen. Art. 9 Abs. 3 Satz 2 GG verbiete aber Maßnahmen, die mit einer koalitionspolitischen Tendenz begründet werden.[685]

Zudem solle die selektive Aussperrung verhindern, dass „*die Nichtorganisierten ihre mangelhafte Kampfvorsorge erkennen und um der Streikunterstützung willen einer Gewerkschaft beitreten*".[686] Damit ziele sie in unzulässiger Weise unmittelbar auf den Bestand der Gewerkschaft ab.[687]

Gegenteilig lässt sich aber auch argumentieren, dass die negative Koalitionsfreiheit der Nichtorganisierten im gleichen Maße verletzt sein könne, weil die Angst, im Fall eines Arbeitskampfes keine Streikunterstützung zu erhalten, faktisch einen Zwang zum Gewerkschaftsbeitritt bewirken könne.[688] Das Bundesarbeitsgericht hat diese Ansicht nicht geteilt, da sich nach Ansicht des Ersten Senats die finanziellen Leistungen der Gewerkschaft ausschließlich als umgelegte Mitgliedsbeiträge darstellten. Durch die ersparten Aufwendungen könnten Nichtorganisierte schließlich privat Vorsorge treffen.[689]

Insgesamt wurde der Außenseiterschutz im Urteil des Bundesarbeitsgerichts kaum berücksichtigt.[690] Dem Umstand, dass sich die verfassungsrechtliche Zulässigkeit der Außenseiter-Aussperrung gerade aus Art. 9 Abs. 3 GG und dem Funktionieren der Tarifautonomie ergibt, wurde nicht Rechnung getragen.[691] Der Eingriff in die negative Koalitionsfreiheit der Außenseiter wird aber nach ganz herrschender Meinung durch das Erfordernis eines funktionstüchtigen Arbeitskampfsystems gerechtfertigt.[692] Hält es ein Arbeitgeber selbst für nicht erforderlich, die Aussperrung auszuweiten, so soll er auch nicht dazu gezwungen sein, da die Rechtfertigung einer Außenseiter-Aussperrung dann gerade nicht greift. Durch die Begründung einer Aussperrungsbefugnis würde zugleich deren Pflicht abgeleitet. Dieses paradoxe Ergebnis kann kaum gewollt sein.[693]

Durch die selektive Aussperrung könnte aber die kollektive Koalitionsfreiheit der streikführenden Gewerkschaft verletzt werden.[694]

---

685 BAG Urteil v. 10.6.1980 – 1 AZR 331/79 = AP GG Art. 9 Arbeitskampf Nr. 65 = NJW 1980, 1653.

686 Ebd., 1654 f.

687 Ebd.

688 *Thüsing*, ZtR 4/99, 151 (154).

689 BAG Urteil v. 10.6.1980 – 1 AZR 331/79 = NJW 1980, 1653 (1654).

690 *Kentner*, Arbeitskampfmittel der Arbeitgeber, S. 153.

691 *Thüsing*, ZtR 1999. 151 (154).

692 Ebd.

693 Ebd.

694 *Kentner*, Arbeitskampmittel der Arbeitgeber, S. 154.

Denn die Gewerkschaft genießt einen Bestandsschutz, der von Art. 9 Abs. 3 GG gewährt wird. Dieser bezieht sich aber nur auf den Bestand als solchen, garantiert aber keine festen, unveränderlichen Mitgliedszahlen.[695] Dass die Selektivaussperrung zu einer Existenzgefährdung der Gewerkschaften führt, konnte aber bislang weder empirisch nachgewiesen werden, noch erscheint dies glaubwürdig, da der Gewerkschaftsbeitritt zumeist neben finanziellen Vorteilen auch ideelle Beweggründe hat.[696]

Die selektive Aussperrung ist verfassungsrechtlich zulässig, da sie in aller Regel keine koalitionspolitischen, sondern arbeitskampfrechtliche Ziele verfolgt.[697] Die Rechtswidrigkeit einer Maßnahme nach Art. 9 Abs. 3 Satz 2 GG ergibt sich nach herrschender Meinung aber nicht aus deren objektiver Geeignetheit, die Koalitionsfreiheit zu beeinträchtigen, sondern es bedarf vielmehr einer subjektiven Zweckbindung.[698] Diese Beeinträchtigungsabsicht kann aber nicht jedem Arbeitgeber pauschal unterstellt werden. Die selektive Aussperrung wird wohl in den seltensten Fällen ausschließlich dazu verwendet, die Gewerkschaftsmitglieder in ihrer Koalitionsfreiheit zu beschränken. Sie ist vielmehr notwendiges Kampfmittel, um den Arbeitgebern eine sinnvolle Abwehr von Arbeitskämpfen zu ermöglichen. Durch die selektive Aussperrung kann Druck auf die streikende Gewerkschaft ausgeübt werden und kann der Arbeitgeber aus seiner Pflicht zur Selbstschädigung genommen werden.[699] Ist der Arbeitgeber berechtigt, die Aussperrung auf Gewerkschaftsmitglieder zu beschränken, besteht die Chance, dass er mit den verbleibenden, arbeitswilligen Arbeitnehmern die Arbeitsabläufe wenigstens teilweise aufrechterhalten kann und Schäden gering gehalten werden.[700]

Dagegen wird durch das Verbot der selektiven Aussperrung, wie es das Bundesarbeitsgericht vertritt, der Arbeitgeber in seiner positiven Koalitionsfreiheit beeinträchtigt, denn er ist verpflichtet, auch arbeitswillige Arbeitnehmer auszusperren und zu weniger schlagkräftigen Mitteln zu greifen. Im Rahmen der Arbeitskampffreiheit steht es aber auch der Arbeitgeberseite frei, die für sie tauglichen Abwehrmaßnahmen zu ergreifen und negative Auswirkungen so weit wie möglich zu verhindern.[701] Dies gilt umso mehr durch das gehäufte Auftreten von Streiks von Spartengewerkschaften.

---

695 *Thüsing*, ZtR 1999. 151 (154).; *Kentner*, Arbeitskampfmittel der Arbeitgeber, S. 154.
696 Ebd.
697 *Seiter*, JZ 1980, 749 (753).
698 *Kentner*, Arbeitskampfmittel der Arbeitgeber, S. 151 ff.
699 Ebd.
700 Ebd.
701 Ebd., S. 155 f.

Im Hinblick auf die veränderte Arbeitskampfrealität erscheint sogar eine Aussperrungsbefugnis von Außenseitern fragwürdig, da der Partizipationsgedanke jedenfalls keine Anwendung mehr findet, unabhängig davon, ob dieser hier jemals richtig war. Aber auch eine Rechtfertigung zum Erhalt der Funktionsfähigkeit der Tarifautonomie ist heute anzuzweifeln. Dass unbeteiligte Dritte Nachteile in Kauf nehmen sollen, weil einzelne Berufsgruppen ihre egoistischen Sonderinteressen verfolgen möchten, ist wenig nachvollziehbar.[702]

Hinzu kommt: Wäre eine Arbeitskampfmaßnahme tatsächlich objektiv und subjektiv auf die Beeinträchtigung der Koalitionsfreiheit ausgerichtet, so wäre sie ohnehin mangels Tarifbezogenheit des Arbeitskampfes rechtswidrig und nicht vom Schutz des Art. 9 Abs. 3 GG umfasst.[703]

Die Abwägung aller betroffenen Grundrechtspositionen führt zum Ergebnis, dass eine abwehrende Selektivaussperrung der Gewerkschaftsmitglieder nicht gegen Art. 9 Abs. 3 GG verstößt.

3. *Sperrwirkung anderer Regelungen*

Die rechtliche Zulässigkeit der Selektivaussperrung ist auch an § 612 a BGB zu messen. Das darin enthaltene Maßregelungsverbot besagt, dass ein Arbeitgeber einen Arbeitnehmer nicht benachteiligen darf, weil dieser in zulässiger Weise seine Rechte ausübt. Dabei können Rechte im Sinne der Vorschrift nicht nur die unmittelbar im Vertrag begründeten, sondern auch Grundrechte sein.[704] Die Gewerkschaftsmitgliedschaft ist demnach als ausgeübte Koalitionsfreiheit eine Rechtsausübung im Sinne des § 612 a BGB.[705] Eine selektive Aussperrung wäre daher unzulässig, wenn sie sich als Benachteiligung der organisierten Gewerkschaftsmitglieder aufgrund ihrer Gewerkschaftsmitgliedschaft darstellen würde.

Richtigerweise gilt aber, dass § 612 a BGB nicht schlechthin jeglichen Nachteil verbietet, der sich aus der Ausübung eines Rechts ergibt, sondern nur solche Benachteiligungen verbietet, die sich als konkrete Maßregelung eines an sich zulässigen Verhaltens darstellen.[706] Erst wenn dieser finale Zusammenhang besteht, greift § 612 a BGB als Sonderfall der Sittenwidrigkeit.[707] Daran fehlt es

---

702 *Bayreuther*, NZA 2008, 12 (15), *Kentner*, Arbeitskampfmittel der Arbeitgeber, S. 157.

703 Ebd., S. 152 f.

704 MünchKomm/*Müller-Glöge*, BGB, § 612 a Rn. 5 f.

705 *Thüsing*, ZtR 1999, 151 (155).

706 *Kentner*, Arbeitskampfmittel der Arbeitgeber, S. 155.

707 *Thüsing*, ZtR 1999, 151 (155).

in den allermeisten Fällen der Selektivaussperrung. Zum einen wird durch die Aussperrung nicht gezielt rechtlich zulässiges Verhalten geahndet, sondern vielmehr eine legitime Kampftaktik im Rahmen des Tarifkonflikts ausgeübt.[708] Zum anderen darf der Arbeitgeber durch das Maßregelungsverbot nicht zur Selbstschädigung verpflichtet werden, indem ihm arbeitskampftaktische Maßnahmen verwehrt werden.

4. *Formulierungsvorschlag*

„Die selektive Aussperrung von Mitgliedern der arbeitskampfführenden Gewerkschaft ist zulässig."

D. Rechtsfolgenseite

Effektiv wäre ein Landesarbeitskampfgesetz insbesondere dann, wenn es eigene Rechtsfolgen für den Fall eines rechtswidrigen Arbeitskampfs vorsieht. Nach Ansicht von Gamillscheg ist die Schaffung eines *„arbeitskampfgerechten Ersatzrechts"* dringend erforderlich, *„schon um den Richter von der Auslegungsakrobatik zu entlasten, zu der ihn das Gesetz heute oft genug zwingt."*[709] Optimal wäre eine *„praktikable Faustformel"*[710], die es erlaubt, die Rechtmäßigkeit von Arbeitskämpfen *„abzulesen"*[711]. Momentan sind die Gerichte gefordert, für den konkreten Einzelfall Konkretisierungen vorzunehmen.[712]

Ist ein Arbeitskampf rechtswidrig, kann die betroffene Tarifvertragspartei derzeit die andere Partei auf Unterlassung in Anspruch nehmen oder Ersatz des ihr entstandenen Schadens verlangen.[713] Neben den Ansprüchen gegen den Tarifvertragspartner können auch Ansprüche des Arbeitgebers gegen einzelne Arbeitnehmer aus Vertrags- oder Deliktsrecht bestehen. Diese sollen in der weiteren Behandlung aber außer Betracht bleiben, da (wenn überhaupt) in den meisten Fällen Ersatzansprüche gegen die Gewerkschaft erhoben werden. Eine etwaige Schadensersatzpflicht des einzelnen Arbeitnehmers, sei es aus Vertrag oder aus §§ 823 Abs. 1, 826 BGB, wird in der Regel keinen Umfang erreichen, der eine gerichtliche Geltendmachung durch den Arbeitgeber lohnend erscheinen lässt. Von Interesse sind demnach vielmehr die Ersatzansprüche gegen den

---

708 Ebd.

709 *Gamillscheg*, KollArbR I, S. 1207.

710 ErfK/*Dieterich*, Art. 9 GG Rn. 130 a.

711 *Treber*, SR 2013, 140 (143).

712 Ebd.

713 *Gamillscheg*, KollArbR I, S. 1214 ff.

Tarifvertragspartner, der einen rechtswidrigen Arbeitskampf mit erheblichen finanziellen Auswirkungen durchgeführt hat. Im Folgenden werden daher die Ansprüche des Arbeitgebers gegen die Gewerkschaft behandelt, da diesen in der Praxis die höchste Relevanz zukommt.[714]

I. Rechtsfolgen

1. Unterlassungsanspruch

Der Arbeitgeber kann Unterlassung der Arbeitskampfmaßnahme verlangen, wenn ein betriebsbezogener Eingriff in den eingerichteten und ausgeübten Gewerbebetrieb bevorsteht. Dieser Anspruch wird aus § 1004 BGB i.V.m. § 823 Abs. 1 BGB hergeleitet und besteht verschuldensunabhängig, wenn eine Störung des Eigentums unmittelbar bevorsteht.[715] Daneben kann sich auch aus der tarifvertraglichen Friedenspflicht ein Unterlassungsanspruch ergeben.[716]

2. Schadensersatz

Wird ein rechtswidriger Arbeitskampf durchgeführt, kann der Arbeitgeber einen Schadensersatzanspruch gegen die Gewerkschaft geltend machen. Dieser kann sich aus Vertragsrecht, aus der Verletzung der Friedenspflicht oder aus §§ 823, 826 BGB ergeben.[717] Wie jeder Ersatzanspruch außerhalb der Gefährdungshaftung setzt auch dieser ein Verschulden voraus. Als problematisch erweist sich insoweit häufig, wann sich die Gewerkschaft bei der Beurteilung der Rechtmäßigkeit des Streiks in einem schuldausschließenden Verbotsirrtum befand und wann sie das Risiko einer falschen Einschätzung trägt. Denn: Geht eine Gewerkschaft davon aus, dass der von ihr ausgerufene Streik rechtmäßig ist, so kann, wenn sich dies als Irrtum herausstellt, der bei Beobachtung der im Verkehr erforderlichen Sorgfalt unvermeidbar war, kein Schuldvorwurf erhoben werden.[718] Darüber hinaus entfällt der Schuldvorwurf auch dann, wenn bei unklarer Rechtslage die Nichtvornahme eines Arbeitskampfs unzumutbar wäre, da die Gefahr der Haftung nicht zu einer Lähmung des sozialen Fortschritts führen

---

714 Ansprüche des Arbeitgeberverbands gegen die Gewerkschaft können u.U. ebenfalls bestehen, werden in der Praxis aber seltener geltend gemacht, vgl. *Gamillscheg*, KollArbR I, S. 1232.

715 *Gamillscheg*, KollArbR I, S. 1231, ErfK/*Dieterich/Linsenmaier*, GG Art.9 Rn. 224.

716 ErfK/*Dieterich/Linsenmaier*, GG Art. 9 Rn. 225.

717 *Wank*, RdA 2009, 1 (8).

718 BAG Urteil v. 21.3.1978 – 1 AZR11/76 = AP zu Art. 9 GG Nr. 62 Arbeitskampf = NJW 1978, 2114.

dürfe.[719] Voraussetzung ist aber, dass beachtliche Gründe für die Rechtmäßigkeit sprechen und die Rechtslage nicht vorab zu klären ist, insbesondere also auch keine höchstrichterliche Rechtsprechung vorliegt.[720] Brisant wird diese Thematik insbesondere beim Einsatz „neuer" Arbeitskampfmittel, wie z.B. beim Flash-Mob, und dies vor allem im einstweiligen Rechtsschutz. Denn den Koalitionen ist grundsätzlich die Wahl der Kampfmittel überlassen, die sie zur Verfolgung ihrer koalitionsspezifischen Zwecke einsetzen.[721] Es steht ihnen frei, unter Begrenzung durch den Grundsatz der Verhältnismäßigkeit, die Mittel an die sich wandelnden Umstände anzupassen.[722]

3. *Bußgeld*

a. Einführung einer Bußgeldbewehrung

Als weitere Rechtsfolge könnte an eine Bußgeldbewehrung gedacht werden. Bereits die Verordnung des Reichspräsidenten zu gemeinnötigen Betrieben vom 10. November 1920 sah eine Geldstrafe für Fälle vor, in denen ein Streik ohne vorheriges Schiedsverfahren durchgeführt wurde.[723] Entwürfe vom März und Mai desselben Jahres für eine Schlichtungsordnung sahen im Bereich des Arbeitskampfrechts eine generelle Bußgeldbewehrung vor, falls gegen die dort geregelten Instrumentarien zur Arbeitskampfregulierung verstoßen werden sollte.[724] Im Kabinettsentwurf fehlten schließlich Strafbestimmungen, da auf die Einsicht und Verantwortlichkeit der Gewerkschaften und Arbeitgeberverbände vertraut wurde.[725]

Die jüngsten Erfahrungen haben allerdings gezeigt, dass dieses Vertrauen nicht mehr in jedem Fall berechtigt ist und eine Bußgeldbewehrung ein sinnvolles Instrument sein könnte, um das Streikgeschehen einzudämmen. Zwar haben in der letzten Zeit Schadensersatzansprüche gegen Gewerkschaften

---

719 Ebd., in Abkehr von seiner bisherigen Rechtsprechung nach der die Gewerkschaft das Risiko zu tragen hatte.

720 BAG Urteil v. 10. 12. 2002 – 1 AZR 96/02 = NJW 2003, 734.

721 *Treber*, SR 2013, 140 (150).

722 Ebd.

723 RGBl. I S. 1865.

724 §§ 259 f. des 1. Referentenentw., R 43 I /2049, Bl. 127 f.; §§ 255 f. des 2. Referentenentw., R 43 I /2050, Bl. 238 f.

725 http://www.bundesarchiv.de/aktenreichskanzlei/1919-1933/1000/feh/feh1p/kap1_2/kap2_187/para3_2.html

zugenommen,[726] viele Arbeitgeber schrecken aber nach wie vor davor zurück und verzichten auf eine Geltendmachung von Ersatzansprüchen – sei es aus Furcht, die Tarifbeziehungen oder die Unternehmensreputation nachhaltig zu beeinträchtigen oder aus Unsicherheit vor dem Ausgang des Verfahrens.

Ein Bußgeld für den Fall, dass ein nach den Vorschriften des Landesarbeitskampfgesetzes rechtswidriger Arbeitskampf durchgeführt wird, könnte die Beteiligten wirkungsvoll zur Normbefolgung anhalten und damit eine wesentliche Präventionswirkung entfalten.[727]

Eine Bußgeldbewehrung, die unmittelbar eine unterlassene Schlichtung oder fehlende Urabstimmung sanktioniert, ist aber nicht möglich, denn eine Bußgeldbewehrung kommt bei Obliegenheitsverstößen nicht in Betracht. Wie bereits unter § 3 C. III. 2.[728] dargelegt, setzt die Tarifautonomie auf die Freiwilligkeit der Parteien. Korrespondierend dazu kann es auch keinen Verhandlungszwang geben, so dass folgerichtig auch keine Schlichtungsverpflichtung der Parteien, sondern bloß eine Obliegenheit eingeführt werden kann. Ebenso kann keine Verpflichtung zur Urabstimmung aufgestellt werden, da anderenfalls in unzulässiger Weise in die Verbandsautonomie eingegriffen würde.[729] Anders als eine Pflichtverletzung kann die Nichtbeachtung einer Obliegenheit aber keine Ordnungswidrigkeit darstellen, da es sich lediglich um ein Rechtsgebot handelt, dessen Einhaltung der Schuldner im eigenen Interesse zu erfüllen hat.[730] Die Nichtbeachtung von Obliegenheiten führt demnach zu einem Rechtsverlust; bestehende oder künftige eigene Rechte können nicht (mehr) geltend gemacht werden. Da kein Anspruch auf die Erfüllung einer Obliegenheit besteht, ist sie auch nicht gerichtlich erzwingbar.[731] Während die Verletzung von schuldrechtlichen Verpflichtungen dem Betroffenen einen einklagbaren Ausgleichsanspruch gewährt, entsteht ein solcher bei der Obliegenheit gerade nicht, sondern der Verletzer mindert ausschließlich seine eigenen Rechte.[732]

Eine Verletzung der arbeitskampfrechtlichen Obliegenheiten kann aber folglich dazu führen, dass nachfolgende Arbeitskämpfe unzulässig sind. Das Bußgeld setzt also nicht an der Obliegenheitsverletzung an, sondern sanktioniert

726 Insbesondere im Bereich des Flugverkehrs wurden Schadensersatzansprüche gegen die Gewerkschaften geprüft.

727 *Köhler*, in: Köhler/Bornkamm, UWG, § 20 Rn. 1

728 Seite 112.

729 *Rieble*, FS Canaris, 1439 (1450).

730 *Huber*, in: Staudinger, BGB, Der Inhalt der Schuldverhältnisse Rn. 7.

731 *Olzen*, in: Staudinger, BGB, § 241 Rn. 123.

732 Ebd.

nachfolgendes rechtswidriges Verhalten, in concreto, den Beginn des unzulässigen Arbeitskampfs. Die Gewerkschaft kann durch die Obliegenheitsverletzung ihr Streikrecht nicht mehr in rechtmäßiger Weise in Anspruch nehmen. Hier wird deutlich, dass es sich bei der Obliegenheitsverletzung um ein „Verschulden gegen sich selbst" handelt, das zu einer Rechtsverkürzung führt.

Das Bußgeld sollte nur für Fälle erhoben werden, in denen sich die Rechtswidrigkeit aus einem Verstoß gegen die Bestimmungen des Landesarbeitskampfgesetzes ergibt. Wird die Rechtswidrigkeit beispielsweise wegen eines Verstoßes gegen den Grundsatz der Verhältnismäßigkeit festgestellt, sollte auch in Zukunft kein Bußgeld erhoben werden. Der aus dem Strafrecht stammende Bestimmtheitsgrundsatz, der in § 3 OWiG Niederschlag gefunden hat, erfordert, dass die mit Geldbuße bedrohte Handlung so genau erkennbar im Gesetz bezeichnet ist, dass jedermann vorausschauend erkennen kann, ob sein Handeln mit Geldbuße geahndet werden kann oder nicht. Dies kann wegen der Unbestimmtheit und der erforderlichen Einzelfallabwägung im Rahmen des Verhältnismäßigkeitsprinzips nicht gewährleistet werden.

Die Länder können in ihre Arbeitskampfgesetze eine Bußgeldbewehrung aufnehmen, da die inhaltliche Gesetzgebungskompetenz für das Arbeitskampfrecht auch eine etwaige Bußgeldbewehrung umfasst.[733] § 2 OWiG unterstellt das Recht der Ordnungswidrigkeiten zwar grundsätzlich der konkurrierenden Gesetzgebungskompetenz des Bundes.[734] Die Länder haben somit aber die Kompetenz, eigene Ahndungstatbestände zu einzuführen, sofern der Bund die Materie – wie im Arbeitskampfrecht –(noch) nicht geregelt hat.

Die sachliche Zuständigkeit zur Verhängung des Bußgelds sollte entsprechend § 36 Abs. 1 Nr. 1 OWiG bei der obersten Landesarbeitsbehörde liegen. Die Höhe des Bußgelds könnte sich an § 20 Abs. 2 UWG in Verbindung mit § 17 OWiG orientieren. Die Bemessung würde entsprechend § 17 Abs. 3 OWiG demnach anhand der Bedeutung der Ordnungswidrigkeit sowie des Vorwurfs, den die Gewerkschaft trifft, vorgenommen werden, unter Berücksichtigung deren wirtschaftlicher Verhältnisse. Als Obergrenze könnte in Anlehnung an die Regelung in § 20 UWG 300.000 Euro vorgesehen werden.

b. Formulierungsvorschlag

(1) Ordnungswidrig handelt, wer vorsätzlich oder fahrlässig einen nach diesem Gesetz rechtswidrigen Arbeitskampf durchführt.

---

733 *Bohnert*, in: Bohnert, OWiG, § 2 Rn. 2.

734 Ebd., Rn. 1.

(2) Die Ordnungswidrigkeit kann mit einer Geldbuße bis zu dreihunderttausend Euro geahndet werden.

(3) Verwaltungsbehörde im Sinne des § 36 Abs. 1 Nr. 1 des Gesetzes über Ordnungswidrigkeiten ist die oberste Landesarbeitsbehörde.

II. Anspruchsberechtigte

1. Tarifgegner

Unstreitig werden die zivilrechtlichen Ansprüche dem betroffenen Arbeitgeber zugesprochen. Darüber hinaus kann auch ein Arbeitgeberverband einen aus der Friedenspflicht abgeleiteten Unterlassungsanspruch gegen einen rechtswidrigen Streik haben, sofern dieser als Tarifgegner von der Gewerkschaft angegriffen wird. § 1004 BGB in Verbindung mit § 823 Abs. 1 BGB und Art. 9 Abs. 3 GG geben dem Arbeitgeberverband daneben ein eigenes Recht auf Unterlassung des rechtswidrigen Arbeitskampfs.[735]

2. Konkret betroffene Dritte?

Fraglich ist, ob betroffene Dritte einen eigenen Anspruch gegen die kampfführende Gewerkschaft geltend machen können. Dies könnte insbesondere im Bereich der Daseinsvorsorge, aber auch in anderen Bereichen mit öffentlichem Bezug von Interesse sein, da Leidtragende häufig die auf die Erbringung der Dienste angewiesene Bevölkerung ist, die keine eigene Abwehrmöglichkeit hat. Gleiches gilt aber auch für mittelbar betroffene Arbeitgeber.

Auch wenn bei rechtmäßigen Arbeitskämpfen die Herbeiführung von Schäden sowohl bei den unmittelbar als auch mittelbar Betroffenen in Kauf zu nehmen ist, dürfen die Beeinträchtigungen Dritter nicht über das Maß hinaus gehen, das erforderlich ist, um durch Zufügung wirtschaftlicher Nachteile Druck zur Erreichung eines legitimen Ziels auszuüben.[736]

Ein eigener Anspruch auf Schadensersatz oder Unterlassung ergibt sich daraus in der Regel aber wohl nicht.

Zum einen ergibt sich aus der schuldrechtlichen Vereinbarung der Friedenspflicht nicht unmittelbar eine Schutzwirkung zugunsten Dritter. Die Friedenspflicht besteht als relatives Schuldverhältnis primär zwischen den Tarifvertragsparteien[737] und soll vorrangig die Rechtsbeziehungen zwischen

---

735 ErfK/*Dieterich/Linsenmaier*, GG Art. 9 RN. 231, *Gamillscheg*, KollArbR I, S. 1232.

736 ArbG Frankfurt Urteil v. 25.3.2013 – 9 Ca 5558/12 – BeckRS 2013, 67520.

737 *Willemsen/Mehrens*, NZA 2013, 1400 (1401).

diesen befrieden und Planungssicherheit für die konkret Beteiligten bieten. Ob auch Dritte in den Schutzbereich einbezogen werden können, ist umstritten. Über eine ergänzende Vertragsauslegung, die für den schuldrechtlichen Teil eines Tarifvertrags, zu dem die Friedenspflichtvereinbarung gehört, anerkannt wird, könnte eine Einbeziehung Dritter ermöglicht werden.[738] Dafür müssten aber die allgemeinen Voraussetzungen, die an einen Vertrag mit Schutzwirkung zugunsten Dritter gestellt werden, erfüllt sein. Ein eigener Anspruch aus der Friedenspflicht könnte demnach bestehen, wenn ein Näheverhältnis zwischen Drittem und Tarifpartner besteht, dieser ein besonderes Interesse an der Einbeziehung des Dritten in den Schutzbereich hat und dies für die Gewerkschaft bereits bei Abschluss des Tarifvertrags erkennbar war.[739] Wenn diese Voraussetzungen erfüllt sind, kann ein eigener Anspruch gegeben sein.

Eine darüberhinausgehende Anerkennung von eigenen Ansprüchen Dritter würde dazu führen, dass das Streikrecht der Gewerkschaften in erheblichem Maße eingeschränkt würde. Nicht nur müssten sie mit Unterlassungsansprüchen durch den Tarifvertragspartner rechnen, sondern sich auch mit schwer vorhersehbaren Forderungen aus der Allgemeinheit auseinander setzen. Die Nachteilszufügung, sowohl beim Tarifpartner, als auch bei Dritten, ist ein charakteristisches Element von Arbeitskämpfen, die gerade auch daraus ihre Durchschlagskraft ziehen. Würde demnach jeder bevorstehende Schaden zu einem Unterlassungsanspruch von Dritten führen, würde das Arbeitskampfrecht quasi ausgehöhlt. Sowenig sich der Tarifpartner grundsätzlich darauf berufen kann, dass ihm durch den rechtmäßigen Arbeitskampf Schäden entstanden sind, so gilt das auch für Dritte. Dies wird auch daraus deutlich, dass die Rechtsprechung zwischen Arbeitgebern, die von einem Unterstützungsarbeitskampf betroffen sind und „anderen Dritten" unterscheidet.[740] Denn: *„Zwar sind von Arbeitskämpfen häufig auch Dritte – wie etwa Kunden von Dienstleistungsunternehmen, Fahrgäste, Flugpassagiere, Patienten, Zulieferer, Abnehmer etc. – betroffen. Anders als beim Hauptarbeitskampf ist aber beim Unterstützungsstreik die Betroffenheit des Dritten nicht lediglich eine mehr oder weniger beabsichtigte Folge des Arbeitskampfs. Vielmehr ist der Unterstützungsstreik gerade darauf gerichtet, den Dritten beim Betreiben seines*

---

738 *Löwisch/Rieble*, TVG, § 1 Rn. 1532 f,. *Willemsen/Mehrens*, NZA 2013, 1400 (1401), *Ricken*, in MünchArbR, § 200 Rn. 33, in diese Richtung auch ArbG Frankfurt Urteil v. 25.3.2013 – 9 Ca 5558/12 – BeckRS 2013, 67520.

739 Allgemein zu den Voraussetzungen eines Vertrags mit Schutzwirkung zugunsten Dritter MünchKomm/*Gottwald*, BGB, § 328 Rn. 161 ff.

740 BAG Urteil v. 19.6.2007 – 1 AZR 396/06 = AP GG Art. 9 Arbeitskampf Nr. 173 (38).

Gewerbebetriebs zu beeinträchtigen.“[741] Dem vom Unterstützungsstreik betroffenen Arbeitgeber spricht die Rechtsprechung ausdrücklich eine erhöhte Schutzbedürftigkeit zu (deren Verwirklichung bislang jedoch nicht immer umgesetzt wird). Im Umkehrschluss kann daraus gefolgert werden, dass dies für Dritte im Normalfall nicht gelten soll. Denn eine Drittbetroffenheit ist bei Arbeitskämpfen in der Regel unvermeidbar.[742] Etwas anderes kann sich in Fällen ergeben, in denen „*Schutzgüter der Allgemeinheit wie Leben, Gesundheit oder Dienstleistungen*“ gefährdet sind[743] oder die Fernwirkung von der streikführenden Gewerkschaft gerade gewollt und gesteuert ist.[744] Sind Bereiche der Daseinsvorsorge betroffen, bedarf es stets einer konkreten Interessensabwägung, ob der Streik das Gemeinwohl in unerträglichem Maße beeinträchtigt oder trotz der Nachteile verhältnismäßig ist. Sollte der Tarifvertragspartner auf eine gerichtliche Überprüfung verzichten, werden auch Dritten in diesen Fällen eigene Ansprüche auf Unterlassung oder Schadensersatz zuzusprechen sein, da das Streikrecht aus Art. 9 Abs. 3 GG durch widerstreitende Grundrechte begrenzt werden kann und ein gerechter Ausgleich zwischen Drittschutz und Streikrecht gefunden werden muss.[745] Eigene Ansprüche Dritter kommen zudem jedenfalls dann in Betracht, wenn in deren eingerichteten und ausgeübten Gewerbebetrieb unmittelbar eingegriffen wird und diese Beeinträchtigung nicht nur ein Reflex, sondern zumindest ein eigenständiges Nebenziel des Streiks ist.[746]

Gegen eine grundsätzliche Bejahung eigener Ansprüche von Dritten spricht weiterhin, dass der Tarifvertragspartner nicht aus der Verantwortung genommen werden soll, gegen seinen eigenen Partner Ansprüche geltend zu machen. Das wäre jedoch der Fall, wenn Drittbetroffene ihre Ansprüche direkt gegenüber der streikenden Gewerkschaft geltend machen könnten. Grundsätzlich sind Ansprüche im Innenverhältnis abzuwickeln und nur in Ausnahmefällen von Dritten durchsetzbar. Wird nun der bestreikte Arbeitgeber von Dritten auf Schadensersatz in Anspruch genommen, steht es diesem frei, von der streikenden Gewerkschaft Regress zu verlangen.

---

741 Ebd.

742 ArbG Wesel Urteil v. 23.8.2013 – 6 GA 22/13 = BeckRS 2013, 71825.

743 Ebd.

744 ArbG Frankfurt Urteil v. 25.3.2013 – 9 Ca 5558/12 _ BeckRS 2013, 67520.

745 *Rieble*, DIE ZEIT vom 22.11.2007, S. 30, abrufbar unter http://www.zeit.de/2007/48/Braucht_das_Streikrecht_Grenzen.

746 *Willemsen/Mehrens*, NZA 2013, 1400 (1401).

III. Prozessrecht

1. Einstweiliger Rechtsschutz

Bei den Rechtsfolgen eines rechtswidrigen Arbeitskampfs kommt dem einstweiligen Rechtsschutz besondere Bedeutung zu. Aus der Eigenart des Arbeitskampfwesens kommen einstweiligen Verfügungen in diesem Bereich in der Regel Befriedungswirkung zu, denn der untersagte Arbeitskampf wird in den wenigsten Fällen erneut aufgenommen. Ein im einstweiligen Rechtsschutzverfahren untersagter Arbeitskampf lässt sich nicht ohne weiteres *„an- und ausknipsen wie eine Taschenlampe“*[747]. Der einstweilige Rechtsschutz entfaltet daher häufig die Wirkung eines Hauptsacheverfahrens und ist aus diesem Grund nicht unumstritten.[748] Nach Ansicht des Bundesarbeitsgerichts[749] und auch der herrschenden Meinung in der Literatur[750] sind aber auch im Arbeitskampfrecht einstweilige Verfügungen zulässig. Um den Eigentümlichkeiten des Arbeitskampfrechts gerecht zu werden, muss dabei besonderes Augenmerk gelegt werden auf die Anforderungen, die im summarischen Verfahren an den Verfügungsanspruch gestellt werden.[751]

Zur Frage, unter welchen Voraussetzungen die einstweilige Verfügung ergehen darf, gibt es divergierende Auffassungen. Die Meinungen reichen vom Ausreichen einer sogenannten einfachen Rechtswidrigkeit bis hin zum Erfordernis offenkundiger Rechtswidrigkeit.[752] Für die Ansicht des Arbeitsgerichts Berlin, das in seiner Entscheidung aus dem Jahr 2012 davon ausgeht, dass keine offenkundige Rechtswidrigkeit vorliegen müsse, um eine einstweilige Verfügung auf Unterlassung des Arbeitskampfs zu erwirken, spricht, dass es anders *„nicht möglich wäre, eine einstweilige Verfügung zu erlassen, wenn hinsichtlich einer bestimmten Streikform sich noch keine herrschende Meinung herausgebildet*

---

747 *Gamillscheg*, KollArbR I, S. 1293.

748 *Treber*, in: Schaub, ArbR-Handbuch. § 195 Rn. 51 ff.

749 BAG Urteil v. 31. 3. 1978 – 1 AZR 11/76 = AP zu Art. 9 GG Nr. 62 Arbeitskampf = NJW 1978, 2114.

750 *Wank*, RdA 2009, 1 (9) m.w.N.

751 *Treber*, SR 2013, 140 (144).

752 Für eine offenkundige Rechtswidrigkeit der Arbeitskampfmaßnahme: Sächsisches LAG Urteil v. 2.11.2007 – 7 SaGa 19/07 = NZA 2008, 59; LAG Köln, 19.03.2007 – 12 Ca 41/07 – LA-GE Art. 9. GG Arbeitskampf Nr. 77; für die einfache Rechtswidrigkeit der Arbeitskampfmaßnahmen: Hessisches LAG 22.7.2004 – 9 SaGa 593/04 = AP Nr. 168 zu Art. 9 GG Arbeitskampf; *Germelmann*, in: Germelmann/Matthes/Prütting, ArbGG, § 62 Rn. 113 m.w.N.

hat"[753]. Dagegen wird aber angeführt, dass die Rechtmäßigkeitsfrage nicht schon im einstweiligen Rechtsschutz „*abgewürgt*"[754] werden dürfe und daher offenkundige Rechtswidrigkeit erforderlich sei, da anderenfalls deren höchstrichterliche Klärung verhindert würde.[755] Ein Streikverbot dürfe daher nicht auf eine Abweichung von einer bereits vorhandenen höchstrichterlichen Rechtsprechung gestützt werden.[756] Eine Unterlassungsverfügung setze voraus, dass die Rechtswidrigkeit des Streiks durch bloße Regelanwendung, aber ohne weitere Regelbildung feststellbar sei.[757] Zwar verweist § 62 Abs. 2 ArbGG auf die §§ 935 ff. ZPO, ohne für den Arbeitskampf eine Ausnahme zu regeln. Danach setzen einstweilige Verfügungen voraus, dass am Bestehen des Verfügungsanspruchs keine Zweifel bestehen und die offensichtliche Rechtswidrigkeit glaubhaft gemacht wurde. Diese Normen sind aber im Lichte des Art. 9 Abs. 3 GG auszulegen und die verfassungsrechtliche Kampfgarantie zu berücksichtigen. Für diese Ansicht streiten auch Gesichtspunkte des Vertrauensschutz, denn selbst bei einer Änderung durch die höchsten Gerichte selbst ergibt sich aus rechtsstaatlichen Gründen ein gewisser Vertrauensschutz für in der Vergangenheit liegende Sachverhalte, so dass dies erst recht im summarischen Verfahren vor den Instanzgerichten gelten muss.[758]

Die vorgenannten Regelungen erleichtern die Vorhersehbarkeit für die Tarifvertragsparteien insoweit, als dass klare Kriterien für die Rechtmäßigkeit von Arbeitskampfmaßnahmen definiert werden. Wird gegen eine Vorschrift des Landesarbeitskampfgesetzes verstoßen, werden die Gerichte de lege lata von einer offenkundigen Rechtswidrigkeit ausgehen können. Zwar werden auch dadurch nicht alle denkbaren Fälle umfasst, da die Konkretisierung der allgemeinen Rechtmäßigkeitsgrenze durch den Grundsatz der Verhältnismäßigkeit nach wie vor der Judikative übertragen ist.[759] Um im Einzelfall ausreichend Flexibilität zu bieten und einzelfallbezogene Abwägungen vornehmen zu können, ist es auch geboten, dass die rein rechtliche Wertungsfrage nach der konkreten Angemessenheit eines Arbeitskampfmittels weiterhin in der Zuständigkeit der Rechtsprechung liegt.

---

753 ArbG Berlin Urteil v. 16.5.2012 – 42 Ga 7484/12, bestätigt durch LAG Berlin-Brandenburg Urteil v. 14.8.2012 – 22 SaGa 1131/12 = BeckRS 2012, 72275.

754 ErfK/*Dieterich/Linsenmaier*, GG Art. 9 Rn. 229.

755 ErfK/*Dieterich/Linsenmaier*, GG Art. 9 Rn. 229.

756 *Krause*, JbArbR 2008, 23 (35) m.w.N.

757 *Treber*, SR 2013, 140 (145), ErfK/*Dieterich/Linsenmaier*, GG Art. 9 Rn. 229.

758 *Krause*, JbArbR 2008, 23 (35).

759 ErfK/*Dieterich/Linsenmaier*, GG Art. 9 Rn. 130.

Neben dem Verfügungsanspruch bedarf es entsprechend den allgemeinen zivilprozessualen Vorgaben auch immer eines Verfügungsgrundes. Auch im Arbeitskampfrecht soll es nach überwiegender Meinung in erster Linie auf den voraussichtlichen Ausgang des Hauptsacheverfahrens ankommen. Den Interessen der beiden Tarifvertragsparteien wird danach gleiches Gewicht beigemessen, da beiden Seiten ein endgültiger Rechtsverlust drohe, wenn sich die zunächst getroffene Entscheidung im Hauptsacheverfahren sodann als unrichtig darstellt.[760]

2. *Einwand des rechtmäßigen Alternativverhaltens*

Fraglich ist, ob die vorgeschlagenen Regelungen tatsächlich zu einem Mehrwert an Rechts- und Planungssicherheit führen. Bezugnehmend auf soeben Festgestelltes ist ein Vorteil des Landesarbeitskampfgesetzes gerade, dass durch die enthaltenen materiell rechtlichen und Verfahrensvorschriften die Rechtswidrigkeit eines Arbeitskampfs leichter festgestellt werden kann. Hat beispielsweise eine Gewerkschaft zum Streik aufgerufen, ohne eine vorherige Urabstimmung oder ein Schlichtungsverfahren durchzuführen, könnte sich der betroffene Gegner im Schadensersatzprozess berechtigte Hoffnungen auf eine obsiegende Entscheidung machen und die Erfolgsaussichten besser abschätzen, als dies bisher bei der konturenlosen Rechtslage der Fall ist.

Dieser Vorteil wäre erheblich geschmälert, wenn sich die Gewerkschaften auf den Einwand des rechtmäßigen Alternativverhaltens berufen könnten.

Dieser wird von einem Großteil der Literatur als Unterfall der hypothetischen Kausalität angesehen und lässt die Zurechenbarkeit eines Schadens entfallen, wenn der Schädiger nachweisen kann, dass der Schaden auch dann eingetreten wäre, wenn er sich normgerecht verhalten hätte.[761] Für die Beurteilung der Beachtlichkeit des Alternativverhaltens ist nach herrschender Ansicht auf den Schutzzweck der jeweiligen Norm abzustellen.[762] Maßgeblich sei, ob die verletzte Regelung gerade den eingetretenen Schaden verhindern solle. Bei fehlendem Rechtswidrigkeitszusammenhang sei die Berufung auf rechtmäßiges Alternativverhalten zulässig.[763] Wenn der Schutzzweck der Norm gleichwohl

760 *Krause*, JbArbR 2008, 23 (42).

761 MünchKomm/*Oetker*, BGB, § 249 Rn. 217 ff, *Schiemann*, in: Staudinger, BGB, § 249 Rn. 102 ff.

762 BGH Urteil v. 24.10.1985 – IX ZR 91/84 = NJW 1986, 576, *Schiemann*, in: Staudinger, BGB, § 249 Rn. 102, MünchKomm/*Oetker*, BGB, § 249 Rn. 221, BeckOK/*Schubert*, BGB, § 249 Rn. 100.

763 BAG Urteil v. 22.5.1980 – 3 AZR 1103/77 = NJW 1980, 2375.

eine Schadenszurechnung verlange, könne der Einwand nicht geltend gemacht werden.[764]

Im Arbeitskampfrecht wird der Einwand rechtmäßigen Alternativverhaltens, der zu einem Ausschluss der Ersatzpflicht führt, bislang hauptsächlich bei friedenspflichtwidrigen Arbeitskämpfen[765] diskutiert. Viel Beachtung hat diesbezüglich das Urteil des Arbeitsgerichts Frankfurt im Jahr 2013 gefunden, in dem eine Schadensersatzpflicht trotz des Verstoßes gegen die Friedenspflicht verneint wurde. Die geltend gemachten Schäden wären nach dessen Ansicht genauso eingetreten, wenn die friedenspflichtverletzenden Forderungen nicht vom Streik umfasst gewesen wären.[766] Der Streik hätte auch dann keinen anderen Verlauf genommen, so dass identische Folgen eintreten wären.[767]

Gegen die Begründung des Gerichts sprechen grundlegende Erwägungen. Der Einwand rechtmäßigen Alternativverhaltens ist für Fälle konzipiert, in denen der Schaden auch bei rechtmäßigem Verhalten des Schädigers eingetreten wären, da dann der Schutzzweck der Norm nicht greift. Daraus folgt konsequenterweise, dass der Einwand aber nicht greifen kann, wenn eine Berücksichtigung des rechtmäßigen Alternativverhaltens gegen den Schutzzweck der Norm verstoßen würde.[768] Auch die Berücksichtigung des Einwands steht unter dem Vorbehalt des Schutzzwecks der Norm.[769]

Die Berufung auf ein rechtmäßiges Alternativverhalten ist somit insbesondere bei der Verletzung grundlegender Verfahrensvorschriften, wie im konkreten Fall die Verpflichtung zur Ankündigung von Arbeitskämpfen, nicht beachtlich.[770]

Etwas anderes ergibt sich aber auch nicht für die Regelungen, die als Obliegenheiten ausgestaltet sind. Auch hier stellt sich die Aufgabe, die Reichweite des Verhaltensgebots unter Schutzzweckgesichtspunkten zu bestimmen.[771]

---

764 Ebd.

765 *Löwisch/Rieble*, TVG, § 1 Rn. 1261.

766 ArbG Frankfurt Urteil v. 25.3.2013 – 9 Ca 5558/12 = BeckRS 2013, 67520.

767 *Willemsen/Mehrens*, NZA 2013, 1400 (1402).

768 BGH Urteil v. 9. 3. 2012 – V ZR 156/11 = NJW 2012, 2022 m.w.N.

769 *Schiemann*, in: Staudinger, BGB, § 249 Rn. 102.

770 MünchKomm/*Oetker*, BGB, § 249 Rn. 221, Im konkreten Fall ist dies wohl beinahe unstreitig, da selbst wenn man den Einwand auch bei der Verletzung von Verfahrensvorschriften anerkennen will, so muss dies hier ausscheiden, da ansonsten die Pflichten nicht mehr ernst genommen werden; in diesem Sinne auch *Schiemann*, in: Staudinger, BGB, § 249 Rn. 104.

771 MünchKomm/*Wandt*, VVG, § 28 Rn. 90ff.

Diese Vorschriften sollen zum einen den kollektiv-rechtlichen Charakter des Arbeitskampfs stärken und zum anderen die Einhaltung des ultima ratio Prinzips gewährleisten. Durch das Arbeitskampfgesetz soll ein ordnungsgemäßer Ablauf der Arbeitskämpfe gesichert und die Interessen der Beteiligten in einen gerechten Ausgleich gebracht werden. Offensichtlich rechtswidrige Arbeitskämpfe sollen zu Gunsten des betroffenen Tarifpartners verhindert werden.

Die Folge, die eine Verletzung der Vorschrift nach sich zieht, ist in den einzelnen Regelungen explizit aufgeführt. Diese Normen dürfen nicht durch schadensersatzrechtliche Relativierungen unterlaufen werden, die ihrem Schutzzweck offensichtlich zuwider laufen.[772]

Durch die Versagung des Einwands des rechtmäßigen Alternativverhaltens werden die Gewerkschaften auch nicht unangemessen benachteiligt. Schließlich können sie selbst für die Einhaltung der Verfahrensvorschriften Sorge tragen.

E. Fazit zu § 3

Die Tarifpluralität stellt die Tarifvertragsparteien vor neue Herausforderungen.[773] Diese sollen nicht durch eine gesetzliche Regelung der Tarifeinheit beseitigt, sondern im Arbeitskampfrecht bewältigt werden. Folgende Ansatzpunkte werden dafür als zweckmäßig erachtet:

Sinnvolle Maßnahmen, die das Verfahren betreffen, sind die Durchführung von Schlichtung und Urabstimmung. Arbeitskämpfe sollen mit einer kurzen Frist angekündigt werden, um den Betroffenen Reaktionsmöglichkeiten zu eröffnen. Um das Kräftegleichgewicht in Fällen der Kampfpluralität zu Gunsten der Arbeitgeberseite zu sichern, sollen Tarifverhandlungen möglichst zeitlich koordiniert und ein Zeitkorridor geschaffen werden, in dem Arbeitskämpfe ausschließlich begonnen werden dürfen.

Unterstützungsarbeitskämpfe sollen grundsätzlich verhindert werden, um unverhältnismäßige Schäden für Außenseiter zu vermeiden. Dies kann gelingen, indem die Tarifbezogenheit eines Arbeitskampfs wieder in den Mittelpunkt gerückt wird. Eine Beschränkung der Tariffähigkeit durch (quantitative) Mindestvoraussetzungen ist kein angemessenes Mittel, um Streiks von Kleinstgewerkschaften zu unterbinden.

Mit der Zulassung der selektiven Aussperrung kann der Arbeitgeberseite ein taugliches Abwehrmittel gegen Arbeitskämpfe von Spartengewerkschaften an die Hand gegeben werden.

---

772 *Willemsen/Mehrens*, NZA 2013, 1400 (1403).

773 *Schmidt*, NZA-Beil. 2012, 123.

Ein Sonderarbeitskampfrecht für Unternehmen der Daseinsvorsorge erscheint unter diesen gesetzlichen Voraussetzungen nicht mehr erforderlich.

Neben den bekannten Rechtsfolgen kann die Einführung eines Bußgelds bei Durchführung eines nach dem Landesarbeitskampfgesetz rechtswidrigen Streiks die Normbefolgung verstärken. Rechtsfolgen sollen auch in Zukunft grundsätzlich nur von den konkret am Arbeitskampf Beteiligten geltend gemacht werden können. Ausnahmen sind denkbar, wenn sich Dritte auf Beeinträchtigungen an elementaren Schutzgütern wie Leben oder Gesundheit berufen können oder die Fernwirkung von der streikführenden Gewerkschaft gerade gewollt und gesteuert ist.

Das Landesarbeitskampfgesetz kann dazu beitragen, die prozessualen Erfolgsaussichten für die Beteiligten leichter vorhersehbar zu machen. Kann der Gegner Verstöße gegen das Gesetz vorbringen, so wird das Gericht die Rechtswidrigkeit des Arbeitskampfs feststellen und diesen untersagen. Die kampfführende Partei soll sich dabei in der Regel nicht auf den schadensersatzausschließenden Einwand des rechtmäßigen Alternativverhaltens berufen können.

§ 4: Zusammenfassung der wesentlichen Ergebnisse

1. Der Arbeitskampf wird von der durch Art. 9 Abs. 3 GG gewährleisteten Koalitionsfreiheit umfasst und ist als Voraussetzung für das Funktionieren der Tarifautonomie anerkannt. Es fehlen bislang gesetzliche Regelungen, die über die grundsätzliche Wertentscheidung des Gesetzgebers, den Arbeitskampf als zulässig anzusehen, hinausgehen.
2. Die Judikative hat deshalb die Rolle des Ersatzgesetzgebers eingenommen. Die Grundsätze zum Arbeitskampf sind durch die Rechtsprechung des Bundesverfassungsgerichts und des Bundesarbeitsgerichts geprägt und haben in den vergangenen Jahren häufige Änderungen erfahren. Diese fehlende Stringenz hat zu einem hohen Maß an Rechtsunsicherheit für die Tarifvertragsparteien geführt.
3. Die Schlichtung bei Tarifkonflikten ist ebenfalls von Art. 9 Abs. 3 GG geschützt und untrennbar mit dem Arbeitskampfrecht verbunden. Jede diesbezügliche Regelung muss demnach in Einklang mit Art. 9 Abs. 3 GG stehen.
4. Das Arbeitskampf- und Schlichtungsrecht unterfällt der Kompetenzregelung des Art. 74 Abs. 1 Nr. 12 GG, die dem Bundesgesetzgeber die Befugnis zur konkurrierenden Gesetzgebung zuweist. Der Landesgesetzgeber ist demnach berechtigt, ein Landesarbeitskampfgesetz zu erlassen, solange und soweit der Bundesgesetzgeber von seiner Gesetzgebungskompetenz weiterhin keinen Gebrauch macht, da das Tarifvertragsgesetz das Arbeitskampf- und Schlichtungsrecht nicht regelt.
5. Das Richterrecht zum Arbeitskampf berührt die Kompetenzverteilung zwischen Bund und Ländern nicht. Es handelt sich nicht um eine Rechtsquelle, die die gleiche Wirkung wie Bundesgesetze nach sich zieht. Die Sperrwirkung des Art. 72 Abs. 1 GG, die den Ländern die Gesetzgebungskompetenz entzieht, kann nicht durch das Richterrecht des Bundesarbeitsgericht begründet werden.
6. Kompetenzrechtlich könnte der Landesgesetzgeber in seinem Arbeitskampfgesetz auch das Streikrecht für Landesbeamte zulassen. Dies würde aber einen Verstoß gegen Art. 33 Abs. 5 GG darstellen, der gemäß Art. 31 GG zur Nichtigkeit der Norm führen würde.
7. Die Bereitstellung eines Arbeitskampfgesetzes erfüllt den in Art. 9 Abs. 3 GG verankerten Ausgestaltungsauftrag an den Gesetzgeber. Eine konkrete

Verpflichtung zum legislativen Tätigwerden kann aber nicht angenommen werden, da keine Anspruchsgrundlage besteht und zudem dem Gesetzgeber ein weiter Ermessenspielraum zugestanden wird. Die Wesentlichkeitstheorie des Bundesverfassungsgerichts findet nach dessen Auffassung beim Arbeitskampfrecht keine Anwendung.

8. Um die Tarifautonomie der Koalitionsparteien bestmöglich zu wahren, sollte sich ein Landesarbeitskampfgesetz auf Regelungen zur prozeduralen Gestaltung beschränken. Der Landesgesetzgeber sollte einen klaren Ordnungsrahmen aufstellen, der den Parteien die Wahrnehmung ihrer Arbeitskampffreiheit sichert, die Ergebnisse aber in materieller Hinsicht unberührt lässt.
9. Vorrangige Ziele eines Landesarbeitskampfgesetzes sollten sein, unnötige Arbeitskämpfe zu vermeiden und kampffreie Lösungswege zu fördern. Für den Fall eines Arbeitskampfes liegt es im Interesse beider Tarifvertragsparteien, ihnen klare Verfahrensvorschriften an die Hand zu geben, die den Charakter des Arbeitskampfs als kollektives Instrument in den Vordergrund stellen und zugleich die negativen Folgen von Arbeitskämpfen auf ein erträgliches Maß beschränken. Ein geordnetes Arbeitskampfrecht stellt einen Standortvorteil dar und erhöht die Attraktivität eines Bundeslands.
10. Ein Landesarbeitskampfgesetz sollte davon absehen, allgemeine arbeitskampfrechtliche Grundlagen mit einem hohen Abstraktionsgrad, wie das Verhältnismäßigkeits- oder Paritätsprinzip, aufzunehmen. Stattdessen sollten nachvollziehbare und einfach handhabbare Regelungen geschaffen werden, die den Tarifvertragsparteien Rechtssicherheit bieten.
11. Eine gesetzliche Regelung der Tarifeinheit ist kein angemessenes Mittel zur Vermeidung von Arbeitskämpfen. Den Folgen der Tarifpluralität ist durch genuin arbeitskampfrechtliche Regelungen zu begegnen.
12. Eine zeitliche Harmonisierung der Tarifverhandlungen durch Orientierung an den Verhandlungen der am stärksten vertretenen Gewerkschaft kann das Kräftegleichgewicht in Fällen der Kampfpluralität zu Gunsten der Arbeitgeberseite sichern und der Befriedungsfunktion von Tarifverträgen dienen. Der Gefahr andauernder Tarifkonflikte kann dadurch wirksam begegnet werden. Außerhalb eines bestimmten Zeitkorridors begonnene Arbeitskämpfe sind rechtswidrig.
13. Arbeitskämpfe sollten erst nach Durchführung eines Schlichtungsverfahrens zulässig sein. Die Einführung einer diesbezüglichen landesgesetzlichen Regelung ist sowohl zweckmäßig als auch verfassungsrechtlich zulässig. Art. 9 Abs. 3 GG verlangt insofern, dass ein staatliches Schlichtungsverfahren subsidiär ist und nur zum Tragen kommt, wenn keine tariflichen

Vereinbarungen bestehen. Die Schlichtungsstelle soll an der obersten Landesarbeitsbehörde eingerichtet werden. Schlichtungsverfahren sollen eine kampffreie Phase von zwölf Tagen vorsehen. Spätestens im Schlichtungsverfahren sollen Regelungen zu Notarbeiten im Falle eines Arbeitskampfes getroffen werden, wobei dem Landesschlichter die Befugnis übertragen wird, eine verbindliche Regelung vorzunehmen, falls die Parteien diesbezüglich zu keiner Einigung gelangen.

14. Unterstützungsstreiks sollten grundsätzlich verboten werden. Arbeitskämpfe sollten nur zur Durchsetzung von Tarifforderungen zulässig sein. Eine diesbezügliche landesgesetzliche Regelung wird als sinnvoll erachtet und ist verfassungsrechtlich zulässig.
15. Eine Regelung zur Beschränkung der Tariffähigkeit von Gewerkschaften wird nicht empfohlen. Die Folgen der Tarifpluralität sollten nicht dadurch gelöst werden, dass kleineren Gewerkschaften der Weg zu eigenen Tarifverträgen versperrt wird.
16. Arbeitskämpfe sollten erst nach erfolgter Urabstimmung zulässig sein. Nur wenn ein Arbeitskampf von der Mehrheit der Gewerkschaftsmitglieder gewollt ist, soll ihm der Schutz des Art. 9 Abs. 3 GG zuteilwerden. Bei der konkreten Ausgestaltung seiner gesetzlichen Regelung sollte der Landesgesetzgeber zurückhaltend agieren und lediglich Mindeststandards festlegen, denen das Verfahren zur Urabstimmung genügen muss. Weitere Details können in einer Durchführungsverordnung geregelt werden.
17. Die Kodifizierung einer Ankündigungsverpflichtung wird als sinnvolles und zulässiges Mittel angesehen. Die Parteien sollen Arbeitskämpfe mit einer kampffreien Vorlaufzeit von drei Tagen ankündigen. Durch die ultimative Ankündigung werden beide Parteien in die Lage versetzt, sich abschließend über Auswirkungen und mögliche Alternativen klar zu werden, sich auf Schäden vorzubereiten und Maßnahmen zu deren Verringerung einzuplanen. Die Einführung einer Abkühlungsphase nach Beginn des Arbeitskampfes wird hingegen nicht als zweckmäßig erachtet.
18. Ein Sonderarbeitskampfrecht für Unternehmen der Daseinsvorsorge wird als nicht erforderlich angesehen. Die unklare Abgrenzung, welche Bereiche unter die Daseinsvorsorge fallen, schafft wiederum Raum für Rechtsunsicherheit. Wenn die vorgeschlagenen Regelungen umgesetzt werden, sind keine Sonderregelungen erforderlich.
19. Um die Kampfparität wiederherzustellen und der Arbeitgeberseite ein effektives Kampfmittel an die Hand zu geben, wird das Recht zur selektiven Aussperrung von Gewerkschaftsmitgliedern für notwendig erachtet. Dies ist mit Art. 9 Abs. 3 GG vereinbar, da bei einer Abwägung der betroffenen

Rechtspositionen die Schutzwürdigkeit der Arbeitgeberseite und der Außenseiter schwerer wiegen als die Interessen der Arbeitnehmerseite.

20. Um die Normbefolgung zu erhöhen, sollte das Landesarbeitskampfgesetz eine Bußgeldbewehrung bei nach dem Gesetz rechtswidrigen Arbeitskämpfen vorsehen. Die gerichtliche Geltendmachung von Ansprüchen könnte durch das Gesetz erleichtert werden, da die gesetzlichen Verfahrensvorschriften eine Rechtmäßigkeit von Arbeitskämpfen leichter beurteilen lassen. Verstößt eine Partei gegen die kodifizierten Vorgaben, ist der Einwand des rechtmäßigen Alternativverhaltens in der Regel unbeachtlich, da der Schutzzweck der vorgeschlagenen Normen diesem entgegensteht.
21. Ein landesgesetzliches Arbeitskampfgesetz mit den vorgeschlagenen Regelungen verstößt weder gegen einfaches Bundesrecht, noch gegen Verfassungsrecht, noch gegen internationalrechtliche Vorgaben.

Literaturverzeichnis

Adomeit, Klaus: Das Warnstreikurteil – ein Warnsignal, NJW 1985, S. 2515 ff.

Arnold, Jürgen: Die Badische Landesschlichtungsordnung, RdA 1996, S. 356 ff.

Bayreuther, Frank: Gesetzliche Regelungen kollektiver Arbeitskonflikte in der Daseinsvorsorge, NZA 2013, S. 704 ff.

–: Tarif- und Arbeitskampfrecht in der Neuorientierung, NZA 2008, S. 12 ff.

Bieder, Marcus: Paradigmenwechsel im Arbeitskampfrecht: Neue Bezugspunkte für die Verhältnismäßigkeitskontrolle von Sympathiestreiks, NZA 2008, S. 799 ff.

Birk, Rolf/Konzen, Horst/Löwisch, Manfred/Raiser, Thomas/Seiter, Hugo: Gesetz zur Regelung kollektiver Arbeitskonflikte, 1988.

Blanke, Thomas: Das Arbeitskampfrecht des Grundgesetzes und das neue Arbeitskampfkonzept des BAG, NZA 1990, S. 209 ff.

Boisen, Dominik: Arbeitskampf und Tarifautonomie in Zeiten der Fachgewerkschaften. Muss die Kampfparität der Kampfmittelfreiheit weichen?, 2010. (zit.: *Boisen*, Arbeitskampf und Tarifautonomie in Zeiten der Fachgewerkschaften).

Bohnert, Joachim: Kommentar zum Ordnungswidrigkeitengesetz, 2010 (zit.: *Bearbeiter*, in: Bohnert, OwiG).

Brocker, Ulrich: Ende der Tarifeinheit aus betrieblicher Sicht, NZA-Beilage 2010, S. 121 ff.

Buchner, Herbert: in: Festschrift 50 Jahre BAG (2004), S. 631 ff.

–: Tarifverträge im Wettbewerb, ZfA 2004, S. 229 ff.

Bühler, Ottmar: Die subjektiven öffentlichen Rechte und ihr Schutz in der deutschen Verwaltungsrechtsprechung, 1914.

Carl Friedrich von Weizsäcker-Stiftung (Hrsg.): Tarifpluralität als Aufgabe des Gesetzgebers, 2011, online abrufbar unter http://www.zukunftderarbeit.eu/cms/upload/PDF/11_026_CFVWS_Monographie_einzel_geschtzt.pdf.

Däubler, Wolfgang: Arbeitskampfrecht. Handbuch für die Rechtspraxis, 3. Auflage, 2011 (zit.: *Bearbeiter*, in: Däubler)

Dieterich, Thomas: Flexibilisiertes Tarifrecht und Grundgesetz, RdA 2002, S. 1 ff.

Di Fabio, Udo: Das beamtenrechtliche Streikverbot, Das Streikverbot der Beamten als konstitutiver Bestandteil rechtsstaatlicher Demokratie, 2012.

Döttger, Doreen: Der Schutz tariflicher Normsetzung, 2003.

Dribbusch, Heiner/Jung, Rainer: Deutliche Zunahme der Arbeitskämpfe im Jahr 2012, Hans-Böckler-Stiftung, online abrufbar unter http://www.boeckler.de/pdf/pm_wsi_2013_02_27.pdf.

Epping, Volker/Hillgruber, Christian: Beck'scher Online Kommentar Grundgesetz, Stand: 1.11.2013 (zit.: BeckOK/*Bearbeiter*, GG)

Europarat: Die Europäische Sozialcharta. Ein Leitfaden, 2002.

Feudner, Bernd: Zum Arbeitskampfrecht von Berufsgruppengewerkschaften, RdA 2008, S. 104 ff.

Fischer, Ulrich: Der blinde Fleck in der Wesentlichkeitstheorie des Bundesverfassungsgerichts beim Arbeitskampfrecht, RdA 2009, S. 287 ff.

–: Das BverfG als Superrevisionsinstanz der Arbeitsgerichtsbarkeit in Arbeitskampfsachen? – Der Flashmobfall in Karlsruhe, RdA 2011, S. 50 ff.

Franzen, Martin: Das Ende der Tarifeinheit und die Folgen, RdA 2008, S. 193 ff.

–: Die neuere Rechtsprechung des Ersten Senats des BAG zum Arbeitskampfrecht, JbArbR 2010, Band 47, S. 119 ff.

Franzen, Martin/Thüsing, Gregor/Waldhoff, Christian: Arbeitskampf in der Daseinsvorsorge, 2012.

Fritz, Michael/Meyer, Cord: Quo vadis Tarifeinheit?, NZA-Beil. 2010, S. 111 ff.

Gamillscheg, Franz: Kollektives Arbeitsrecht, Band I, 1997 (zit.: Gamillscheg, KollArbR I).

Germelmann, Claas-Hinrich/Matthes, Hans-Christoph/Prütting, Hanns: Arbeitsgerichtsgesetz, 8. Auflage, 2013 (zit.: *Bearbeiter*, in: Germelmann/Matthes/Prütting, ArbGG)

Giesen, Richard: Tarifeinheit im Betrieb, NZA 2009, S. 11 ff.

Grawert, Rolf: Die Bedeutung gliedstaatlichen Rechts in der Gegenwart, NJW 1987, S. 2329 ff.

Greef, Samuel/Speth, Rudolf: Berufsgewerkschaften als lobbyistische Akteure – Potenziale, Instrumente und Strategien, Arbeitspapier 275 Hans Böckler Stiftung, Februar 2013, online abrufbar unter http://www.boeckler.de/pdf/p_arbp_275.pdf.

Greiner, Stefan: Der Arbeitskampf der GDL – Überlegungen zur Parität im Sparten- und Spezialistenarbeitskampf, NZA 2007, S. 1023 ff.

–: Rechtsfragen der Koalitions-, Tarif- und Arbeitskampfpluralität, 2010 (zit.: *Greiner*, Rechtsfragen)

–: Atypische Arbeitskampfmittel und Kampfpluralität. Welche Verteidigungsmittel bleiben?, NJW 2010, S. 2977 ff.

Gunderson, Morley/Kervin, John/Reid, Frank: The effect of labour relations legislation on strike incidence, Canadian Journal of Economics, Vol. 22 No. 4, 1989, S. 779 ff.

Hanau, Peter: Verbands-, Tarif- und Gerichtspluralismus, NZA 2003, S. 128 ff.

Haucap, Justus: Tarifeinheit nicht durch Gesetz verankern, online abrufbar unter http://www.wirtschaftsdienst.eu/archiv/jahr/2012/5/2779/ (zit.: *Haucap*, Wirtschaftsdienst).

Henssler, Martin: Ende der Tarifeinheit – Eckdaten eines neuen Arbeitskampfrechts, RdA 2011, S. 65 ff.

Hettlage, Manfred: Demokratisierung des Streikrechts, ZRP 2003, S. 366 ff.

Hohenstatt, Klaus-Stefan/Schramm, Nils: Erneute Erweiterung des Kampfarsenals: Zulässigkeit von Unterstützungsstreiks, NZA 2007, S. 1034 ff.

Hromadka, Wolfgang: in: Gedächtnisschrift Heinze, 2005, S. 383ff.

Hromadka, Wolfgang/Maschmann, Frank: Arbeitsrecht Band 2, Kollektivarbeitsrecht und Arbeitsstreitigkeiten, 5. Auflage, 2010 (zit.: *Hromadka*, Arbeitsrecht).

Hueck, Alfred/Nipperdey, Hans Carl: Lehrbuch des Arbeitsrechts, 6. Aufl., Ed. II, 1957.

Hunold, Wolf: Tarifpluralität oder Tarifeinheit – Gedanken aus der Praxis, NZA 2007, S. 1037 ff.

Jacobs, Matthias: Tarifeinheit und Tarifkonkurrenz, 1999.

Jansen, Guido: Die betriebliche Mitbestimmung im Arbeitskampf, 1999.

Junker, Abbo: Kollektives Arbeitsrecht in Europa – Überblick über das Arbeitskampfrecht und das Tarifsystem der Mitgliedstaaten, RdA Beil. 2009, S. 4 ff.

Kaskel, Walter: Arbeitsrecht, 3. Auflage, 1928.

Kamanabrou, Sudabeh: Der Streik durch Spartengewerkschaften – Zulässigkeit und Grenzen, ZfA 2008, S. 241 ff.

Kentner, Kathrin: Arbeitskampfmittel der Arbeitgeber, 2010.

Kissel, Otto Rudolf: Arbeitskampfrecht, 2002.

–: Die Rechtsprechung des BAG in Arbeitskampfsachen im Jahre 1988, NZA 1989, S. 81 ff.

Kittner, Michael: Arbeitskampf – Geschichte, Recht, Gegenwart, 2005 (zit.: Kittner, Arbeitskampf).

Kloepfer, Michael: Arbeitsgesetzgebung und Wesentlichkeitstheorie. Zur Verfassungspflicht einer Gesetzgebung insbesondere im Arbeitskampfrecht, NJW 1985, S. 2497 ff.

Köhler, Helmut/Bornkamm, Joachim: Beck´sche Kurzkommentare Band 13a, Gesetz gegen den unlauteren Wettbewerb, 32. Auflage, 2014 (zit.: *Bearbeiter*, in: Köhler/Bornkamm, UWG).

Kratz, Wilfried: Die Urabstimmung droht, DIE ZEIT, Jahrgang 1984, Ausgabe 33 vom 10.8.1984.

Krause, Rüdiger: Die Konkretisierung der Grenzen von Streiks durch einstweilige Verfügungen, JbArbR 2008, S. 23 ff.

Kreßel, Eckhard: Neutralität des Staates im Arbeitskampf – Zur Entscheidung des BVerfG vom 4.7.1995, NZA 1995, S. 1121 ff.

Langheid, Theo/Wandt, Manfred: Münchener Kommentar zum Versicherungsvertragsgesetz, 2010 (zit.: MünchKomm/*Bearbeiter*, VVG).

Leinenweber, Marcus: Landesschlichtungsgesetze?, 2011.

Lembke, Mark: Die Arbeitskampfbeteiligung von Außenseitern, 2000.

–: Staatliche Schlichtung in Arbeitsstreitigkeiten nach dem Kontrollratsgesetz Nr. 35, RdA 2000, S. 223 ff.

Lesch, Hagen: Ökonomik des Arbeitskampfrechts, 2013.

–: Erfassung und Entwicklung von Streiks in OECD-Ländern, iw Trends 1/2009, online abrufbar unter http://www.iwkoeln.de/de/studien/iw-trends/beitrag/53525.

Lesch, Hagen/Petters, Lea: Die Konfliktintensität von Tarifverhandlungen bei Tarifpluralität, online abrufbar unter http://www.wirtschaftsdienst.eu/archiv/jahr/2012/5/2779/, (zit.: *Lesch/Petters*, Wirtschaftsdienst).

Lieb, Manfred/Stebut, Dietrich von/Zöllner, Wolfgang: Arbeitskampfrecht – Symposium Hugo Seiter zum Gedächtnis, 1990 (zit.: *Bearbeiter*, in: Lieb/v. Stebut/Zöllner, ArbeitskampfR).

Lippert, Karl August: Die Bedeutung des Schlichtungsverfahrens nach der Badischen Landesschlichtungsordnung von 1949/1951, Dissertation Mainz, 1958.

Löwisch, Manfred: Empfiehlt es sich, die Geltung des Ultima-ratio-Grundsatzes im Arbeitskampfrecht gesetzlich zu regeln?, ZfA 1985, S. 53 ff.

–: Grundlagen des Arbeitskampf- und Schlichtungsrechts, AR-Blattei SD 170.1, S. 1 ff.

–: Modernes Tarifverhandlungsrecht: Förderung alternativer Konfliktlösung, ZAAR-Schriftenreihe Band 2, 2005, S.36 ff.

–: Tarifeinheit – Was kann und soll der Gesetzgeber tun?, RdA 2010, S. 263 ff.

Löwisch, Manfred/Rieble, Volker: Tarifvertragsgesetz, 3. Auflage, 2012 (zit.: *Löwisch/Rieble*, TVG).

Maaß, Kirstin: Flashmob im Arbeitskampf – eine Neuordnung des Kräftegleichgewichts?, ArbAktuell 2009, S. 151 ff.

Mangoldt, Hermann von/Klein, Friedrich/Starck, Christian: Kommentar zum Grundgesetz, Band 1: Präambel, Art. 1–19, 6. Auflage, 2010 (zit.: *Bearbeiter*, in: v. Mangoldt/Klein/Starck, GG).

Maschmann, Frank: Tarifautonomie im Zugriff des Gesetzgebers, 2007.

Maunz, Theodor/Dürig, Günter: Kommentar zum Grundgesetz, Loseblatt, Stand: Mai 2013 (zit.: *Bearbeiter*, in: Maunz/Dürig, GG).

Mayer-Ladewig, Jens: EMRK Europäische Menschenrechtskonvention, 3. Auflage, 2011. (zit.: *Bearbeiter*, in: Mayer-Ladewig).

Meyer, Cord: Rechtliche wie praktische Unzuträglichkeiten einer Tarifpluralität, NZA 2006, S. 1387 ff.

–: Abstimmungspflichten in multilateralen Tarifvertragssystemen, NZA 2009, S. 993 ff.

Moll, Wilhelm: Münchener Anwaltshandbuch Arbeitsrecht, 3. Auflage, 2012 (zit.: Moll/*Bearbeiter*, MAH Arbeitsrecht).

Müller-Glöge, Rudi/Preis, Ulrich/Schmidt, Ingrid: Erfurter Kommentar zum Arbeitsrecht Beck'sche Kurzkommentare Band 51, 14. Auflage, 2014 (zit.: ErfK/*Bearbeiter*).

Neumann, Volker: Legislative Einschätzungsprärogative und gerichtliche Kontrolldichte bei Eingriffen in die Tarifautonomie, RdA 2007, S. 71 ff.

o. V.: Böcklerimpuls, Deutlicher Anstieg, 4/2013, S. 2. Böckler Impuls, 13/2005, online abrufbar unter http://www.boeckler.de/impuls_2013_04_gesamt.pdf.

–: Böcklerimpuls, Orientierungslinie Tarifvertrag 13/2005, S. 6, online abrufbar unter http://www.boeckler.de/21232_21236.html.

–: Deutsche streikfreudig wie lange nicht, Handelsblatt vom 27.2.2013, online abrufbar unter http://www.handelsblatt.com/politik/deutschland/tarifrunde-deutsche-streikfreudig-wie-lange-nicht/7849432.html.

–: Der Streik-Verhinderer, wdr.de vom 15.4.2013, online abrufbar unter http://www1.wdr.de/themen/wirtschaft/landesschlichter100.html.

–: Hunderttausende Beamte streiken gegen Sarkozys Reformen, Tagesspiegel vom 15.5.2008, online abrufbar unter http://www.tagesspiegel.de/politik/international/frankreich-hunderttausende-beamte-streiken-gegen-sarkozys-reformen/1234512.html.

–: WSI Tarifarchiv, Statistik der Arbeitskämpfe, Streiks und Aussperrungen in West- und Ostdeutschland, online abrufbar unter http://www.boeckler.de/wsi-tarifarchiv_11020.htm

Otto, Hansjörg: Das konturlose Arbeitskampfrecht des BAG – Vom Arbeitskampf als ultima ratio zur nahezu unbeschränkten Kampffreiheit?, RdA 2010, S. 135 ff.

Polakiewicz, Jörg/Kessler, Adriana: Das Streikverbot für deutsche BeamtInnen. Die Bedeutung der Rechtsprechung des EGMR für deutsche Gerichte, NVwZ 2012, S. 841 ff.

Pollmeyer, Bernhard: Professionelle Hilfe bei Arbeitskonflikte – Landesschlichter im Einsatz, AuA 8/08, S. 464 ff.

–: Der Landesschlichter. Brücke zum sozialen Frieden, online abrufbar unter http://www.iwkoeln.de/de/infodienste/gewerkschaftsspiegel/beitrag/der-landesschlichter-bruecke-zum-sozialen-frieden-125201.

Ramm, Thilo: Staatliche Zwangsschlichtung, NZA 1992, S. 502.

Rausch, Thomas/Wax, Peter/Wenzel, Joachim: Münchener Kommentar zur Zivilprozessordnung: ZPO, 4. Auflage, 2012 (zit.: MünchKomm/*Bearbeiter*, ZPO).

Rebhahn, Robert: Das kollektive Arbeitsrecht im Rechtsvergleich, NZA 2001, S. 763 ff.

Rehder, Britta/Deinert, Olaf/Callsen, Raphael: Arbeitskampfmittelfreiheit und atypische Arbeitskampfformen – Zur arbeitskampfrechtlichen Bewertung atypischer Arbeitskampfformen und zu den verfassungs- und völkerrechtlichen Grenzen arbeitskampfrechtlicher Rechtsfortbildung, Gutachten 2012.

Rheinisch-Westfälisches Institut für Wirtschaftsforschung: Empirische Analyse der Auswirkungen der Tarifpluralität auf das deutsche Tarifvertragssystem und auf die Häufigkeit von Arbeitskämpfen – Endbericht, 2011 (zit.: RWI Essen).

Richardi, Reinhard: Arbeitskampfrecht, NJW 1983, S. 1305 f.

Richardi, Reinhard/Wlotzke, Otfried: Münchener Handbuch zum Arbeitsrecht, Bd. 1-2, 3. Auflage, 2009 (zit.: MünchArbR/*Bearbeiter*).

Rieble, Volker: Arbeitsmarkt und Wettbewerb, 1996.

–: Arbeitsniederlegung zur Standorterhaltung, RdA 2005, S. 200 ff.

–: Braucht das Streikrecht Grenzen? DIE ZEIT vom 22.11.2007, S. 30.

–: Bundesarbeitsgericht kippt Tarifeinheit, online abrufbar unter http://www.haufe.de/personal/arbeitsrecht/bundesarbeitsgericht-kippt-tarifeinheit_76_68756.html.

–: Das neue Arbeitskampfrecht des BAG, BB 28.2008, S. 1506 ff.

–: Flash-Mob – ein neues Kampfmittel?, NZA 2008, S. 796 ff.

–: Gewerkschaftswettbewerb und Tariffähigkeit, SAE 2006, S. 89 ff.

–: Gute Idee, schlechte Umstände und ein fader Beigeschmack, Legal Tribune vom 23.3.2012, online abrufbar unter http://www.lto.de/recht/hintergruende/h/gesetzentwurf-fuer-weniger-streiks-in-der-daseinsvorsorge/.

–: Modernisierung des Arbeitskampfrechts zu einem Tarifverhandlungsrecht, ZAF 2 und 3/2005, S. 218 ff.

–: Urabstimmung als Streikvoraussetzung, Festschrift für Claus-Wilhelm Canaris zum 70. Geburtstag, Band I, 2007, S. 1439 ff. (zit.: *Rieble*, FS Canaris).

–: Verfassungsfragen der Tarifeinheit, ZAAR Schriftenreihe Band 21, 2010.

–: Zukunft des Arbeitskampfes, 2005 (zit.: *Bearbeiter*, in: Rieble (Hrsg.), Zukunft des Arbeitskampfes).

Rolfs, Christian/Giesen, Richard/Kreikebohm, Ralf/Udsching, Peter: Beck'scher Online Kommentar Arbeitsrecht, Stand: 1.12.2013 (zit.: BeckOK/*Bearbeiter*, ArbR).

Rudkowski, Lena: Der Streik in der Daseinsvorsorge, 2010.

Rüfner, Wolfgang: Verantwortung des Staates für die Parität der Sozialpartner?, RdA 1997, S. 130 ff.

Rüthers, Bernd: Arbeitskampf in einer veränderten Wirtschafts- und Arbeitswelt, NZA 2010, S. 6 ff. Methoden im Arbeitsrecht 2010 – Rückblick auf ein halbes Jahrhundert, NZA-Beil. 2011, S. 100 ff.

–: Richterrecht als Methoden- und Verfassungsproblem, in: Sozialpartnerschaft in der Bewährung, Festschrift für Karl Molitor zum 60. Geburtstag, 1988, S. 293 ff. (zit.: *Rüthers*, FS Molitor).

–: Tarifautonomie und gerichtliche Zwangsschlichtung, 1973.

Sachverständigenrat zur Begutachtung der gesamtwirtschaftlichen Entwicklung,: Das Ende der Tarifeinheit: Kein gesetzgeberischer Aktionismus, Jahresgutachten 2010/11, S. 299 ff. (zit.: Sachverständigengutachten).

Säcker, Franz Jürgen: Von der offenen Arbeitseinstellung zur verdeckten Betriebsblockade. Der Arbeitskampf im Wandel zum Partisanenkampf, NJW 2010, S. 1115 ff.

Säcker, Franz Jürgen/Rixecker, Roland (Hrsg.): Münchener Kommentar zum Bürgerlichen Gesetzbuch, Band 4, 6. Auflage, 2012 (zit.: MünchKomm/ *Bearbeiter*, BGB).

Schaub, Günther/Koch, Ulrich/Linck, Rüdiger/Treber, Jürgen/Vogelsang, Hinrich: Arbeitsrechts-Handbuch, 15.Auflage, 2013 (zit.: *Bearbeiter*, in: Schaub, ArbR-Handbuch).

Schenke, Wolf-Rüdiger: Rechtsschutz bei normativem Unrecht, 1979.

Scherer, Inge: Grenzen des Streikrechts in den Arbeitsbereichen der Daseinsvorsorge, Schriften zum Sozial- und Arbeitsrecht Band 175, 2000.

Schlachter, Monika: Beamtenstreik im Mehrebenensystem, RdA 2011, S. 341 ff.

Schliemann, Harald: Streik in der Daseinsvorsorge, RdA 2012, S. 14 ff.

Schmidt, Benedikt: Entgeltfindung im tarifpluralen Betrieb, NZA-Beil. 2012, S. 123 ff.

Schmidt, Christoph/Bachmann, Ronald: Tarifeinheit oder Tarifpluralität?, Wirtschaftsdienst, 2012 Heft 5, S. 291 ff.

Scholz, Rupert: Koalitionsfreiheit als Verfassungsproblem, 1971.

–: Arbeitsverfassung und Richterrecht, DB 1972, S. 1771 ff.

Scholz, Rupert/Konzen, Horst: Die Aussperrung im System von Arbeitsverfassung und kollektivem Arbeitsrecht, 1980.

Schubert, Claudia: Das Streikverbot für Beamte und das Streikrecht aus Art. 11 EMRK im Konflikt, AöR 137 (2012), S. 92 ff.

Schuh, Claudia: Streik und Aussperrung. Vergleichende Bestandsaufnahme und Kritik, 2003.

Schwarzwälder, Timo: Machtmissbrauchskontrolle von Streiks selbstständig organisierter Funktionseliten, 2013.

Seifert, Achim: Recht auf Kollektivverhandlungen und Streikrecht für Beamte, KritV 2009, S. 357 ff.

Seiter, Hugo: Streikrecht und Aussperrungsrecht, 1975.

–: Zur Gestaltung der Arbeitskampfordnung durch den Gesetzgeber, RdA 1986, S. 165 ff.

Smith, Adam: The Wealth of Nations, 1901 (in der Fassung aus dem Jahr 2007).

Sodan, Helge: Der Anspruch auf Rechtsetzung und seine prozessuale Durchsetzbarkeit, NVwZ 2000, S. 601 ff.

Staudinger, Julius (Begr.)/Albrecht, Karl-Dieter (Hrsg.): Kommentar zum Bürgerlichen Gesetzbuch mit Einführungsgesetz und Nebengesetzen, BGB, Buch 2, 2011 (zit.: *Bearbeiter*, in: Staudinger).

Thüsing, Gregor: Formen und Zulässigkeit differenzierter Aussperrung, ZTR 4/99, S. 151 ff.

Treber, Jürgen: Einstweilige Verfügungen im Arbeitskampf – neuere Entwicklungen, SR 2013, S. 140 ff.

Trinkner, Reinhold: Rechtsprobleme der abhängigen Arbeit im Alten Ägypten, BB 1990, S. 2417 f.

Ulber, Daniel: Neues zur Tariffähigkeit, RdA 2011, S. 353 ff.

Von Hoyningen-Huene, Dagmar: Außergerichtliche Konfliktbeilegung in den Niederlanden und Deutschland, 2000.

Von Steinau-Steinrück, Robert/Brugger, Helen: Arbeitskampfrecht quo vadis, NZA-Beil. 2010, S. 127 ff.

Von Steinau-Steinrück, Robert/Glanz, Peter: Dauerarbeitskämpfe durch Spartenstreiks – Die verbliebenen Arbeitskampfmittel der Arbeitgeber, NZA 2009, S. 113 ff.

Wank, Rolf: Aktuelle Probleme des Arbeitskampfrechts, RdA 2009, S. 1 ff.

Weigelt, Ulf: Warum Pseudo-Gewerkschaften nicht verboten werden können, ZEIT ONLINE vom 5.10.2010, abrufbar unter http://www.zeit.de/karriere/beruf/2010-10/analyse-tariffaehigkeit.

Widmaier, Ulrich/Alber, Siegbert: Menschenrecht auf Streik auch für deutsche Beamte?, ZEuS Heft 4, 2012, S. 387 ff.

Willemsen, Heinz-Josef/Mehrens, Christian: Das Ende der Tarifeinheit – Folgen und Lösungsansätze, NZA 2010, S. 1313 ff.

–: Neues zum „Blitzwechsel" in die OT-Mitgliedschaft und Unterstützungsstreiks, NZA 2013, S. 79 ff.

Zechlin, Lothar: Beeinträchtigungen der Koalitionsfreiheit durch Subventionsauflagen, NJW 1985, S. 585 ff.

Änderungen der Gesetzeslage, Rechtsprechung und Literatur wurden bis 31.03.2014 berücksichtigt.
Der letzte Aufruf aller Internetquellen erfolgte am 31.03.2014.

Schriften zum Arbeitsrecht und Wirtschaftsrecht

Herausgegeben von Abbo Junker

Band 1 Christoph-N. Lerche: Der Europäische Betriebsrat und der deutsche Wirtschaftsausschuß. Eine vergleichende Analyse der betrieblichen Mitwirkung der Arbeitnehmer vor dem Hintergrund der Globalisierung der Märkte. 1997.

Band 2 Christian Walter Mecke: Zur rechtlichen Verbindlichkeit kollektiver Vereinbarungen in England. 1997.

Band 3 Katja Francke: Die betriebliche Mitwirkung der Arbeitnehmer in Belgien. Unter Berücksichtigung vergleichender Aspekte zum deutschen Betriebsverfassungsrecht. 1997.

Band 4 Christian Schulze: Die Zulässigkeit einstweiliger Verfügungen gegen Betriebsänderungen. 1998.

Band 5 Stefan Miersch: Die Rechtsfolgen mitbestimmungswidriger Maßnahmen für das Arbeitsverhältnis. Eine zivilrechtsdogmatische Untersuchung. 1998.

Band 6 Heike Wegner: Internationaler Verbraucherschutz beim Abschluß von Timesharingverträgen: § 8 Teilzeitwohnrechtegesetz. 1998.

Band 7 Julia Wichmann: Dienstleistungsfreiheit und grenzüberschreitende Entsendung von Arbeitnehmern. 1998.

Band 8 Johann-Volker Peter: Société par actions simplifiée (S.A.S.). Die Vereinfachte Aktiengesellschaft in Frankreich, eine Rechtsform für die Kooperation von Unternehmen. 1999.

Band 9 Sylvia Schnelle: Der Europäische Betriebsrat in Spanien. Zugleich eine Einführung in das spanische Recht der Arbeitnehmervertretung. 1999.

Band 10 Viktoria Bornhagen: Die Zumutbarkeit als Rechtsgedanke im Arbeitsrecht. 1999.

Band 11 Thorsten Schacht: Der Übereilungsschutz beim arbeitsrechtlichen Aufhebungsvertrag. Arbeitnehmerschutz bereits de lege lata? 2000.

Band 12 Marcus Hellmann: Immobilienkauf nach spanischem Recht. 1999.

Band 13 Nicolaus Johannes Ehinger: Die juristischen Personen des öffentlichen Rechts als herrschende Unternehmen. 2000.

Band 14 Alexander Lentz: Das kollektive Arbeitsrecht der Republik Südafrika. Eine Untersuchung mit Bezügen zum deutschen Recht. 2000.

Band 15 Michaela Brunssen: Der Arbeitgeberverbandswechsel. Tarifrechtliche und arbeitskampfrechtliche Konsequenzen. 2000.

Band 16 Morten Petersenn: Das Recht des Grundstückskaufs in Südafrika. 2000.

Band 17 Stefan Krüger: Die umwandlungsrechtliche Haftungsregelung bei der Betriebsaufspaltung und ihre Analogiefähigkeit. 2001.

Band 18 Jürgen Kitzinger: Der GmbH-Geschäftsführer zwischen Arbeits- und Gesellschaftsrecht. Im Blickpunkt: Zuständigkeit der Arbeitsgerichte. 2001.

Band 19 Anja Ruge: Die Lohnersatzansprüche ehemaliger Zwangsarbeiter gegen deutsche Industrieunternehmen. 2001.

Band 20 Michael Knoll: Die Sozialauswahl im Arbeitsrecht. 2001.

Band 21 Britta Albrecht: Mediation im Arbeitsrecht. Individualarbeitsrecht und Betriebsverfassungsrecht. 2001.

Band 22 Annusch Barten: Das System der Arbeitnehmervertretung in Frankreich. 2001.

Band 23 Diane Westera: Der Wiedereinstellungsanspruch nach wirksamer Kündigung. 2001.

Band 24 Kristin Doerlich: Die Tariffähigkeit der Gewerkschaft. Eine Analyse der Mächtigkeitsrechtsprechung des Bundesarbeitsgerichts im Lichte neuerer Erfahrungen. 2002.

Band 25 Tina Witten: Vertragsgestaltung und Gesetzesbindung im Recht der Zeitarbeit. 2002.

Band 26 Martin Hellfeier: Die Leistungszeit im Arbeitsverhältnis. Eine Untersuchung zum Fixschuldcharakter der Arbeitspflicht und zu den Folgen ihrer Nichterfüllung. 2003.

Band 27 Almut Maulshagen: Betriebliche Arbeitskampfregelungen. 2003.

Band 28 Maren Band: Tarifkonkurrenz, Tarifpluralität und der Grundsatz der Tarifeinheit. 2003.

Band 29 Manuela Schulz: Der Bereitschaftsdienst in öffentlich-rechtlich organisierten Krankenhäusern. Eine rechtliche Bewertung. 2003.

Band 30 Felix Benedikt: Die Kürzung von Tariflöhnen zur Sanierung. Eine verfassungskonforme Auslegung des § 3 III TVG entsprechend § 626 BGB. 2003.

Band 31 Tim Kaden: Individuelle Bündnisse für Arbeit und Günstigkeitsprinzip. 2003.

Band 32 Simone Kreiling: Die Erstreckung betrieblicher und betriebsverfassungsrechtlicher Tarifnormen auf Außenseiter. 2004.

Band 33 Carsten Beck: Betriebliche Mitbestimmung und Kündigungsschutz. Die Funktionen betrieblicher Mitbestimmung im und deren Einfluß auf den Kündigungsschutz nach dem KSchG. 2004.

Band 34 Jost Eder: Die Regelungsabrede als Alternative zur Betriebsvereinbarung bei der Gestaltung materieller Arbeitsbedingungen. 2004.

Band 35 Christian Pfab: Wirkungsweise und Reichweite tarifvertraglicher Öffnungsklauseln. 2004.

Band 36 Julia Amlang: Die unternehmerische Entscheidungsfreiheit bei „betriebsbedingten Kündigungen" im europäischen Rechtsvergleich. Kündigung aus wirtschaftlichen Gründen in Deutschland, Frankreich, Spanien, Großbritannien und Schweden. 2005.

Band 37 Alida Milthaler: Das Fragerecht des Arbeitgebers nach den Vorstrafen des Bewerbers. 2006.

Band 38 Doreen Peter: Nebentätigkeiten von Arbeitnehmern. Interessenkollisionen von Arbeitgebern und Arbeitnehmern. 2006.

Band 39 Julia V. C. Bartlog: Das Verhältnis von Gesetz und Tarifvertrag. 2006.

Band 40 Michael Fuhlrott: Der geschädigte Arbeitnehmer. Zur Verfassungsmäßigkeit des Ausschlusses von Schmerzensgeld in der Unfallversicherung sowie zur Herleitung der Haftung bei Eigenschäden im Hinblick auf das Verschuldensprinzip. 2006.

Band 41 Femke Reinecke: Leistungsbestimmung des Arbeitnehmers. 2006.

Band 42 Maria M. Bausback: Der Bestandsschutz des Arbeitsverhältnisses auf europäischer und internationaler Ebene. Entwicklungen vom Mittelalter bis zur Gegenwart. Teil 1 / Teil 2. 2007.

Band 43 Jens Günther: AGB-Kontrolle von Arbeitsverträgen. Analyse der deutschen Rechtslage nach der Schuldrechtsreform und vergleichende Betrachtung des österreichischen Kontrollsystems. 2007.

Band 44 Claudiana Triskatis: Ethikrichtlinien im Arbeitsrecht. 2008.

Band 45 Annette Bruder: Die Weitergabe von Insiderinformationen durch Arbeitnehmervertreter. 2008.

Band 46 Ute Dietrich: Nichtraucherschutz am Arbeitsplatz. 2008.

Band 47 Markus Ebert: Übertragung und Zuordnung von Versorgungsverpflichtungen gegenüber Arbeitnehmern im Rahmen einer umwandlungsrechtlichen Spaltung. 2008.

Band 48 Susanne Schneider: Broad-based Black Economic Empowerment in der Republik Südafrika. 2008.

Band 49 Mandy Reichel: Die Einbeziehung des Außenseiter-Arbeitgebers in den Verbandsarbeitskampf. 2008.

Band 50 Abbo Junker (Hrsg.): Betriebsübergang in Europa. Symposion aus Anlass des 10-jährigen Bestehens der Schriften zum Arbeitsrecht und Wirtschaftsrecht am 10.10.2008 in München. 2009.

Band 51 Till Bender: Vorschläge zur Neuordnung des Sonderkündigungsschutzes nach MuSchG und SGB IX. 2009.

Band 52 Manuela Rauch: Die geschlechtsbezogene Diskriminierung am Arbeitsplatz nach kalifornischem Recht. 2009.

Band 53 Tina Luise Allenberg: Das französische règlement intérieur d'entreprise. Die Arbeitsordnung im französischen Arbeitsrecht. 2009.

Band 54 Bernd Haas: Anwaltliches Mandatsverhältnis zum Betriebsrat. 2009.

Band 55 Martin Fröhlich: Die erweiterte Weisungsbefugnis des Arbeitgebers im spanischen Recht. 2009.

Band 56 Stefanie Lorenzen: Inhaltskontrolle beim Betriebsübergang. Die Anpassung tariflicher Arbeitnehmerpflichten nach Privatisierungen. 2009.

Band 57 Oliver E. Aldea: Das französische Kündigungsrecht im Spannungsfeld von Abfindungen und Bestandsschutz. 2010.

Band 58 Wolfgang Stock: Die Einsetzung einer Transfergesellschaft. Unter besonderer Berücksichtigung betriebsverfassungs- und arbeitsförderungsrechtlicher Vorgaben. 2010.

Band 59 Claudia Hagedorn: Zulässigkeit und Grenzen von Tarifsozialplänen. 2010.

Band 60 Daniela Quink: Inhaltskontrolle von Freiwilligkeitsvorbehalten in Arbeitsverträgen. 2010.

Band 61 Kathrin Kentner: Arbeitskampfmittel der Arbeitgeber. 2010.

Band 62 Angela Nunes Fernandes Gil Wolf: Arbeitnehmereinsatz im Ausland. Das auf doppelte Arbeitsverhältnisse anwendbare Recht am Beispiel der Vertragsgestaltung eines internationalen Konzerns. 2010.

Band 63 Annemarie Berthold: Whistleblowing in der Rechtsprechung des Bundesarbeitsgerichts. 2010.

Band 64 Malte Koch: Die Beteiligung von Arbeitnehmervertretern an Aufsichtsrats- und Verwaltungsratsausschüssen einer Europäischen Aktiengesellschaft. 2011.

Band 65 Agnes Maria Kollerbaur: Die französische Arbeitsinspektion. Eine Untersuchung unter besonderer Berücksichtigung ihrer Rolle bei Kündigungen. 2011.

Band 66 Marcus Christian Leinenweber: Landesschlichtungsgesetze? 2011.

Band 67 Frederike Cathérine Gärtner: Die gesetzliche Regulierung von Bahnstreiks in Frankreich. Arbeitskampf vs. Kontinuität öffentlicher Dienstleistungen. 2011.

Band 68 Carolin van Straelen: Der Rollenkonflikt des Arbeitnehmervertreters zwischen Betriebsratsmitglied und Gewerkschaftsfunktionär. 2012.

Band 69 Anna Maria Jordan: Entgeltdiskriminierung in Frauenberufen? 2012.

Band 70 Dominic Köstner: Compliance-Richtlinien im Unternehmen. Arbeits- und datenschutzrechtliche Implementierungsaspekte. 2012.

Band 71 Michael Kobler: Fremdeinflüsse auf die tarifliche Willensbildung. 2012.

Band 72 Anne Kraas: Zulässigkeit und Grenzen der arbeitsvertraglichen Entgeltflexibilisierung. 2012.

Band 73 Melanie Amann: Die Belegschaftsabstimmung. 2012.

Band 74 Christina Mennemeyer: „Dritter Weg“ und rechtliche Grenzen der Flexibilisierung des Arbeitsrechts der katholischen Kirche. 2012.

Band 75 Joël Philipp Hofmann: Rechtsmissbrauch und Verwirkung bei Widerspruch gegen den Übergang des Arbeitsverhältnisses nach § 613a BGB. 2013.

Band 76 Jennifer Junker: Das Recht der Arbeitnehmerüberlassung in Japan. 2013.

Band 77 Gabriele Geiselhart: Tarifliche Regelungsmacht bei Haustarifverträgen und Unternehmerfreiheit. Dargestellt am Beispiel von Standortgarantien und Zeitarbeitsquoten. 2013.

Band 78 Lorenz Sylvester Mitterer: AGB-Korrektur in Dauer- und Langzeitschuldverhältnissen. 2013.

Band 79 Janina Morgenweck: Die Arbeitsgerichtsbarkeit in England. 2013.

Band 80 Christoph B. Kistler: Die Rechtmäßigkeit von Spartenstreiks. Alte Kriterien in neuem Licht. 2013.

Band 81 Julia Strasser: Die Haftung bei Lohnwucher im Arbeitsrecht der USA. 2014.

Band 82 Stephanie Amschler: Constructive dismissal. Fingierte Arbeitgeberkündigung im englischen Kündigungsschutzrecht. 2014.

Band 83 Felix Berding: Die Urabstimmung im britischen Arbeitskampfrecht im Licht der EMRK. 2014.

Band 84 Christine Kumpf: Multinationalität der SE-Mitbestimmungsordnung. 2014.

Band 85 Florian Schiffer: Der Leistungsmaßstab im Arbeitsverhältnis. 2014.

Band 86 Stefan Hoffmann: Unterrichtungspflicht und Widerspruchsrecht bei Betriebsübergang gemäß § 613a Abs. 5 und 6 BGB – Grenzen, weitere aktuelle Rechtsprobleme und Strategien zur Risikominimierung. 2015.

Band 87 Marie-Theres Boetzkes: Die Konzernmutter als Mitarbeitgeberin im französischen Recht. 2015.

Band 88 Ines Kranz: Landesarbeitskampfgesetze? 2015.

www.peterlang.com

www.ingramcontent.com/pod-product-compliance
Ingram Content Group UK Ltd.
Pitfield, Milton Keynes, MK11 3LW, UK
UKHW021939290926
8980IPUK00016B/1716

9 783631 658871